DICCIONARIO DEL SIGLO XXI

Paidos Transiciones

JACQUES ATTALI

DICCIONARIO DEL SIGLO XXI

PAIDÓS

Barcelona
Buenos Aires
México

WINGATE UNIVERSITY LIBRARY

Título original: *Dictionnaire du XXIᵉ siècle*
Publicado en francés por Fayard, París

Traducción de Godofredo González

Cubierta de Victor Viano

Quedan rigurosamente prohibidas, sin la autorización escrita de los titulares
del «Copyright», bajo las sanciones establecidas en las leyes, la reproducción
total o parcial de esta obra por cualquier medio o procedimiento,
comprendidos la reprografía y el tratamiento informático, y la distribución de
ejemplares de ella mediante alquiler o préstamo públicos.

© 1988, Librairie Arthème Fayard
© 1999 de la traducción, Godofredo González
© 1999 de todas las ediciones en castellano,
   Ediciones Paidós Ibérica, S.A.,
   Mariano Cubí, 92 – 08021 Barcelona
   y Editorial Paidós, SAICF,
   Defensa, 599 – Buenos Aires
   http://www.paidos.com

ISBN: 84-493-0612-4
Depósito legal: B-2011 / 1999

Impreso en A&M Gràfic, S.L.,
08130 Sta. Perpètua de Mogoda (Barcelona)

Impreso en España – Printed in Spain

Introducción

Resplandeciente, jubiloso, bárbaro, dichoso, insensato, monstruoso, no apto para la vida, liberador, horrible, religioso, laico... así será el siglo XXI.

No hay mejor metáfora para describirlo que la del diccionario, mosaico de palabras, reverberación de los sentidos, semejanza de antónimos, cúmulo de azares. Tampoco hay mejor forma de describir la desconstrucción futura, maraña de explosiones de lo real, yuxtaposición de culturas y de barbaries, letanía de catástrofes y de maravillas.

He aquí pues una enciclopedia del futuro, un testamento prenatal, un mapa pre-descubrimiento. ¿Oxímoron? ¡Naturalmente! ¿Y qué? Lo nuevo, lo verdadero, no surge sino de un choque de contrarios, en la cesura entre dos evidencias.

Se puede leer este diccionario de un tirón de la A (como Actividad) a la Z (como Zen). También se puede pasear por él en plan nómada, de remisión en remisión. Se puede tener al alcance de la mano para tomar de él una referencia al amparo de una duda, de un viaje, de una conversación. Este libro, por su misma forma, habla de futuro: mañana, leer será como navegar.

Quedan por elegir las escalas. Elección arbitraria, constantemente puesta en entredicho, puesto que las palabras son seres vivos, precarios y ambiguos. Se desplazarán las fronteras entre ciertos contrarios;

se levantarán barreras estancas entre sinónimos; desaparecerán sectores enteros del vocabulario; surgirán otros de la nada. Por ejemplo, «consumo» y «trabajo», «formación» y «ocio» se acercarán mutuamente; por el contrario, «sanidad» y «medicina», «ciudadano» y «elector», «empleo» y «trabajo» se distanciarán; «televisión», «ordenador», «teclado» se volatilizarán.

Para establecer la lista de las trescientas palabras aproximadamente que siguen, he comenzado por mantener vocablos imperecederos como sujetos a los que aquellas palabras remiten: «sexualidad», «ciencia», «guerra», «trabajo», «amor», «música»... He añadido vocablos importantes para el islam o para los mundos hindú, chino o africano, como «renuncia» o «no violencia». Después he añadido palabras más raras de las que preveo que llegarán a ser de uso corriente, como «nómada», «telepatía» o «biogenética»; algunas otras, llegadas de los barrios donde se gestan en parte las lenguas de mañana, como «bufón» o «rapero». Por último, he inventado no pocos términos para designar realidades aún fugaces, pero quizá mañana esenciales, ya sea por hibridación de términos conocidos como «clonimago», de clon e imagen, «ordetevé», de ordenador, teléfono, televisión, «nanomadismo» o «civilego», o bien inspirándome en el inglés, tan audaz a la hora de crear palabras como *edutainment* y *screenager* que se convierten (en francés) en *édivertissement* y *adolécran*.[1]

Para no pocas entradas no he querido contentarme con una definición, sino que he procurado describir lo que se propone con ellas, oponiendo a veces los argumentos. De paso, he intentado responder a las principales preguntas que cada uno puede plantearse respec-

---

1. Ante ciertas palabras inventadas como éstas nos hallamos frente a un dilema: inventar otras en castellano basadas en la semántica del lenguaje —así tendríamos «educversión» o «ediversión» por una parte y «adolpantalla» o «adolespantalla» por otra (términos bastante ramplones, por cierto)—, o bien aceptar los términos inventados por el autor por más que éstos reflejen, como es natural, el espíritu de la lengua francesa. Optamos por esta segunda vía (excepto en los casos en que la castellanización se impone casi por sí misma), ya que el inventar, en este caso, es un hecho puramente subjetivo que fácilmente se podría poner en entredicho.

to de nuestro futuro: ¿será posible alimentar a todos los hombres, se podrá eliminar la pobreza?, ¿habrá, por fin, trabajo para todos? o ¿serán capaces las ciencias de revolucionar las formas de vida, la relación con el sufrimiento y con la muerte, con la educación y con el ocio?, ¿qué ambiciones, qué aventuras serán objeto del entusiasmo de los pueblos?, ¿qué guerras, qué catástrofes ecológicas serán la amenaza del momento?, ¿cómo se salvarán las contradicciones entre libertad y solidaridad, entre movilidad y enraizamiento?, ¿qué lugar ocupará lo religioso, lo político?, ¿cuáles serán las costumbres admitidas?, ¿permanecerá Occidente como la civilización dominante?, ¿conservarán los Estados Unidos su supremacía geopolítica?, ¿tendrá aún Francia algo que decir en los negocios mundiales?, ¿y el islam?, ¿habrá algo más allende del mercado y la democracia?, ¿es aún posible una revolución?, y sobre todo, *¿se podrá aún vivir en común?*

Porque ni siquiera eso es evidente: el siglo XX ha sido el del diablo, y el mundo que deja en herencia, en realidad, no es apto para la vida. Es irrespirable para los pobres, obligados a vivir en ciudades en ruina —asfixia de la miseria—. Está supercargado para los ricos, sepultados por las tentaciones — asfixia del lujo.

El año 2000, pretexto para estas reflexiones, no es más que una referencia casual, incluso para las civilizaciones que se rigen por el calendario cristiano donde el comienzo de un siglo —tanto éste como los anteriores— jamás ha significado la más mínima ruptura. El siglo XVI comenzó en 1492, el XIX, en 1789, el XX, en 1918. Por lo que atañe al siglo XXI comenzó sin lugar a dudas en 1989, año que vio, con pocos meses de diferencia, el final del último imperio, los balbuceos de la clonación y la aparición de Internet.

Hoy en día la previsión no goza de buena prensa. Se la considera como una actividad ilusoria, una ciencia de pacotilla, un atributo sospechoso de poderes desacreditados. La era de los saltos hacia adelante, de los sueños de abundancia, de los proyectos de civilización está provisionalmente cerrada. El fracaso de todos los futuros explica esta victoria de la inmediatez consoladora. Cada uno se acurruca en su esfera privada y no acepta de una realidad descubierta más que lo que le ofrecen las mil pantallas de la diversión. Hay que comprenderlo: la mayoría de las grandes barbaries de este siglo se han perpetrado en nombre de previsiones deslumbrantes que prometían la felicidad hasta en los últimos recovecos de la eternidad.

A esto hay que añadir los increíbles despropósitos de los previsionistas, profetas y futurólogos que vale la pena meditar antes de lanzarse tras sus huellas...

Cuando aparecieron los caracteres móviles de la imprenta, los dirigentes del Imperio romano-germánico y los estrategas del Vaticano quisieron servirse de ellos, los unos para unificar Europa en torno al latín y los otros para asentar su autoridad mediante la lectura de la Biblia. Lo que sucedió fue exactamente lo contrario: aunque los primeros libros que se imprimieron fueron precisamente biblias, menos de medio siglo después las gramáticas de las lenguas vernáculas favorecían la aparición de los nacionalismos y la lectura directa de la Biblia permitía el acceso a Dios sin pasar por la mediación de la Iglesia y de sus clérigos. En definitiva, una innovavión que había de ser un instrumento de unificación se convirtió en una ayuda para la diferenciación.

Tres siglos más tarde sucedió lo mismo con el gramófono que, según los futurólogos de la *Belle Époque*, debería permitir desembarazarse de los músicos de orquesta ¡siempre dispuestos a la huelga! Y con el teléfono que, según los rumores, serviría sobre todo a los patronos para dar órdenes a los obreros ¡sin dar la cara!

Hay otros pronósticos más recientes que se pueden conservar en el panteón de las enormidades. Así en 1943, Thomas Watson, presidente de IBM, decía que jamás se venderían más de cinco ordenadores en el mundo; en 1977, Ken Olson, fundador de una gran empresa informática, Digital Equipment, aseguraba que nadie querría jamás tener un ordenador en su casa. En 1960, el economista americano Robert Solow, futuro premio Nobel, predecía la victoria económica ineluctable de la URSS sobre Estados Unidos antes del fin de siglo, lo que confirmaba poco después Allen Dulles, temible director de la CIA. Por la misma época, otros expertos de gran renombre, a quienes aún hoy se escucha con respeto, predijeron una hambruna masiva que desolaría la India y el Pakistán antes de finalizar el siglo... justo cuando la «revolución verde» ha convertido a estos dos países en autosuficientes. El Club de Roma anunció en 1970 el agotamiento de las reservas mundiales de petróleo para el año 2010, cuando hoy en día se cuenta con petróleo suficiente al menos para el próximo siglo. Incluso en materia demográfica, ciencia más simple en apariencia, las predicciones han sido lamentablemente erróneas. En 1932 se preveía que la Francia de 1975 contaría con menos de 39 millones de habitantes, cuando en aquel entonces sobrepasaba los 53 millones. La cifra de habitantes que en 1970 se decía que poblarían el planeta en el 2030 era de 15.000 millones, después, de 9.000 millones en 1990; lo cierto es que hoy anda por los 7.500 millones. Con frecuencia, el error de previsión tiene su origen en un desconocimiento del presente: así, en 1984, los expertos de las Naciones Unidas evaluaban la población de México en 17 millones de habitantes y preveían que pasaría a 22 millones en el año 2000 cuando, de hecho, apenas alcanzará los 15,5 millones. Se preveían 15 millones de habitantes en Calcuta hacia finales de siglo (sólo tendrá 11,5). São Paulo tenía que haber franqueado la barrera de los 20 millones antes del año 2000 (no tendrá más que 16). Y Río de Janeiro, que tenía que sobrepasar los 10,4 millones en 1984, jamás ha alcanzado los 10.

En fin, ciertas previsiones relativas al año 2000 han demostrado ser especialmente ridículas. Valga una como ejemplo: en 1930 Keynes preveía que por estas fechas sólo se trabajaría quince horas a la semana...

Con demasiada frecuencia quienes hicieron o hacen el papel de futurólogos, en realidad sólo intentan decir lo que consideran que sus lectores quieren que se les anuncie, para lo cual sitúan el horizonte de sus previsiones lo suficientemente lejos como para estar bien seguros de gozar de una cómoda retirada cuando llegue la hora de contrastar su perspicacia...

Esta acusación contra la «ciencia» futurológica, sin embargo, no debe conducir a que renunciemos a hablar del futuro.

En primer lugar porque la previsión es más necesaria que nunca: cuando un vehículo acelera, sus faros deben alumbrar más lejos, y el mundo —es una evidencia— va cada vez más acelerado.

En segundo lugar porque, junto a esas enormes meteduras de pata, no faltan los ejemplos de lucidez, si se buscan en los buenos autores; no en los manipuladores de gráficas, sino en ciertos clarividentes. Ante todo en los escritores de ciencia ficción, como Julio Verne y Arthur C. Clarke, quienes intuyeron mejor que nadie lo esencial de las conmociones tecnológicas del siglo XX o, en cualquier caso, lo soñaron. Aún hoy, la literatura de ciencia ficción continúa siendo un almacén de futuros posibles. Lovecraft, Asimov, Bradbury, Heinlein, Vonnegut han logrado ver lejos y, a veces, claro. A esto hay que añadir el cine, la banda de dibujos animados y actualmente los videojuegos donde se esboza a veces una imagen lúcida y sutil de la estética futura.

Por último, porque el análisis del futuro se enriquece con la conciencia de sus propios errores. Éstos demuestran que, por regla general, se han sobrevalorado las revoluciones tecnológicas y se han subestimado las revoluciones de las costumbres, de los valores, del arte. También enseñan a no fiarse de las extrapolaciones aritméticas, a no creer que una nueva tecnología servirá necesariamente a los poderosos del momento, a adivinar lo nuevo partiendo de lo marginal. Naturalmente, también enseñan a no recurrir a los esquemas teóricos simplistas del pasado: el marxismo imaginaba el futuro como un enfrentamiento de clases, el liberalismo como un progreso de la razón. Evidentemente no habrá nada de eso: no existe una teoría lineal de la historia.

Para predecir hay que tener la osadía de hacer apuestas metodológicas especialmente arriesgadas sobre las evoluciones demográficas, las mutaciones tecnológicas, las dinámicas sociales, los antagonismos geopolíticos, los movimientos de ideas, las conmociones de masas; es decir, cotejar las grandes líneas de fuerza con las perturbaciones minúsculas que corren el peligro de arruinarlas o de ponerlas en tela de juicio.

¿Qué líneas de fuerza? Por una parte, la humanidad seguirá afrontado los problemas de siempre: la guerra, el hambre, la injusticia, la tiranía, la traición, la muerte, etc. Continuará esperando los mismos ideales, soñando la misma dicha. Enormes tendencias, presentes desde hace siglos, se irán repitiendo. Así es como se pasó de los imperios a las naciones, del trueque a la moneda, de la agricultura a la industria, de la energía a la información, de lo comunitario a lo mercantil, del objeto al servicio, del Estado protector a la protección contra el Estado; progresos continuos han mejorado el nivel de vida y del saber, los derechos del hombre y la democracia han conquistado el mundo. Pero se han acrecentado las desigualdades, se ha agravado la contaminación, el crecimiento demográfico ha secretado el desorden urbano y la pobreza rural.

Si no hay nada que se oponga a la perpetuación de esas tendencias profundas, se puede diseñar la fisonomía probable del próximo siglo:

• La población del mundo sobrepasará los 8.000 millones de individuos hacia mediados del siglo XXI. Los hombres, nómadas urbanos en su mayoría, vivirán en ciudades irrespirables, con frecuencia de más de cinco millones de habitantes. Para alimentarlos habrá que duplicar en treinta años una producción agrícola que ha necesitado diez mil años para llegar a su nivel actual. El mundo envejecerá primero en el norte y después en el sur. En la primera mitad del siglo, la juventud del Sur manifestará sus ambiciones. En la segunda, un envejecimiento general atemperará las revueltas.

• La democracia y los derechos humanos se generalizarán. Los valores occidentales —basados en una apología de la libertad, de la reversibilidad y del capricho— continuarán siendo las fuerzas motrices de la prosperidad del mundo, aunque sea en Asia donde se producirán los dos tercios de la riqueza mundial. Tres mil millones de adolescentes participarán de esta cultura global (ropa, música, alimentos, símbolos, valores, héroes mestizos), interviniendo en un mercado fluido, ventajoso para sus actores y que invadirá los raros dominios donde aún subsisten la gratuidad o el servicio público (como la educación, la sanidad, la ciudadanía, el aire mismo). El trabajo será más precario. Las palabras clave serán Nomadismo, Virtualidad, Laberinto, Red. Se irá de la filosofía del progreso a la del rodeo. Una hiperclase creará una cultura hipermoderna para una sociedad hiperindustrial donde una clase media mayoritaria vivirá el espectáculo del nomadismo de los demás.

• La tecnología continuará conmocionando las formas de vida. No es que haya que enaltecerla: ha provocado numerosas catástrofes, desde el *Titanic* al *Hindenburg*, desde el *Challenger* a Chernobil, desde Seveso a Bhopal, ¡y provocará otras! No es que haya que considerar los progresos futuros como más importantes que los del pasado: la pantalla no ha derrotado aún al papel ni al libro; la revolución tecnológica actual no es más radical que la que, en pocos años, allá por el 1840, introdujo el tren, el telégrafo, el barco de vapor, permitiendo por vez primera desplazarse con mayor rapidez que en los tiempos prehistóricos. Pero aún habrá muchos cambios de importancia: los objetos se harán inteligentes; razonarán, negociarán y decidirán entre ellos. Se harán virtuales. Después, esos seres virtuales, que propongo llamar *clonimagos**, se convertirán en nuestros compañeros. El hombre dará órdenes a las máquinas mediante los ordenadores directamente conectados a su cerebro. La medicina quedará transformada por la genética, mucho más de lo que lo ha sido desde finales del siglo XIX. La clonación humana será un hecho trivial; la esperanza de vida alcanzará los 110 años sin riesgos especiales. Después, las nanotecnologías —si responden a las esperanzas que algunos depositan hoy en ellas— convertirán la producción de la materia en un proceso tan poco costoso como la producción de información. Gracias a ella se podrá construir un objeto ensamblando sus átomos, producir una célula idéntica a otra, construir robots autorreparables, introducir en el cuerpo humano ordenadores del tamaño de algunas células; los objetos llegarán a ser casi gratuitos, la duración de la vida de los cuerpos será en teoría infinita. El *nanomadismo*, síntesis de la hipertecnología de las moléculas y de la apología del viaje, creará un mundo donde los espacios virtuales encajarán unos en otros hasta el infinito, desde la molécula hasta el universo, y de lo que aún no se puede tener más que una idea superficial.

Si todas estas tendencias se desarrollan sin sacudidas bruscas —y si el político sabe servirse de ellas razonablemente en beneficio de todos—deberían conducir a un desarrollo casi ideal del próximo siglo. Ciertos progresos técnicos radicales permitirán dominar el crecimiento de las ciudades; la acuicultura aumentará masivamente la producción de pescado; la reorientación de la agricultura permitirá producir alimentos sin contaminar; la economización drástica de la energía reducirá la contaminación del aire y los cambios climáticos; la reparación biogenética de las zonas áridas ampliará los espacios habitables; las ciudades serán de nuevo respirables; cada uno dispondrá de los medios para su dignidad y la pobreza desaparecerá tanto en el Norte como en el Sur. Las empresas se convertirán en redes y ya no en jerarquías. En ese nomadismo urbano, ya civilizado, se volverán a constituir nuevas tribus fraternales en torno a nuevos mitos; el paro laboral perderá su sentido, ya que cada uno podrá distribuir el año en cien días de trabajo, cien días de estudio, cien días de viajes y el resto en ocio. El orden mercantil entrará en una fase inmaterial. La democracia, convertida por doquier en regla permanente, global e instantánea, carecerá de fronteras y cada uno estará facultado para votar donde viva, sea cual fuere su ciudadanía de origen. El fanatismo cederá terreno a culturas multiformes donde cada uno extraerá lo que le apetezca de la cultura y la fe de los otros. Se podrán tener muchas nacionalidades, muchas familias a la vez, e incluso —último fantasma—, en un flamante carnaval genético, rodearse de clones de la elección de cada uno. Las naciones ya no se disputarán el mundo, puesto que cada uno comprenderá que la riqueza del otro es la condición de su propio éxito. La geopolítica se hará pacífica. India, China, la Unión Europea —entidad federal que se extenderá hasta Ankara y Moscú— y los Estados Unidos —convertidos en «Unión de las Américas», confederación continental a la que Gran

Bretaña habrá terminado por adherirse— se repartirán las zonas de influencia. Los países costaneros del Mediterráneo se organizarán en un mercado común cuyas instituciones se instalarán en Jerusalén, convertida en capital de dos Estados y de tres religiones. La civilización occidental, técnica, capitalista y democrática dejará lugar a una civilización de ensamblaje, una civilización Lego (que propongo llamar civiLego), cuyo ideal y vocación será la reconstrucción de la armonía del mundo mediante la tolerancia de sus contrarios y el mestizaje infinito de sus valores. Se despertará una conciencia de la unidad mundial, gracias a la cual los organismos internacionales hallarán los medios para sus cometidos; la ONU divulgará normas y hará respetar los deberes; una policía mundial se instalará en las zonas sin ley; el FMI, encargado de recaudar y de repartir un impuesto mundial sobre las transacciones internacionales, regulará los mercados financieros que habrán dejado de ser lugares y agentes de pánico para ponerse al servicio de la reducción de las injusticias.

Esta evolución, idílica en todos sus detalles, evidentemente, no se producirá. Porque la política hace más caso a Shakespeare que a Andersen. Mil contratiempos vendrán a enturbiar el curso de este río tranquilo. A no ser que se produzcan cambios radicales en las relaciones de poder y en las formas de repartir las riquezas, ni el crecimiento económico, ni los progresos técnicos reducirán la pobreza, que zapará los cimientos mismos de la democracia. No habrá nada que nos permita estar seguros de que los progresos científicos necesarios se van a producir, ni que la ciencia se utilizará en el momento oportuno. La virtualidad puede conducir a muchos al borde de la locura, y nadie puede garantizar que una parte importante de la humanidad no desaparecerá bajo la acción de un virus desconocido, transmitido por las múltiples formas de nomadismo, o a consecuencia de una catástrofe climática, o tras un accidente nuclear, ni que la contaminación no arruinará la agricultura, o las reservas de agua potable, o el clima.

Si éste fuera el caso, en unos cincuenta años, sólo uno de cada cinco hombres hará algo más que sobrevivir; para los cuatro restantes, tanto en el Sur como en el Norte, no habrá más que miseria, soledad o violencia. En una misma ciudad habrá barrios reservados a los ricos y a los pobres, a los niños educados en familia y a los olvidados en la calle. Habrá en el mundo quinientas ciudades de más de siete millones de habitantes, trescientas naciones, dos mil millones de seres hambrientos y faltos de agua, quinientos mil niños muriendo de hambre cada día, cuatro mil millones de personas sin acceso a la educación. ¡Y, a la vez, ciento cincuenta individuos cuyos ingresos anuales en conjunto serán superiores a los de la mitad del resto de la humanidad!

Si tal es el futuro, el regusto del pasado nos vendrá de nuevo a la boca. Renacerán imperios; el control de la energía cambiará aún la faz de la tierra; lo religioso no habrá dicho aún su última palabra; las democracias demostrarán ser incapaces de tomar decisiones difíciles; habrá naciones que se dividirán en tribus rivales; estallarán conflictos étnicos, aparecerán formas extremas de totalitarismo, de oscuros sectarismos, de violencias terroríficas, avatares de tradiciones inmemoriales. Las civilizaciones se enfrentarán; Occidente se encontrará solo contra todos los demás.

Los supervivientes de finales del siglo XXI manifestarán entonces la misma ternura nostálgica hacia el Nueva York o el París de hoy que la que nosotros podemos experimentar a veces hacia el Berlín o la Viena de comienzos del siglo XX. La de los ricos, naturalmente.

Así es el mundo: una magnífica sala de baile donde se hallan elegantes bailarines en torno a una orquesta que entusiasma y un bufé suntuoso. Sólo algunos invitados sospechan que la sala puede explotar de un momento a otro o que se puede desencadenar una feroz disputa. ¿Qué hacer? Marcharse equivale a privarse del placer de la fiesta. Quedarse es asumir el riesgo de quedar atrapado en la tormenta. Por eso bailan cerca de la salida sin quitar ojo a la escalera de socorro, dispuestos a huir a la primera señal de alarma...

Pero, lo que son las cosas: en el mundo no hay salida de socorro, excepto la que conduce al infierno.

El hombre, que no puede abstenerse de asumir toda clase de riesgos, irá por esos caminos de ensueño hasta caer. Como muy tarde hacia mediados del siglo próximo, una revolución barrerá probablemente el actual modelo de desarrollo. ¿Se instalará pues un poscapitalismo?

Lo que habría que hacer para evitar lo peor es fácil de decir: poner las ciencias y la tecnología al servicio de la justicia; aprovechar su inmenso potencial para suprimir por doquier la pobreza, romper los sistemas jerárquicos y repensar la democracia; alentar la diversidad, repartir las riquezas, fomentar la sanidad y la educación, eliminar los gastos de armamento, repoblar los bosques, desarrollar energías limpias, abrirse a la cultura de los otros, favorecer cualquier clase de mestizaje, aprender a pensar globalmente, estar en paz con los vecinos... incluso amarlos.

En una palabra, lo que hubiéramos querido que hicieran por nosotros las generaciones pasadas.

Eso exigirá la elección de una utopía. El siglo XIX fue el siglo de la *libertad*. El XX quedará como el de la *igualdad*. El XXI podría ser el de la *fraternidad*. No cabe duda de que esta utopía tiene grandes probabilidades de ser recuperada por el mercado o por la dictadura, como lo fueron las precedentes, pero quizá sepa hacerse digna de nosotros y de ella misma.

Dejemos de buscar un sentido a la historia, puesto que no lo tiene. Está constantemente a punto de abortar. El mundo no va a ninguna parte. A cada instante puede volver a la barbarie; con él, lo peor es siempre lo más probable. Pero nos vemos obligados a rehusar la evidencia y resistir a lo ineluctable: para dar una pequeña oportunidad a la eternidad, puesto que no podemos predecir el futuro, no nos queda más que inventarlo.

Las palabras seguidas de un asterisco remiten a una entrada y a un desarrollo más o menos importante. Se han reducido algunas definiciones para evitar la reiteración. Sin embargo, algunas de esas reiteraciones se han mantenido donde podían favorecer una mejor comprensión de nuestro objetivo.

Espero que las futuras reediciones me permitan completar y enriquecer regularmente este diccionario, sobre todo gracias a las reacciones y sugerencias que sus versiones sucesivas puedan suscitar y que aceptaré con curiosidad y con gratitud.

A

ACTIVIDAD

Las sociedades más avanzadas reconocerán poco a poco que el trabajo* no es la única forma de ocupación merecedora de una remuneración. La reivindicación de que «todo trabajo merece un salario» quedará reemplazada por el principio de que «toda actividad merece alguna remuneración» desde el momento en que tiene una utilidad colectiva, incluso si no crea valor comercial alguno. Éste es ya el caso de muchas de ellas: enseñar, cuidar, investigar, descubrir, distraer. Y lo será también para otras como consolar, alentar, aprender.

Primero se desarrollarán actividades distintas del trabajo productivo (oficios relacionados con servicios de cercanía, de tutela educativa para jóvenes con problemas escolares, de asistencia a las personas mayores, de cuidados a domicilio, de solidaridad social, de mejora ecológica). Algunas se llevarán a cabo de forma asalariada, otras a modo de colaboración*; otras, incluso, en el seno de asociaciones* o de ONG*, no siempre remuneradas. Así pues, en una misma organización convivirán personas remuneradas y no remuneradas que, sin embargo, desarrollarán la misma actividad. Después se llegará al reconocimiento de que formarse constituye una actividad socialmente útil, que cualquier formación* aumenta el valor del capital humano de la colectividad y, por lo tanto, debe considerársela como útil tanto para quienes la dispensan como para quienes la reciben. Toda formación merecerá un ingreso. El año sabático será obligatorio en numerosas profesiones, especialmente en medicina.* Todo parado en formación recibirá una remuneración decente como contrapartida a un contrato de actividad, con una obligación real de presencia y de trabajo.

Se podrá objetar que el verdadero trabajo está en la fábrica o en la oficina. Que la prolongación de la actividad de formación no es más que un paliativo necesariamente pasajero, puesto que no es productora de riquezas. ¡Visión anacrónica! El trabajo cada vez es más mutable, móvil, nómada,* exige habilidades constantemente puestas al día. Formarse, por lo tanto, se convertirá en una necesidad para cualquier trabajador en activo y a ello tendrá que dedicarse cada cuatro o cinco años, sea cual fuere el oficio inicialmente elegido; todos quedarán cubiertos un día por un seguro de formación.

ADOLECRÁN[1]

Joven nómada* que pasa la mayor parte de su tiempo,* tanto libre como escolar, ante la pantalla de la televisión, de los juegos* de vídeo, del ordenador,* del cine.* Imbuido de una cultura* de la imagen, del *zapping*, de lo lúdico, estará más formado para la navegación* que para la lógica, para la intuición que para la racionalidad, para la orientación que para la demostración. ¡Cualidades y defectos del nómada!

[1] Véase la nota de la Introducción

ÁFRICA

El continente de la miseria y de la desesperanza. Puede ser el continente de inmensos genocidios, de las mayores carnicerías de todos los tiempos. Pero también el de todas las promesas.

África aún no ha logrado despegar. Los legados de la colonización, la situación climática, las complejidades políticas locales, la yuxtaposición de dictaduras,* el despilfarro del dinero público, la magnitud de los gastos militares —los más elevados del mundo, un 3,5 % del PIB— la explotación inicua de los recursos en materias primas, la corrupción de las elites, la falta de instituciones democráticas y de mercado* explican el retraso acumulado. Desde hace cuarenta años, el crecimiento* es prácticamente nulo, incluso a veces negativo, y en cualquier caso muy inferior en promedio al de Asia. En muchos países la población se ha triplicado sin que haya aumentado el PIB. Los servicios sociales se hallan en un estado desastroso. El 32 % de la población subsahariana no puede aspirar a una existencia de 40 años. El paludismo mata a un millón de personas al año y debilita a varias decenas de millones más. De las cincuenta naciones* menos desarrolladas del mundo, treinta y cinco se encuentran en África. Allí se encuentra la mayor proporción de pobres, de analfabetos, de personas faltas de agua,* de trabajo* y de alimentos del mundo; allí se dan también los mayores movimientos demográficos, la mortalidad infantil más elevada y el estatuto de la mujer* más precario. En la situación actual, la economía,* exceptuando la de África del Sur y algunas otras, no ofrece grandes esperanzas: la agricultura permanece orientada hacia los productos destinados a la exportación; no hay ni industria* diversificada, ni red bancaria autónoma. Sólo el 5 % del millón de poblados africanos tiene teléfono.* El valor bursátil del conjunto de África no es más que el 1/500 (la quinientésima parte) del de Estados Unidos,* para una población doble. El pago de la deuda* externa constituye una sangría del 20 % del PIB, incluso del 30 % para algunos países.

Por si esto fuera poco, el futuro de la evolución demográfica hace temer lo peor. De aquí al 2050 la población podría triplicarse para alcanzar los 1.400 millones de habitantes. Ya en el 2025 habrá unos 250 millones de nigerianos, 150 millones de etíopes, 120 millones de egipcios, otros 120 millones de congoleses y más de 120 millones de magrebíes. Aunque la mortalidad infantil seguirá siendo muy elevada, la población será la más joven del mundo. Para poder alimentarla sería necesario que el rendimiento agrícola se multiplicase por cuatro. Pero los efectos combinados de la sequía* y de la urbanización, la falta de instituciones democráticas y de mercado,* la incapacidad de almacenar y de transportar los víveres hacen que la autosuficiencia sea imposible a corto y a medio plazo. De todos modos, para lograrlo habría que pasar por un éxodo rural masivo que multiplicaría el tamaño de las ciudades* y el número de nómadas* urbanos.

Cabe esperar, en muchas regiones del continente, una agravación de los conflictos étnicos, una desarticulación de las naciones* y de los Estados,* incapaces de cobrar impuestos,* y amplios movimientos de población condenados a alejarse de las zonas tropicales y a acercarse a las ciudades* costeras. A eso habrá que añadir otras calamidades: la deforestación y la escasez de agua potable, agravados por el recalentamiento del clima* debido al efecto invernadero. Después las epidemias,* en particular la del sida* que podría contaminar —si no se consagran recursos importantes para mantenerla a raya— a la mitad de la población de ciertos países demasiado pobres para cuidarse —el gasto por enfermo sería del orden de los 2.000 dólares anuales— y donde todos los contaminados morirán antes de que se disponga de una hipotética vacuna.*

Sin embargo, el futuro de África no es desesperado en todos los aspectos. En una parte importante del continente los sistemas dictatoriales se debilitan, la democracia* y la economía de mercado* ganan terreno, ciertas empresas* locales e internacionales comienzan a explotar honradamente los inmensos recursos naturales. La agricultura, la industria ligera, el turismo,* el sector financiero cosechan sus primeros éxitos. La inflación* comienza a estabilizarse en niveles bajos, lo que permite comenzar a hacer inversiones. El crecimiento* medio ha pasado además del 1 % al comienzo de los años ochenta al 5 % en 1997. Más de 30 países de entre 47 tienen una tasa de crecimiento superior al 3 %. El crecimiento medio por habitante aumenta incluso en 40 países. Se podría pensar que la «dinámica del despegue», ya vigente en los otros cuatro continentes, comienza aquí a moverse; que África ponga pues en marcha, a su manera y según sus tradiciones, las instituciones de la democracia* y del mercado modernos, que reoriente su agricultura hacia la demanda local, que luche contra la corrupción, que reduzca sus gastos militares, que organice sus transportes* internos e instaure sistemas educativos y sanitarios dignos de ese nombre. La cultura africana vivirá entonces un modelo propio de desarrollo y de democracia fundado en la participación de todos en la vida de la ciudad, en la transparencia de los negocios públicos y en el sentido del destino común. Estos progresos se han de hacer dentro de la imparcialidad, la transparencia, la previsión de las decisiones públicas y la estabilidad de las instituciones y del derecho de propiedad. En este futuro habrá que reservar un papel esencial a los organismos sindicales, a las asociaciones* y a los partidos políticos.

En una primera etapa, el desarrollo tendrá lugar en dos regiones: al norte en torno a Tunicia, a Marruecos y a la Costa de Marfil; al sur en torno a una Unión Aduanera Sudafricana (África del Sur, Botswana, Lesoto, Namibia, Swazilandia) y a un Mercado Común de África del Este (con veinte países entre los que estarán Tanzania, Namibia y Zimbawe).

En una segunda etapa, si Nigeria* y el Congo logran evitar su desmembramiento, la estabilización de África central permitirá el desarrollo autónomo del continente. Aunque esto parezca aún fuera del alcance de varias generaciones, se podría pensar que el Mercado Común de África del Este se extenderá algún día progresivamente a todo el continente, hasta juntarse con el que se podría crear en el Magreb.*

AGRICULTURA

Las necesidades alimentarias del planeta aumentarán tanto en cantidad como en calidad; pero sólo se podrán satisfacer, con la misma tecnología, mediante el éxodo de 2.000 millones de campesinos hacia las ciudades*. Parece que habrá que elegir entre la insuficiencia de la producción agrícola y la explosión del paro laboral urbano.

Para escapar a este dilema haría falta poder dedicar sumas considerables al mantenimiento sobre el terreno de los campesinos subempleados. Tal como ha sucedido hace bien poco en el Norte,* igualmente en el Sur* se tendrá que elegir entre un aumento del paro* laboral urbano y el aumento del precio de los productos agrícolas. El mercado* elegirá la primera solución, a no ser que una nueva «revolución verde» que pase sobre todo por la biotecnología,* haga desaparecer este apremio.

La agricultura tiene los medios para alimentar a la población del planeta. Desde hace mucho tiempo, la producción agrícola mundial aumenta a mayor ritmo que la población mundial. Y podría aumentar con más rapidez si así lo exigiera una demanda seria. Los progresos técnicos, por ejemplo, han permitido multiplicar por 2,6 en treinta años la producción de cereales (con un rendimiento medio de 25 quintales por hectárea) y ofrecer una media de 340 kg de cereales al año por cada habitante del planeta. En un siglo, el aumento de la productividad ha sido tal que el precio real del trigo en el momento de la producción ha quedado dividido por cuatro. La producción de carne, que se deriva de la anterior, ha aumentado (a menor ritmo, por cierto, porque un kilogramo de cerdo, por ejemplo, requiere medio quintal de cereales) al ritmo del crecimiento demográfico; la producción de carne por habitante ha permanecido estable, en 32 kg por año. En resumidas cuentas, hasta ahora son los pesimistas quienes se han equivocado: la producción agrícola por cabeza ha aumentado en un 27 % desde 1963; el precio de los productos agrícolas ha bajado a lo largo del mismo período en un 50 % (a pesar de una escalada en 1975 y un aumento sensible desde 1994).

Sin embargo, da la impresión de que la producción agrícola se ha quedado ahora un poco estancada a causa de las limitaciones ecológicas, políticas y sociales a la agricultura intensiva. La superficie agrícola por habitante del planeta decrece desde 1950; ya no es más que 0,13 hectáreas. Cinco millones de hectáreas, de entre los 3.000 millones hoy en día cultivables en el mundo, desaparecen por culpa de la sequía, de la contaminación, de la urbanización o de los trabajos en la red viaria. Además, como toda agua* natural contiene sal, un campo mal regado se hace incultivable en poco tiempo. (En la India, por ejemplo, la producción ha disminuido en total en unos 20 millones de hectáreas —un tercio de todas las tierras de regadío— y ha habido que abandonar otros 7 millones.) La producción mundial de cereales es hoy en día apenas igual a la de hace diez años; la producción de cereales secundarios (cebada, mijo) apenas basta para alimentar el ganado, para el que se tendrán que utilizar en lo sucesivo alimentos concentrados como la harina de soja. En definitiva, la oferta agrícola mundial corre el peligro de estancarse. En Europa, el coste de la producción de cereales es, por lo demás, muy superior a los ingresos que ella genera, además los cereales sólo se producen gracias a las subvenciones que un día u otro tendrán que desaparecer.

Por el contrario, la demanda agrícola aumentará cada vez más en virtud del crecimiento demográfico y del aumento del nivel de vida medio. En especial, la demanda de cereales crecerá considerablemente en el Sur* como consecuencia del aumento de la demanda de carne y de la uniformización de gustos que incitarán a consumir productos procedentes de la zona templada (trigo, maíz, algodón). Sólo para mantener a lo largo del próximo siglo el consumo medio de cereales por habitante sería necesario poder duplicar su producción (cuando han sido necesarios diez mil años para alcanzar su nivel actual de 3.000 millones de toneladas). Dicho de otro modo, habría que producir en los cuarenta próximos años más calorías que las que ha producido la agricultura desde sus inicios, hace diez mil años. Para conseguirlo —si la superficie cultivada permaneciera la misma— habría que conseguir un rendimiento por hectárea de 46 quintales; o sólo 32 quintales si se llegara a aumentar la superficie cultivable en un 30 %.

Paradójicamente, algunos desórdenes naturales desempeñarán un papel positivo: el aumento de carbono en el aire, el aumento de las precipitaciones y de la temperatura han contribuido ya a aumentar en un 20 % el rendimiento de las cosechas australianas; las tierras de labranza se ampliarán por el cambio de clima en Siberia y en Canadá. Además, se puede pensar en grandes progresos gracias a la mejora de los medios de transporte,* de conservación y de almacenaje de las cosechas.

Por el contrario, la producción permanecerá limitada por la urbanización, la escasez de agua, el descenso de la fertilidad de los suelos, la multiplicación de los fenómenos climáticos extremos y la menor eficacia de los abonos y de los productos fitosanitarios. Por ejemplo, el aumento de la contaminación* del agua* podría reducir la fertilidad de las tierras de labranza en un 5 % anual a partir del 2010, y del 10 % a partir del 2040.

En el estado actual de la tecnología, ni la liberalización del comercio, ni la reutilización de las tierras en barbecho de Estados Unidos (8 millones de hectáreas) y de Europa (3 millones de hectáreas) modificarían de forma notable la superficie disponible, ni el nivel de la producción. Europa y América lograrán satisfacer sus propias necesidades a fuerza de subvenciones, e incluso podrán tener algún excedente para la exportación. África* subsahariana y el subcontinente de la India* tendrán muchas más dificultades para conseguirlo. China* y Japón,* siempre a merced de malas cosechas, se convertirán en importadores en masa de productos agrícolas.

Esta tensión entre la oferta y la demanda se nota ya desde ahora: las reservas mundiales de cereales son de unos cincuenta días, alcanzando así su nivel histórico más bajo. Las de maíz son de cuarenta y ocho días, el nivel más bajo desde hace treinta y cinco años. Según esto, podría darse un alza provisional de los productos agrícolas que incitara a la concentración de la tierra, a la prosecución del éxodo rural, a inversiones en masa en maquinaria de producción, en equipos de almacenaje, de transporte* y en investigación agronómica.

Así pues, una nueva «revolución verde» se hace necesaria y deseable a la vez, porque es técnicamente posible y sería económicamente rentable. Habrá enormes cambios e innovaciones de primer orden en los modos de producción: robotización de los cultivos intensivos, satélites* que observen las cosechas e identifiquen en casi cada metro las zonas con necesidad de riego o de abono, automatización de los medios de conservación, etc. Por fin y sobre todo, la bioagricultura* llevará a un cambio total en la escala del progreso técnico y de la organización social de la agricultura.

A esto habrá que añadir reformas radicales en el modo de financiación para que los progresos de la producción no vayan acompañados de migraciones rurales socialmente catastróficas. Los mecanismos de la política agrícola común europea, que subvencionarán en el futuro más a los ingresos que a los productos, ofrecen un buen modelo para otros continentes preocupados por alimentar sin destruir, por producir sin saquear, por hacer de sus campesinos verdaderos conservadores de la naturaleza.

AGUA

Uno de los recursos vitales más raros, codiciado hasta el punto de provocar guerras.*

Hoy en día, la agricultura* utiliza los dos tercios del agua potable. Para satisfacer la demanda alimentaria sin modificar los modos de cultivo, la proporción de la superficie regada debería aumentar en un tercio de aquí al año 2010 y en un 50 % de aquí al 2025. Incluso habrá que regar tierras para hacer crecer productos de un valor inferior al del agua. Además, el uso industrial y doméstico del agua aumentará a un ritmo diez veces mayor que el de la población. En definitiva, la demanda de agua se duplicará cada veinte años.

La oferta, por el contrario, permanecerá invariable. El 97 % de las aguas del planeta son saladas. Del 3 % de las potables —principalmente procedentes de los hielos, los lagos y la lluvia—, los dos tercios se hallan en Groenlandia y en el Antártico o flotan en forma de icebergs. A pesar de los esfuerzos por aumentar los recursos disponibles (pantanos, bombeo de aguas subterráneas), la cantidad de agua dulce renovable sobre el planeta no pasará de los 40.000 km^3 por año. Este desfase entre la cantidad de agua disponible y la demanda se ha multiplicado por cinco en un siglo. Por si fuera poco, la distribución de esa agua es cada vez más desigual. Menos de diez países se reparten el 60 % de los recursos del mundo (en orden decreciente: Brasil,* Rusia,* China,* Canadá,* Indonesia* y Estados Unidos*). Un tercio de la humanidad, en ochenta países, de los cuales catorce son en el Oriente Medio,* sufren escasez de agua; 1.200 millones de personas no disponen de un mínimo general anual de supervivencia. Seis millones de niños mueren cada año por beber aguas contaminadas.

En el futuro la contaminación* reducirá aún más la cantidad de agua disponible. Por ejemplo, en algunos decenios el mar Aral ha descendido 14 metros de nivel, ha perdido el 40 % de su superficie y el 60 % de su volumen de agua potable. La contaminación de la atmósfera, al provocar un aumento de temperatura, llevará consigo una fusión de los hielos y una elevación del nivel de los mares* que contaminará a su vez las capas subterráneas de agua dulce.

Hacia el 2010, faltará el agua en treinta y dos países de África,* Asia* y en ciertas regiones de Europa* y de América. La disponibilidad media anual por habitante se reducirá a 5.100 m^3 en el 2025 y a 4.000 m^3 en el 2040. Al ritmo actual, todas las aguas de superficie se consumirán hacia el 2100.

Se librarán batallas sangrientas y habrá guerras* por el control de los ríos que los países de arriba intentarán apropiarse: Turquía* dominará el Tigris y el Eúfrates, Etiopía (que pasará de 55 millones de habitantes en 1993 a 94 millones en el 2010) querrá dominar el Nilo. Angola, África del Sur, Namibia y Botswana se disputarán el control de las aguas del Okavango que libra 10.000 millones de metros cúbicos anuales de agua, de los que el 94 % se evaporan en el término de tres meses. Estallarán conflictos entre los países ribereños de las cuencas del Jordán, compartido por cinco países, del Danubio, por quince y, quizá incluso, entre los siete Estados americanos de las riberas del Colorado.

Para economizar agua se aumentará globalmente su precio, lo que llevará a la generalización del riego gota a gota, a la prohibición de cualquier vertido industrial, al tratamiento y al reciclaje del agua usada. En los países especialmente bien administrados la cantidad de agua disponible podrá incluso aumentar.

Después, cuando el precio del agua sea ya muy elevado, se desalará el agua del mar, se construirá un dique que cierre el mar Báltico para almacenar en él agua potable y se remolcarán icebergs del Antártico* hasta Australia, el Oriente Medio y Asia Central.

AIRE

Recurso vital gravemente amenazado por la contaminación industrial y urbana que se convertirá en algo raro y costoso.

La atmósfera recibe cada año 2.000 millones de toneladas de productos nitrogenados, residuos* de la industria del frío y de la circulación. Además, se arrojan 7.000 millones de toneladas de carbono: dos proceden de la deforestación y cinco de la combustión de los hidrocarburos. Muchos aspectos de estos fenómenos todavía se conocen mal: por ejemplo, de los 7.000 millones de toneladas de carbono, parece ser que el océano absorbe tres, pero nadie sabe porqué ni cómo. Sea como fuere, la cantidad de gas carbónico en la atmósfera ha aumentado un tercio en un siglo. Solamente un quinto de la población mundial respira un aire aceptable. Evidentemente, el aire del Sur* es menos puro que el del Norte: Pekín* es 35 veces menos repirable que Londres* y 16 veces menos que Tokio.* Sin embargo, el norte utiliza el 70 % de los vehículos que existen en el mundo y produce el 60 % de los residuos de carbono y de óxido nítrico.

La tendencia actual nos lleva a pronosticar que doblará la proporción actual de gas carbónico en el aire de aquí al 2030. Si es así, muchas ciudades se harán irrespirables, se prohibirá la circulación urbana en automóvil* y el crecimiento* económico quedará amenazado. Los efectos de estas contaminaciones serán tan catastróficos para la salud humana como para el clima.* Se acrecentarán los riesgos de afecciones de las vías respiratorias y de desórdenes cardíacos; en Indonesia,* por ejemplo, el 15 % de las muertes de niños menores de cinco años se debe a la contaminación atmosférica. Parece ser que estos residuos son también los responsables del «efecto invernadero» que, al modificar el clima,* provoca sequía* e inundaciones. Tales contaminaciones agreden igualmente a la selva,* sobre todo en las zonas intertropicales cuyos ecosistemas son especialmente vulnerables.

Así pues, tarde o temprano el aire tendrá un coste. Cada uno tendrá que pagar su impuesto por tener el derecho a respirar aire puro.

Para evitar cierto número de catástrofes,* sería menester poder reducir el consumo de carbón* y de petróleo* de aquí al 2010 al menos en un cuarto, aumentar en la misma proporción el consumo de gas* natural (que produce un 40 % menos de gas carbónico por caloría que el carbón) y por último reducir el uso del automóvil, sobre todo en la ciudad. Las decisiones de la cumbre de Kyoto en 1997 para reducir entre un 5 % y un 8 % las emisiones de gas carbónico de aquí al 2010 podrían constituir un primer paso en la dirección correcta, pero sólo se podrán aplicar si América* logra reducir su contaminación en un 35 % respecto de su nivel tendencial.

Para llevar a cabo tales cambios sería necesario adoptar medidas difícilmente aplicables: por ejemplo, suprimir las subvenciones al carbón, cuando es él quien crea numerosos puestos de trabajo, y establecer «derechos a contaminar» para cada país; cada país podría cambiarlos por medios para financiar la reducción de su contaminación. Esto supondría la creación de una autoridad internacional con el poder de calcular los derechos de emisión del planeta, de repartirlos entre los países y de sancionar su transgresión.

Si la adopción de tales reformas fuera imposible, no queda más remedio que esperar que los progresos técnicos las hagan menos onerosas en el futuro. Éste será probablemente el camino que se adoptará: el que entraña los mayores riesgos.

AJEDREZ

Juego de estrategia cuya importancia se verá incrementada por el hecho de combinar muchas de las características esenciales de la civilización* futura: distinción,* nomadismo* virtual, recorrido laberíntico... Los campeones de ajedrez ocuparán un puesto entre las estrellas* en el firmamento de la hiperclase.*

ALDEA

Los habitantes de las ciudades* del Norte* querrán ir al encuentro de la vida cotidiana de los aldeanos del siglo XX. Abandonarán las grandes aglomeraciones e intentarán desempeñar en el campo todos los oficios* que se puedan desempeñar a distancia. Pagarán equipos privados de seguridad para vivir en paz. Las aldeas residenciales y sus alrededores se convertirán en parques protegidos, campos voluntarios para los ricos.

ALEGALIDAD

Situación de los individuos o de las entidades cuya acción, sin ser necesariamente ilegal o criminal, se sitúa fuera de la legalidad porque se apoya en nuevas tecnologías o en campos no contemplados aún por la ley:

por ejemplo en Internet,* en materia de clonación, o incluso en el ámbito de las costumbres y de la evolución de la familia. La economía alegal ocupará un lugar considerable; será la avanzadilla de la economía y contribuirá a la destrucción de los Estados y de las instituciones, a no ser que éstos logren establecer marcos jurídicos suficientemente amplios para abarcar las potencialidades de la ciencia sin reprimirlas.

ALEMANIA

Un Estado entre otros de una Europa compuesta de veinticinco países que han puesto en común las competencias suficientes como para que ninguno de ellos tenga motivos para seguir desarrollando una política* económica, social o exterior propia.

Alemania ya no gozará de identidad* ni de proyecto* colectivo, ni siquiera, al fin y al cabo, de realidad política. Cada región forjará su destino independientemente de las demás. Se volverá, aunque de manera distinta, a la situación de antes de la unificación alemana en el siglo XIX.

Esta evolución, aunque es la más probable, está muy lejos de ser cierta. Ante todo porque la sociedad alemana podría negarse a semejante disolución de su identidad.* Después porque, suceda lo que suceda, tendrá que enfrentarse, en los primeros decenios del siglo, a tales problemas específicos que podrían hacer saltar por los aires la construcción europea y poner en entredicho todo el equilibrio geopolítico* de la posguerra.

Ante todo estará el problema del paro* laboral. Con cuatro —pronto cinco— millones de parados, Alemania se hallará en una situación intolerable que podría conducirla a poner en tela de juicio su participación en la construcción europea, en particular a renunciar al euro* para buscar un camino nacional de desarrollo.*

Después, el problema demográfico: si no se cuentan los extranjeros (que en el estado actual de la legislación alemana no tienen ninguna posibilidad de convertirse en ciudadanos), y a pesar de los 200.000 germanófonos naturalizados anualmente (el artículo 116 de la Constitución designa como alemán a todo aquél que desciende de un habitante del *Reich* en sus fronteras de 1937), Alemania envejecerá más que cualquier otro país del continente. Será incluso el país más viejo del mundo, con Dinamarca y Suecia. Según los datos actuales, la esperanza de vida* pasará allí de los 72,5 años actuales a los 85 años en el 2030 para los hombres* y a 91 años para las mujeres.* En el mismo período, la natalidad* continuará descendiendo: ya es actualmente del 10 por mil, frente al 26 de media mundial. La fecundidad sólo alcanza a un 1,3 niños por mujer, mientras que la simple renovación exigiría un 2,1. La población decrece, puesto que alcanzará, según las tendencias actuales, a 73 millones de habitantes en el 2025, con un incremento notable de ancianos. Actualmente ya hay tantos alemanes de más de 65 años como menores de 15; y habrá un tercio más en el 2025...

Estas tendencias tendrán no pocas consecuencias negativas en la sociedad alemana.

Para mantener en el 2030 el nivel actual de las jubilaciones,* las cotizaciones de quienes gocen de un empleo ¡deberán alcanzar el 30 % de sus ingresos! Habría que crear 120.000 puestos más en los asilos de ancianos, mientras que, por el contrario, las tres cuartas partes de las cunas y de los jardines de infancia serían inútiles. En lo que atañe al paro,* se reducirá de la peor forma: por falta de individuos en edad de trabajar.

Además, en parte debido a este envejecimiento, la industria* de Alemania ya no estará abiertamente presente en algunos de los principales sectores del futuro: ni en la información, ni en la genética,* ni en las nuevas fuentes de energía.* Incluso en sus sectores tradicionales como el de la máquina-herramienta, se verá sometida a una seria competencia, en precio y en calidad, por parte de la Europa del sur y del Asia del este.

Por último, ya no será una nación de servicios,* ni un país de turismo, y su presencia en el extranjero no pasará de ser relativamente modesta; el nivel de la enseñanza superior y de la investigación decaerán.

De este modo, dos futuros distintos se abren ante ella:

• o bien continúa envejeciendo dentro de la Unión Europea, a la vez que asume una decadencia financiada por sus regiones más dinámicas. Los *Länder* más ricos (es decir, los más jóvenes) sentirán el deseo de poner fin a la solidaridad con los más pobres (es decir, con los más viejos). Baviera, por ejemplo, se negará a pagar las jubilaciones* de Prusia, lo que llevará a la disolución de la nación;*

• o bien inicia la búsqueda de una población para su territorio —y no ya, como hace medio siglo, de un territorio para su población—. Incluso aquí, de dos cosas una: a) o se abre a la inmigración y concede un pasaporte* alemán a los extranjeros que vengan a trabajar. Eso supondría un cambio radical en las actitudes culturales. Para compensar el déficit demográfico actual sería menester que la parte de la población extranjera naturalizada llegase a un tercio de la población global y a la mitad de la de las ciudades.* Nada hace pensar que la cultura alemana pueda prestarse a esto ni que se prepare para ello; b) o rechaza a la vez su futuro europeo y la inmigración e intenta volver a ser una potencia autónoma en Europa central, recuperando los territorios donde residen aquellos a quienes considera aún como alemanes. En este escenario, los polacos que tengan un pasaporte alemán (al amparo del artículo 116 de la Constitución) podrán un día, si la situación económica en Polonia lo justificara, votar de manera perfectamente democrática la unión de su región a Alemania. Los rusos —de origen alemán o no— podrán hacer lo mismo. En este caso hipotético, Alemania aprobaría el voto democrático de tal o cual región del este que pidiera su anexión. La consecuencia sería una gran inestabilidad política en Europa. Alemania, para prepararse a defender estas anexiones «democráticas», reforzaría su ejército y reivindicaría incluso el derecho a poseer armas nucleares.*

De momento ninguna de las grandes fuerzas políticas alemanas acaricia tal proyecto, al menos explícitamente. Pero si un día tuviera que plantearse esta cuestión, ni la Alianza Atlántica, ni la Unión

Europea se opondrían a lo que parecería entonces tan natural como la descolonización o la desaparición de la Unión Soviética. Sólo Rusia* intentaría vetarlo. La guerra* en Europa sería entonces posible: la vieja guerra, la que desde hace tres siglos enfrenta las ambiciones alemanas a la alianza de las ambiciones franco-rusas.

ALFABETIZACIÓN

El mayor reto, el derecho primordial, la más cara de las inversiones. Continuará siendo imposible que todos los habitantes del planeta aprendan a leer. Quienes queden privados de este saber elemental quedarán también, aún más que hoy en día, excluidos de la sociedad, serán menos capaces de moverse en ella, de encontrar en ella trabajo,* de conocer y de hacer valer sus derechos.*

Sin embargo, la alfabetización del mundo parece ser uno de los principales éxitos de estos últimos treinta años: de 1970 a 1995, la proporción de analfabetos entre los adultos ha descendido globalmente del 57 % al 30 %, con éxitos especiales en Asia* del este, en América Latina* y en el mundo árabe.

Pero queda mucho por hacer: ante todo porque todas estas cifras son falsas, hinchadas por los gobiernos proveedores o beneficiarios de las estadísticas. (Los analfabetos hoy son al menos 1.500 millones, de los cuales los dos tercios son mujeres.)* Después porque su número no cesará de aumentar. Corre el riesgo de doblarse, en los próximos treinta años, en Asia del sur donde la mitad de los adultos no saben leer, donde la cuarta parte jamás ha ido a la escuela y donde las otras tres cuartas partes no han terminado sus estudios primarios. Además, el analfabetismo no es propio ni del Sur ni de quienes jamás han estudiado: el 40 % de los adultos norteamericanos de quienes se supone que han hecho doce años de estudios son incapaces de leer un artículo del *New York Times* o de descifrar y comprender un itinerario de autobús.

La alfabetización es un envite primordial sobre todo para el futuro: la lectura será la condición *sine qua non* de la lucha contra la criminalidad,* el fanatismo y la superpoblación. También será una condición para el empleo,* incluso en los oficios* más simples. Sin lectura no será posible participar en la vida social, económica, asociativa, ni en la vida democrática,* ni siquiera, y cada vez más, del entretenimiento*: porque la sociedad de la imagen* será también la sociedad de la escritura.*

Ahora bien, el aprendizaje de la lectura no se podrá automatizar; en el estado previsible de las tecnologías, aprender a leer y a utilizar la lectura ocupará siempre muchos años de la infancia.* Además la alfabetización consumirá una parte cada vez mayor de los recursos del planeta: según un cálculo superficial, sólo para mantener el nivel actual de alfabetización sería menester enseñar a leer a 20.000 millones de individuos de aquí al año 2050; y para hacerlo, se necesitaría o bien triplicar el número de enseñantes y los gastos de alfabetización (de medio trillón a un trillón y medio de dólares), o bien revolucionar el lugar de las mujeres* en las sociedades más pobres para confiarles esta responsabilidad sin remuneración. Ningún gran país del Sur,* ninguna institución internacional* se ha preparado seriamente para asumir la magnitud de esta tarea. Sin embargo, el éxito o el fracaso en este ámbito determinará en gran medida el carácter pacífico o violento de los próximos decenios.

ALIMENTACIÓN

Comer no será nunca un acto inocente. La comida no sirve sólo, excepto en los más pobres, para calmar el hambre. Dejando aparte el placer del gusto,* un producto alimenticio significa también para quien lo consume su apropiación de una fuerza vital y su pertenencia a un grupo. En cualquier lugar donde el consumo sea posible, la alimentación invadirá poco a poco el tiempo;* se comerá sin descanso, fuera

de las comidas, en los transportes,* en la oficina, en los espectáculos, en los escenarios, sin plato, con los dedos, etc. La naturaleza
de los productos que se consuman dependerá del papel que se supone que desempeñan:

• *curar*: la comida se acercará a la terapéutica. Al comer se preten-
derá purificarse de todo lo que el mundo contiene de impurezas reales o imaginarias. Algunos no querrán más que productos puros:
carentes de toda grasa, de todo colorante o aditivo, de toda mutación
genética artificial. Se comerá cada vez menos carne, quizá nada en
absoluto. El pescado fresco será un lujo. Se consumirán principalmente productos vegetales o lácteos, alimentos vinculados a un ideal de plenitud o que permitan prevenir cualquier enfermedad. Se
mezclarán en ellos medicamentos, genéricos o amparados por un cer-
tificado, para curar (nutracética).* Al amparo de la genética* se comprenderá mejor para qué sirve cada alimento y cómo se ve afectado
por las características específicas de cada individuo. De este modo
se irá cada vez más hacia una alimentación a medida. Finalmente se
buscará prevenir, sobre todo entre los ricos, contra los riesgos del
sobrepeso (en el 2050, al ritmo actual, todos los americanos serán
obesos);

• *distraerse*: la comida será un pretexto para viajar, para descubrir una
forma original de nomadismo* virtual. Se comerán cada vez más platos procedentes de civilizaciones* más lejanas, en forma de menús
mixtos, de mezclas inéditas, viajes combinados hechos a medida. Ése
será el eje de la gastronomía.* La alimentación será un pretexto para
juegos* y espectáculos.* A veces incluso para juegos prohibidos,
transgresiones;

• *pertenecer*: comer será el último vínculo entre individuos solitarios,
con nostalgia de una cierta vida colectiva, de comidas de fiesta.* Las
comidas permitirán al solitario creer que aún lleva a su manera una
vida familiar equilibrada. Se pertenecerá a clubes que reagruparán a
quienes consuman un mismo producto y llevarán la insignia distintiva; se idearán productos específicos para cada signo astral o con-

cebidos y embalados para poder consumirlos entre muchos (un paquete de yogures de diferentes marcas «ella» y «él»; platos cocinados para abuelos y nietos; chocolates de distinto tamaño para hermanos y hermanas, etc.);

• *hacer*: otra tendencia notable consistirá en la vuelta, mediante el simulacro,* a la cocina hecha a mano, a medida. Al igual que en la música —donde el karaoke crea la ilusión de hacer y de ser una estrella*—, gustará hacerse cocinero. Para ello se comprarán componentes alimentarios y se los combinará a su gusto —«cocina Lego*»—mientras se continuará mezclando gastronomía,* turismo* y terapéutica.*

AMBICIÓN

Ser feliz, rico, amado, reconocido, poderoso, amante, útil, dejar huella, no sufrir, ésas serán las ambiciones de la mayoría. En compensación se inventarán nuevas formas de satisfacerlas, al menos en el campo virtual.

AMÉRICA LATINA

Un continente en pleno desarrollo, organizado en un mercado común, el Mercasur,* intentará, lo mismo que Europa, crear una moneda* común y establecer su autonomía política frente a Estados Unidos.* Si las hipótesis más optimistas se confirman, la renta media por habitante se doblará en los próximos cuarenta años, lo mismo que la población.

América Latina, más norteamericana bajo el punto de vista económico y más europea bajo el punto de vista cultural, consolidará prioritariamente sus vínculos con Asia.* Brasil,* con más de 200 millones de habitantes, será la nación líder.

Aún serán necesarias inmensas reformas para dar estabilidad a las instituciones de la democracia* y del mercado.* Si no se pone remedio, la falta de red* viaria frenará el despegue del mercado interior y la desigualdad* podrá provocar nuevas revoluciones* y poner en entredicho las democracias débiles. De hecho es la única region del mundo, juntamente con el África* subsahariana, donde la pobreza* ha aumentado desde hace veinte años. En cuarenta años, a no ser que se dé un cambio político radical, la tercera parte de la población vivirá aún por debajo del umbral de pobreza.

La droga* continuará siendo un factor económico y político de capital importancia que podrá corromper todas las instituciones, a no ser que se levante la prohibición en Estados Unidos.

Si el Mercasur no tiene éxito se volverá a ver los militares en el poder y las migraciones aceleradas conducirán a las poblaciones hacia las costas y hacia el Norte.*

Amor

Primer tema de conversación; último objeto de consumo.* Primera locura del hombre; último refugio de la humanidad.

Anillo

Futuro objeto nómada* que podrá seguir siendo una joya al poder conectarse con Internet para permitir el acceso al correo electrónico y al hipermundo.*Se puede incluso soñar con almacenar en él informaciónes para comunicárselas a otro. Bastaría para ello con hacer que dos anillos se toquen para cargar en el otro las informaciones que, para su lectura, sólo necesitarían de un ordenador, como hoy se hace con cualquier disquete: tarjeta de visita electrónica...

ANIMAL

Habrá tres tendencias contradictorias: según una de ellas, el animal es un compañero del hombre, un ser vivo que hay que respetar; según la segunda, es alimento; según la tercera, es causa o vehículo de las más graves enfermedades* del siglo (sida,* síndrome de Creutzfeld-Jacob, Ebola, gripe). Desaparecerá de la alimentación y se recordará su consumo como la manifestación bárbara de una civilización* primitiva.

ANTÁRTICO

El séptimo continente se convertirá en un lugar de turismo,* espacio protegido, reserva de agua* potable.

APILAMIENTO

Para poder consumir los objetos* no deben ser un estorbo en el tiempo.* Hay que poder apilarlos a la vez en el tiempo y en el espacio,* como los libros* en las estanterías. El apilamiento, realidad en el espacio de las grandes ciudades,* será también una realidad en el tiempo. Primero será una simultaneidad* de consumos: se conducirá, se telefoneará y se comerá al mismo tiempo. Después el apilamiento se convertirá en un almacenamiento de los objetos: se tendrán más discos de los que jamás se podrán escuchar, más libros de los que jamás se podrán leer. De este modo se tendrán más actividades* u oficios, se tendrá más tiempo almacenado que tiempo de vida. En fin, se almacenarán los objetos no ya real, sino virtualmente. Los libros estarán disponibles en bibliotecas virtuales de las que bastará consultar los códigos para imprimir un volumen elegido a domicilio. Lo mismo sucederá con los discos, filmes, cuadros o cualquier obra de arte* cuyo uso, visión, consulta o contemplación requieran tiempo.

Llegará a faltar el tiempo perdido y la vida será, en sentido estricto, imposible de vivir.

APRENDER

Se aprenderá a saber aprender; se aprenderán métodos para crear, para experimentar, para presentir. Se aprenderá por la experiencia* más que por la teoría, por la memoria* y la intuición* más que por la lógica. Después se aprenderá bajo hipnosis. Más tarde aún, conectando directamente fuentes de conocimiento y bancos de datos al cerebro,* dado que se conocerá mucho mejor su funcionamiento.

ÁPTICO

Sensación virtual del tacto,* esencial al uso de lo virtual* en el ámbito de la cirugía,* del diseño y de los juegos.* A largo plazo, condición de la creación de personajes virtuales en tres dimensiones, dotados de palabra y de tacto, de una cierta inteligencia y de una incontestable elegancia, presentes en la vida diaria de la segunda mitad del siglo y que cambiarán su naturaleza íntima: los clonimagos.*

ARABIA SAUDITA

Controla la décima parte de las reservas mundiales de petróleo, quizá menos si las cifras oficiales (258.000 millones de barriles) están hinchadas. Su parte relativa en la producción mundial aumentará primero y después se reducirá. Por razones puramente políticas, podría querer reducir un día la cantidad de petróleo que exporta con el fin de aumentar su precio, acción que provocaría un alza del petróleo que las compañías americanas y europeas ratificarían.

ARMAMENTO

La industria del armamento utilizará los mismos materiales* y las mismas tecnologías que la industria civil. En especial, los sistemas de pilotaje por satélite* y los materiales nuevos revolucionarán las prestaciones y la precisión de las armas. Se construirán robots* guerreros teledirigidos, láseres cegadores, vectores furtivos, redes* de observación.

Los gastos de armamento caerán al 2 % del PIB, nivel del siglo XIX hasta 1940. De este modo se cerrará el paréntesis de la guerra fría. Los Estados Unidos,* que controlan la mitad del mercado mundial de las ventas de armas, se concentrarán en tres empresas: Boeing, Lockheed y Raythom, a quienes costará mantener su puesto en un mercado mundial en recesión. Serán muchos más los países capaces de producir aviones, helicópteros o misiles tácticos.

Las armas nucleares* serán más precisas, móviles y miniaturizadas. Seguirán siendo el arma absoluta en manos de las cinco grandes potencias. Sus submarinos nucleares estarán dotados de una autonomía de inmersión de varios años. Pero docenas de países, si así lo decidieran, podrían disponer de ellos en algunos meses. Los cinco grandes sólo perderán su poder disuasorio si los progresos llevados a cabo en acústica y en oceanografía permiten detectar los submarinos y si es posible, algún día, instalar en el espacio baterías de misiles antimisiles o de láseres lo suficientemente eficaces para eliminar la totalidad de una salva de varios millares de ogivas nucleares que se dirijan a una ciudad,* lo que no será posible, como muy pronto, antes de muchas décadas.

Las armas químicas, radiológicas, biológicas y bacteriológicas, oficialmente prohibidas, estarán disponibles. Será imposible prohibir o detectar las técnicas necesarias para obtenerlas, similares a las técnicas civiles. Además, muchos países serán capaces de disponer de ellas en el plazo de algunos días, aunque de hecho no las fabriquen, excepto si algún vecino quiere violar la prohibición general. Cuando uno las tenga, las tendrán todos.

Aparecerán otras armas de un tipo radicalmente nuevo como consecuencia de los progresos científicos. Por ejemplo, un conocimiento más exhaustivo de las leyes del clima* permitirá modificar el del enemigo; los progresos de la genética* permitirán trasplantar el virus del cólera o del sida* al de la gripe para diseminarlo de forma subrepticia.

ARMONÍA

Reivindicación y esperanza de los nómadas* que luchan entre diversas fidelidades. Criterio estético* de las civilizaciones* de ensambladura. Misterio de lo sensible, inaccesible a la conciencia.

ARQUITECTURA

El arte de construir quedará profundamente modificado por la posibilidad de visualizar, incluso de visitar virtualmente los edificios antes de construirlos. Cada uno podrá elegir su casa o su piso mediante la visita, el ensamblaje, la modificación de modelos virtuales. Se irá hacia una arquitectura a medida, una arquitectura «Lego»*. Tras la desconstrucción de los estilos, asistiremos a su reconstrucción en ensamblajes infinitamente renovados de fragmentos procedentes de diversas estéticas, de múltiples escuelas. El estilo será un arte de la mezcla. Para hacer viables las grandes metrópolis de diez a veinte millones de habitantes será menester crear nuevos edificios de gran altura y de bajo coste, en parte subterráneos. Habrá nuevos materiales que hagan posible una arquitectura reciclable. La tecnología de los ascensores será determinante. No habrá más arquitectura al margen del urbanismo:* ni un solo inmueble sin áreas de recreo y de ocio.

ARTE

Continuará siendo un fenómeno individual e imprevisible, una mirada solitaria al mundo. El artista continuará siendo un nómada,* un exiliado del interior. Tomará caminos desconocidos, utilizará tecnologías nuevas, pero siempre con el mismo fin: emocionar, elevar, mostrar, dar a entender, a tocar, a sentir, a disfrutar el mundo de manera distinta a como lo han hecho otros antes que él.

Las formas clásicas de expresión (pintura,* escultura,* música,* literatura,* teatro,* cine*) mezclarán culturas* y técnicas en composiciones hasta ahora poco probables: mezcla de ruidos y sonidos, maraña de colores, filtración de materiales,* etc. Se buscará el arte «a medida», artesanía de materiales elegidos y de composiciones personalizadas; el arte del retrato conocerá un nuevo auge.

Aparecerá y se desarrollará un nuevo arte, el de la virtualidad* que se abrirá a sensaciones completamente nuevas: no sólo será posible inventar una nueva forma de mirar el mundo, sino crear mundos donde el espectador se convertirá en viajero dentro del universo del artista.

Incluso más allá de de la virtualidad, de la utopía* soñada, el arte se convertirá en utopía vivida. Aparecerá una nueva estética:* hacer de la propia vida una obra de arte. El derecho* al arte de crearse será entonces un derecho humano. Ya no se soñará solamente con la inmortalidad mediante la ilusoria acumulación de obras de arte creadas por otro, sino que muchos, cada vez más numerosos, afrontarán la muerte* mediante la configuración artística de su propia vida, es decir, mediante la creación continua de ellos mismos.

ASEAN

Posible institución de una unión supranacional de los países de Asia del este, muy avanzado el siglo, cuando sus rivalidades milenarias se hayan resuelto, tras muchas guerras y armisticios, tentaciones imperialistas y ruinas.

ASIA

Representará más de la mitad de la población y de la producción del planeta. En ella se encontrán las mayores ciudades,* los principales centros financieros y las principales potencias económicas. Al menos tres monedas* —el yen, el yuan y la rupia— se hallarán entre las principales del mundo. Será un lugar de innovaciones tecnológicas de primera línea y de invención de numerosos productos de tecnología punta. Las culturas asiáticas, a las que Occidente* aprenderá al fin a distinguir unas de otras, ejercerán una influencia cada vez mayor sobre el resto del mundo: sus farmacopeas serán fuente de medicamentos;* sus artes,* su cocina, su música* quedarán integradas en la panoplia de los elementos culturales a disposición de los pueblos del mundo entero. Sus *media*, sus estéticas,* sus gustos,* sus modos, sus productos y sus marcas* dejarán sentir su influencia en adelante en todo el planeta.

Junto a estos triunfos, Asia se enfrentará en ciertas regiones a unos males difíciles de superar: el envejecimiento, la corrupción, la burocracia, el nepotismo, el despilfarro, la contaminación.* El continente, por añadidura, permanecerá por mucho tiempo aún dividido políticamente. Ninguna nación* aceptará que otra sea árbitro de disputas. Las rivalidades serán más profundas entre China,* Japón,* Corea,* Indonesia,* Malaisia, las Filipinas y el Vietnam y después la India,* Tailandia, Pakistán, Rusia* y Asia central,* objetivo estratégico de la mayor importancia. Se multiplicarán los contenciosos territoriales, como demuestran ya las disputas sobre la propiedad de las islas Spratly, Cachemira o las reservas petrolíferas del Caspio. Esos contenciosos conducirán a conflictos militares graves, como los que conoció Europa* en el siglo XX por razones similares. A eso habrá que añadir los problemas demográficos de China,* de Bangladesh y de Indonesia,* que se convertirán en vastas migraciones humanas y en enfrentamientos sanguinarios, incluso en guerras si China llega a invadir la Siberia.*

Así pues, Asia estará muy ocupada a lo largo de este siglo en solucionar sus problemas internos. Como consecuencia, las previsiones que anuncian su próxima dominación del mundo y su alianza con el islam* contra Occidente* son lo mismo de serias que las que, aún en 1965, anunciaban la inminente victoria económica de la Unión Soviética sobre Occidente y la llegada de sus tanques a la plaza de la Concordia.

Asia no podrá superar sus dificultades mediante la sola fuerza de la economía. Será menester que cada país del continente establezca instituciones democráticas y financieras abiertas, universalistas, basadas en el contrato y en la transparencia. Sólo así se puede imaginar una evolución ideal donde los clanes darían paso a los partidos en política* y a los accionistas en finanzas; donde los *media* dejarían de estar en manos de algunas familias; donde se pondría en marcha una protección social moderna; donde se aplicaría una reglamentación protectora del entorno; donde se reduciría la pobreza;* donde se establecería un mecanismo de estabilización de tipos de cambio entre las principales monedas, o aún mejor, donde se crearía una moneda común; donde se crearía un mecanismo de concertación política (a semejanza del Consejo Europeo) y donde una institución como la OSCE en Europa dirimiera las disputas territoriales antes de que degeneraran en guerras.*

Sea lo que fuere, la parte de Asia en la población mundial pasó del 50 % en 1950 al 60 % en 1990 y alcanzará el 70 % hacia el 2050, es decir, el mismo porcentaje que tenía en 1650... cuando comenzó el crecimiento de Europa* y de América del Norte.

Si logra vencer sus propias dificultades, Asia representará en el 2025 el 60 % del PIB mundial. A finales del siglo XXI habrá llegado a ser nuevamente la superpotencia que era en el siglo XVII. Si su poderío se restaura de este modo, no por eso será una amenaza para el resto del mundo: ni la economía ni la geopolítica son juegos de producto cero. El desarrollo de Asia acarreará el de los países que sepan producir para sus consumidores asiáticos y abrir sus mercados y sus culturas a las ideas, a los valores y a las artes llegados de Oriente.

ASOCIACIÓN

Se verá cómo se desarrollan, al margen de los partidos y de los sindicatos, grupos de defensa de intereses de clase, precarios y provisionales, por causas pasajeras, cuyo poder será lo suficientemente fuerte como para obligar a los políticos a la negociación antes de desaparecer. Se irá así hacia una democracia* en movimiento donde las asociaciones serán análogas a grupos de teatro* constituidos para ofrecer una obra durante cierto número de representaciones, para dispersarse después. Serán asociaciones de consumidores, de enfermos, de trabajadores,* de ciudadanos* que pondrán en práctica estrategias colectivas de defensa de intereses individuales, tratando de canalizar las decisiones políticas hacia la mejora del bienestar de quienes hayan sido capaces de agruparse y defenderse, es decir, principalmente las clases acomodadas del Norte. Impulsarán pues, la búsqueda de un tratamiento del sida antes que la vacuna,* los trasplantes antes que una generalización de la Seguridad Social, la enseñanza superior antes que la lucha por la alfabetización,* la pureza de los alimentos antes que la del aire, etc.

ASTROLOGÍA

Esta antigua forma de previsión continuará siendo muy apreciada, tanto más cuanto que habrá quedado transformada por las tecnologías de la información.* Se viajará virtualmente por el mapa del cielo, se mezclarán las múltiples formas y tradiciones de la adivinación en prácticas y procedimientos mixtos que se harán omnipresentes en la vida cotidiana gracias a la simulación* que permitirá vivir virtualmente por adelantado las situaciones para calibrar sus riesgos. Se combinará la astrología con la medicina y sobre todo con la genética, ya que ambas son memorias de futuro.

ATP

Trifosfato de adenosina. Unidad elemental de energía* de la biología, equivalente común de lo vivo, biopatrón absoluto.

AUTOGESTIÓN

Forma de organización de empresa dirigida por trabajadores que alquilan un capital. Se desarrollará progresivamente entre la hiperclase* mediante la asociación,* y entre los más pobres mediante el microcrédito.* Sólo la clase media continuará creyendo durante un tiempo que su salvación reside aún en un sistema de salarios en vía de desaparición.

AUTOMÓVIL

Continuará siendo durante al menos la primera mitad del siglo el principal medio de transporte individual, hasta que sea progresivamente transformado por completo o, si esta transformación fracasa, prohibido en la ciudad.

La necesidad mundial de medios individuales de transporte aumentará con la urbanización y el crecimiento del nivel de vida. La producción actual de vehículos, del orden de treinta millones anuales, podría doblarse rápidamente. Habrá entonces 1.000 millones de vehículos en servicio frente a 650 millones a finales de este siglo. Los principales mercados estarán en Asia,* sobre todo en China,* donde incluso se podría contar un día hasta con 500 millones de vehículos si su uso se hiciera tan frecuente como en Estados Unidos.*

En el estado actual de la tecnología, tal crecimiento produciría efectos desastrosos en la calidad del aire, reduciría las tierras agrícolas disponibles y provocaría el caos urbano.

Si no se logra reducir la congestión* y la contaminación,* la mayoría de los grandes países de Europa,* de América* y de Asia se verán obligados a prohibir el uso de los vehículos en la ciudad.

Para alcanzar el primer objetivo, los vehículos llevarán sistemas integrados de asistencia a la navegación.* Cada vehículo, guiado por satélite,* equipado de radar anticolisión y de detectores de errores para adaptarse a las facultades propias de cada conductor, conocerá permanentemente los embotellamientos que hay que evitar y los itinerarios que hay que seguir. La velocidad estará estrictamente limitada, según la naturaleza del tráfico, a niveles mucho más bajos que en la actualidad. Para limitar el número de vehículos, se subastarán las placas de matrícula (como en Singapur), habrá peajes* virtuales a la entrada de las ciudades mientras un microchip electrónico registra los recorridos y carga en una cuenta bancaria las infracciones. Habrá vehículos urbanos de propiedad colectiva de los ciudadanos que los dejarán a otros después de su uso.

Para reducir la contaminación* será menester reducir a menos de la mitad las emisiones de gas carbónico. Para ello será indispensable modificar o reemplazar los motores existentes. La electrónica permitirá reducir de forma considerable las emisiones de los motores de explosión. Como contrapartida, será mucho más difícil poner a punto los motores eléctricos, y quizá no se consiga nunca. Hacia el 2030 aparecerán los primeros vehículos a pila de hidrógeno a alta presión. Se generalizarán si se consigue almacenar el hidrógeno gaseoso en nanofibras en cantidad suficiente para dotar de quinientos kilómetros de autonomía al vehículo. También se utilizarán motores híbridos que produzcan constantemente hidrógeno en el vehículo por medio de la electrolisis y a partir del petróleo. Además, se harán los vehículos de materiales* más ligeros, de menor consumo de energía y biodegradables.

Las empresas automovilísticas ya no serán quienes gestionen las marcas,* puesto que encargarán a montadores el trabajo de reunir los módulos fabricados por subcontratistas especializados (la delantera, las puertas, el motor, el tablero, etc.).

Estos progresos deberían favorecer el despegue de la industria. Si no fuera así, habría que prohibir coyunturalmente la circulación de los automóviles en todas las aglomeraciones del mundo. Tal decisión trastornaría todas las relaciones en la ciudad* y en el transporte,* y favorecería el desarrollo del trabajo* a distancia y el de la economía de la información.*

Avance

El viajero avanzará cuando crea que está retrocediendo; se perderá cuando crea que está llegando al destino; dos puntos que le parecerán próximos el uno del otro estarán de hecho muy alejados; avanzar o retroceder serán conceptos sin sentido; la esperanza de vida aumentará con la misma rapidez que los medios para matar; la agricultura* se desarrollará a la vez que las hambrunas; la globalización de los mercados* fomentará la solidaridad* mundial a la vez que la búsqueda de identidad multiplicará el número de Estados-nación;* los medios de comunicación, de aprendizaje y de distracción* serán infinitos, pero también lo serán las ocasiones de soledad.* Habrá que aprender a vivir con la horrorosa concomitancia del Bien y del Mal.

Aviación

La demanda se desarrollará a pesar de la congestión* del cielo y de los aeropuertos. Será menester construir aviones mayores —hasta mil plazas— para aumentar el número de viajeros sin obstruir más el cielo. El primer accidente de semejante aparato gigante producirá un impacto psicológico considerable, pero no cambiará nada en la demanda de este tipo de aeronaves necesarias para el desarrollo del turismo.* El keroseno continuará siendo el combustible utilizado. Todo viajero tendrá acceso a las distracciones,* al comercio* virtual, a la televisión* en directo. Las compañías aéreas ya no estarán ligadas a una bandera, sino que serán completamente privadas; estarán cada vez más concentradas, comprarán aeropuertos y sociedades de servicios ubicados en los mismos y ampliarán las conexiones con el sistema ferroviario. Además de Boeing y Airbus, vendrán otros constructores a ampliar la oferta, al menos en lo que atañe a los aviones de capacidad media.

AYUDA

La ayuda del Norte* al Sur* pasará a la historia como uno de los mayores escándalos del siglo XX. No sólo las tres cuartas partes del total de dichas ayudas han servido para financiar empresas del Norte, sino que el Sur ha tenido que devolverlas casi en su totalidad. ¡De ahí que, a pesar de las apariencias, el flujo de capitales ha ido de Sur a Norte!

Cuando los dirigentes del Sur dejen de ver en la ayuda una fuente de provecho, rechazarán la ayuda del Norte. El desarrollo dependerá entonces, ante todo, de que los pobres se hagan cargo de la pobreza.*

B

BAILE

Júbilo del cuerpo,* comunicación consigo mismo, última victoria de la realidad sobre el espectáculo,* de la experiencia sobre la virtualidad.* Metáfora de la vida social: hoy gozo solitario en el anonimato de la muchedumbre, simulación del mundo en la fiesta,* mañana habrá de convertirse en gozo colectivo de identidades* solitarias, experiencia de la fiesta en el mundo, reencuentro con los trances de ritos inmemoriales cuyos últimos avatares se manifiestan aquí y allí en las ceremonias cultuales, los ritos fúnebres o de iniciación, los carnavales,* etc. Pero también es la terapia y sabiduría* necesarias para conservar el contacto con su propia realidad en la invasión de la virtualidad.*

BANCOS

Los bancos comerciales serán cada vez menos materiales y las ventanillas cada vez más virtuales. Las transferencias, órdenes de bolsa,* estado de cuentas se llevarán a cabo mediante servidores vocales que ejecutarán las órdenes tras la identificación de los códigos secretos del destinatario y del remitente. Los bancos crearán sus propios medios de pago virtuales gracias a la tarjeta de crédito y a la moneda* electrónica. Los servidores conocerán las actividades de sus clientes a través de la red y podrán convertirse en banqueros. Ningún banco que maneje una cifra inferior a 500.000 millones de dólares podrá ser general.

Los bancos de negocios se agruparán para acompañar a sus clientes, controlar y proteger las bases de datos que serán el núcleo de sus activos. Una reglamentación mundial establecerá reglas de prudencia, de control del crédito y de ética financiera. Los fondos de pensiones serán las primeras fuentes de financiación de las empresas, con la rentabilidad a corto plazo como objetivo primordial.

Los bancos centrales serán cada vez menos capaces de influir en los movimientos de capitales y en el valor de las monedas de los países que representan. Hallarán un nuevo papel como bancos de desarrollo encargados de financiar inversiones públicas garantizadas por sus reservas en divisas, en ese momento casi inútiles, de vigilar la globalidad de los créditos públicos y privados contratados por las empresas y por las instituciones del país y de negociar con los prestamistas públicos y privados el volumen de crédito autorizado.

BARBARIE

No podrá por menos de progresar donde la civilización* retroceda, donde el Estado se hunda o donde las instituciones democráticas se debiliten. En estos casos, el mercado* sin democracia,* la democracia sin mercado y la libertad sin fraternidad camparán por sus respetos sin que para ello tengan que esforzarse.

Pero continuará existiendo, aunque de forma discreta, en las civilizaciones más refinadas, en las democracias más puras y en los mercados más transparentes. Despertará cuando el hombre se olvide de que el otro también es un hombre, incluso si no piensa lo mismo, incluso si es insolvente.

BARRIO

Unidad básica de las grandes ciudades,* en la cual los nómadas* urbanos formarán una tribu,* una identidad,* una fraternidad;* cada barrio tendrá sus equipos, sus campeones, sus reglas. Llegarán a combatir a muerte unos contra otros a no ser que las fiestas,* los juegos o los espectáculos logren ritualizar la amenaza de la violencia, como el *Pallio* en Florencia, los carnavales* u otras formas similares de liberación o de desfogue colectivo.

BENEFICIO

Procederá de la forma* y no de la materia. Ya no será sino una de las medidas del valor de una actividad* y no el criterio último de la supervivencia de una empresa.* Ya no será el instrumento de poder de una clase propietaria del capital, sino un instrumento entre otros tantos utilizados para comprobar la eficacia de una organización.

BIOAGRICULTURA

Si los progresos científicos anunciados se traducen en hechos, antes de la segunda mitad del siglo comenzarán a sentirse los efectos de uno de los mayores cambios de la historia de la agricultura.*

En teoría, la genética* podrá hacer que las plantas sean más resistentes a los herbicidas y a los insectos, que crezcan en climas* hostiles (con menos agua,* incluso con agua salada; a temperaturas más elevadas o más bajas de lo normal), posponer su fecha de maduración, aumentar su contenido de proteínas, de vitaminas, de aceite o de aroma, e introducir en ellas medicamentos,* modificar sus colores, mejorar la calidad de los árboles productores de pasta de papel,* producir biolimpiadores (organismos capaces de limpiar el entorno) y bioproductos (como herbicidas y fungicidas) compatibles con el entorno, reproducir artificialmente las moléculas activas de las plantas medicinales, etc.

Si todas estas posibilidades se materializan, los rendimientos agrícolas aumentarán espectacularmente, los costes de producción de los productos agrícolas y del papel disminuirán, se reducirá la erosión del suelo, los abonos y los pesticidas serán menos necesarios y la calidad de los alimentos (alimentación*) mejorará.

La genética ha nacido de la agricultura: desde hace miles de años, los campesinos, para mejorar las especies, aprendieron a transferir genes de las células de una planta a las de otra, mediante injertos y cruces, ya sea combinando la totalidad de los genomas de dos plantas, ya sea efectuando cruces inversos para eliminar los genes en demasía. La biotecnología* permitirá ir mucho más lejos y mejorar la producción de estos híbridos con sólo implantar en ellos el gen necesario para la mutación deseada o mezclando los genes de varias especies vegetales, incluso de especies animales. Para ello será necesario descubrir los genes asociados a los caracteres principales de cada planta y después lograr trasplantarlos. Eso será el objeto de una larga y paciente investigación, porque la complejidad genética de las plantas no es menor que la de los hombres. Si se diferencian de los otros seres vivos por su inmovilidad y por su capacidad, gracias a la luz, de sintetizar el carbono, el nitrógeno y el azufre de la atmósfera, sobre todo gozan de una gran adaptabilidad, gracias a grandes superficies de intercambio con su entorno, y pueden modificar la expresión de su programa genético en función de este entorno. Aunque una planta se componga sólo de tres órganos (hoja, tallo y raíz), cada célula vegetal, lo mismo que en el hombre, tiene tres genomas que interactúan entre sí. Ahora bien, los genomas más pequeños de las plantas son diez veces más complejos que el de la levadura; el genoma mitocondrial del *Arabidopsis* es viente veces mayor que el de los mamíferos; ¡la lila tiene incluso un genoma más largo que el del hombre!

Una vez hecho este análisis —que ocupará todo el primer tercio del siglo—, el abanico de mutaciones posibles es inmenso:

• si se demuestra que es posible, la modificación de los genes de las plantas con la finalidad de hacerlas naturalmente resistentes a los insectos, disminuirá el uso de insecticidas, reducirá el coste de los productos agrícolas y también el riesgo de enfermedades originadas por los productos químicos. Se comenzará a utilizar a escala industrial en Estados Unidos,* en Francia* y muy pronto en China* un algodón resistente a los insectos, producido por la inserción en la semilla de algodón del gen de una bacteria (*Bacillus thuringiensis* o *Bt*) que produce una proteína letal para ciertos insectos, pero inofensiva para las plantas, los animales y los hombres. Su uso reducirá el coste de la producción de algodón al disminuir en gran medida la necesidad de insecticidas. Se extenderá inmediatamente el uso del *Bt* tras haberlo hecho capaz de organizar la resistencia del algodón a otros insectos y de mejorar la resistencia de otras plantas a esos mismos insectos;

• el descubrimiento de genes que condicionen la cantidad de agua necesaria para una planta permitirá reducirla y quizás incluso utilizar aguas salobres para el riego. Este descubrimiento producirá un enorme impacto económico al permitir disminuir el riego en zonas desérticas, hacer varias cosechas al año, acortar el período de maduración del algodón o del maíz y producir plantas templadas en clima tropical (al permitir, por lo tanto, a Asia y a África producir de forma económica los elementos básicos de la alimentación occidental);

• se podrá mejorar el valor nutritivo de las plantas aumentando la cantidad de proteínas que pueden contener. Esto ya se ha hecho con la soja gracias a la inserción de genes procedentes de la nuez de Brasil. Se podrá hacer lo mismo con otras plantas, incluso mezclar el aroma, la textura, el gusto, el aspecto exterior de muchas de ellas o incluso hacer comestibles muchas plantas amargas. Más tarde se intentará crear híbridos vegetanimales (por ejemplo, un pato a la naranja... ¡vivo!);

• el conocimiento de los mecanismos genéticos de la reproducción permitirá aumentar en masa la producción de ciertos medicamentos. Por ejemplo, la vinblastina y el taxol, dos antitumorales modernos, son de origen vegetal. Además, cuando se conozca mejor la composición genética de las plantas medicinales se podrá valorar su producción;

• la mejora de los factores genéticos de la conservación, de la maduración y de la solidez ayudará a reducir la pérdida de la producción agrícola mundial vinculada al transporte* y al almacenamiento. Ya existe un tomate de maduración lenta, lo que permite transportarlo a las zonas de consumo antes de que comience a pasarse;

• un conocimiento más amplio del genoma del pino deberá producir un impacto mayor sobre la producción de la pasta de papel y deberá ayudar a evitar un aumento de los precios vinculado al rápido aumento del consumo y a la escasez de los bosques.*

Todo esto supondrá que estas mutaciones sean científicamente realistas y políticamente aceptables, porque la genética vegetal también teme los temibles peligros que habría que soslayar so pena de tener que interrumpir su desarrollo y eliminar sus aplicaciones a la agricultura:

• el *contagio*: ciertas especies dotadas de resistencia a los herbicidas gracias a un gen específico podrían comunicar ese gen a especies dañinas del entorno que, de esta forma, quedarían también protegidas contra los herbicidas. (Ése es el caso de la *Canola*.) Tendríamos entonces plantas parásitas que se desarrollarían y reducirían la producción;

• la *cadena*: podrían aparecer insectos parásito como respuesta a la introducción en las plantas de genes protectores. Entonces sería necesario buscar una nueva bacteria o un nuevo medio de aumentar la resistencia de las plantas a estas nuevas variedades de insectos. La guerra* genética seguirá siendo una guerra de movimiento;

• los *efectos perversos*: la protección genética de una planta contra los efectos secundarios de un herbicida (como el bromoxymil, por ejemplo, para el algodón) corre el peligro de llevar hacia un uso más permisivo de ese producto que continuará siendo capaz de provocar malformaciones congénitas en los consumidores de vegetales tratados con él. La protección genética no debe conducir a bajar la guardia;

• los *efectos inducidos*: la soja enriquecida con proteínas por genes procedentes de la nuez de Brasil transmite también al hombre una alergia que esta nuez desencadena en el 0,1 % de la población humana por medio de una proteína rica en metionina. Podrían manifestarse otros efectos del mismo tipo desconocidos hasta ahora. De ahí la gran prudencia que hay que tener aún ante la soja transgénica;

• la *uniformización*: la genética vegetal podría también reducir la diversidad genética de las especies cultivadas. Incluso ya antes de la genómica,* la «revolución verde», al alentar a los labriegos a que renunciasen a las variedades tradicionales, hizo desaparecer de la India* unas treinta mil variedades de arroz.

Lo peor sería rechazar de plano todas las contribuciones de la bioagricultura a la vista de estos peligros. En ese caso, alimentar a la humanidad quedaría fuera del alcance de la mano. La paradoja consiste en que sólo el Norte* posee los medios para desarrollar esta tecnología y sólo el Sur* tiene interés en que se desarrolle. De la solución de esta contradicción depende el agravamiento o la desaparición, hacia finales del siglo, del hambre en el mundo.

BIOMASA

Masa viva en el planeta, cuya evolución se seguirá con precisión e inquietud. La especie humana representa actualmente menos del 0,015 % de la biomasa global y menos del 0,5 % de la biomasa animal. Esto da una idea de la parte relativa de la humanidad en el reino de la vida y de su irreductible especificidad. Si la parte de la especie humana se reduce en demasía, corre el peligro de quedar asfixiada. Si aumenta demasiado se asfixiará ella misma.

BIÓNICA

La medicina* se va a volcar en gran medida en la industria.* Su futuro pasará, más que por los trasplantes,* por el desarrollo de prótesis* que mezclarán elementos vivos y piezas o aparatos electrónicos. Se combinarán células de diversos tejidos con materiales biodegradables, micro-aparatos, biocaptores y chips* electrónicos. Se fabricarán miembros de cerámica biocompatible que funcionarán mediante órdenes transmitidas desde el cerebro* por un ordenador que emitirá impulsos eléctricos. Se colocará una bomba junto al hígado de los diabéticos que mida el nivel de glicemia del cuerpo y distribuya la insulina. Un electrodo colocado en el cerebro, unido a un *pacemaker* colocado en el hombro, permitirá luchar contra la enfermedad de Parkinson. Un generador de pulsaciones unido a un electrodo permitirá compensar las manifestaciones de la epilepsia. Se harán conexiones en el cerebro que permitan dar instrucciones a un ordenador con sólo guiñar el ojo.

BIOTECNOLGÍA

Utilización de la tecnología de lo vivo y los conocimientos de la genética* para modificar las características o el comportamiento de un organismo vivo y poner a punto tratamientos y vacunas contra las enfermedades víricas y microbianas. Las principales aplicaciones de la biotecnología tendrán lugar en la bioagricultura,* en la medicina* y en la farmaco-genómica.*

BODHISATVA

En el budismo, el ser ideal, el que puede aspirar al nirvana, pero renuncia al estado de beatitud para ayudar al mundo. Aquel que no puede tener reposo mientras exista el sufrimiento donde quiera que sea. Cada quien debe intentar alcanzar este ideal mediante la generosidad y el espíritu de fraternidad.*

BOLSA

Instrumento esencial de la organización de los mercados financieros. Serán tres las que dominarán el mundo: Nueva York* en América; Londres* en Europa y, en Asia, primero Tokio,* después Singapur* y por último Pudong.*

Actualmente, la capitalización bursátil mundial es de unos 60 trillones de dólares, es decir, un poco menos del doble de la riqueza mundial (que es de unos 35 trillones). Aumentará mucho como consecuencia del crecimiento de los beneficios y mediante la «titulación».

El crecimiento de los beneficios determina el del valor bursátil. Al ritmo actual del progreso técnico y del desarrollo demográfico, puede suponer cada veinte años la duplicación del valor de las bolsas mundiales. Este progreso durará aún, sin duda alguna, un cierto tiempo, pero salpicado de crisis que conducirán a reorganizar las finanzas* mundiales.

Una empresa cotizada en bolsa —«titulada»— en forma de acciones y de obligaciones podrá valer hasta cinco veces su valor añadido, en lugar de dos si sus títulos no son negociables en un mercado por el ahorrador. En efecto, en bolsa, una empresa queda sobrevalorada en la medida en que se ve obligada a obedecer reglas más estrictas y a mostrar una mayor transparencia y, por lo tanto, donde su estimación parece reservar menos sorpresas desagradables. En total, si todos los activos del mundo generadores de beneficios entraran en bolsa, la capitalización mundial quedaría triplicada.

Por añadidura, la «titulación» podría alcanzar un día a muchos otros bienes, además de las empresas y las materias primas: pasaportes,* clonimagos,* empresas virtuales.* También se cotizarán los individuos: artistas, creadores, empresarios,* estrellas* actuales o simples promesas. Sobre todo se cotizarán un día los jóvenes dotados, quizá incluso los niños en la escuela para proporcionarles los medios para estudiar. A cambio, el accionista quedará asociado a sus ingresos futuros. A estos ejemplos habrá que añadir quizá mercados virtuales de opciones, de riesgos, etc.

Así pues, se puede esperar una extraordinaria expansión de las bolsas mundiales, que creará muchas más riquezas virtuales que riquezas reales crea la economía. Actualmente, cada año el crecimiento de Wall Street aumenta virtualmente la riqueza de Estados Unidos *quince veces más* que su producción real. Y mientras la producción real añade como término medio cada año 200 dólares a los ingresos de cada habitante del planeta, la «titulación» del 5 % de los activos productivos le produciría virtualmente 550 dólares, y una titulación total le valdría en teoría 4.000 dólares.

Pero este nuevo patrimonio salido de la nada sólo es «productivo» si queda plasmado en la venta de los títulos y sirve de apoyo a las inversiones; es decir, si la riqueza virtual lleva a asumir riesgos para crear riqueza real. Pero éste no siempre es el caso.

Además, si esa riqueza virtual le supone teóricamente hoy como término medio a cada habitante del planeta más de lo que un millar de individuos reciben realmente cada día para intentar sobrevivir, esta riqueza, de hecho, sólo se distribuye entre los que tienen realmente la propiedad de los bienes de producción. El crecimiento de la bolsa, pues, no hará sino agravar dramáticamente las desigualdades de patrimonio y de ingresos entre los poseedores de títulos y los demás.

Aquí, como en muchos otros casos, el mercado sólo será realmente eficaz si la justicia social es exigente. De otro modo, sólo habrá revueltas* seguidas de pánico.* Esas riquezas virtuales volverán entonces a la nada de donde salieron.

BOSÓN

El descubrimiento del más liviano de los bosones, responsable de la masa, abriría la puerta a la propulsión sin inercia, sin gravedad.

BOSQUE / SELVA

Recurso escaso y valioso que podría desaparecer en varios continentes y crear inmensos problemas a toda la humanidad. Los bosques, absolutamente necesarios para la producción de oxígeno, se ven menos amenazados por el uso doméstico (madera para calefacción) o el industrial (pasta de papel y materiales de construcción) que por la contaminación,* la sequía,* los incendios, las inundaciones, la erosión, la urbanización y la extensión de la red viaria.

También habrá factores naturales o voluntarios que actuarán inversamente en un sentido favorable: como consecuencia del calentamiento climático, aumentarán los niveles de nitrógeno y de gas carbónico y los árboles crecerán con mayor rapidez que antes; se pondrán en práctica nuevos métodos silvícolas y, en ciertas zonas, como en Europa,* la deforestación quedará dominada.

Pero la tendencia natural dominante va actualmente y seguirá yendo en sentido contrario: desde 1945 se han talado 580 millones de hectáreas de bosque (300 millones en Asia y 100 millones en América del sur). Países antaño cubiertos completamente de bosque, como Haití o Ruanda, están actualmente desiertos; Etiopía ha perdido el 90 % de sus bosques en treinta años; entre 1950 y 1980, China* ha perdido la cuarta parte de sus bosques; la selva amazónica desaparece al ritmo de 10 millones de hectáreas anuales (50 millones algunos años). En total, cada año se destruyen en el mundo al menos 20 millones de hectáreas de selva tropical, es decir, la centésima parte del total (aún ocupan el 6 % de la superficie del planeta).

Todo hace pensar que ese ritmo podría acelerarse. Sobre todo en África* donde la industrialización se ensañará con la última selva tropical aún intacta, donde la sequía contribuirá a hacer más frágiles las zonas estables y donde el valor de los suelos urbanos aumentará, justificando así la destrucción de zonas boscosas. Los árboles se talarán cada vez más jóvenes, la producción industrial de pasta de papel* y de muebles obligará a producir árboles más robustos, de crecimiento

más rápido y, por lo tanto, a reducir de veinte a quince años el período de maduración de especies como la teca y a explotar las acacias o
los eucaliptos desde la edad de cinco a ocho años, frente a los quince
a dieciocho años de la actualidad.

Al ritmo actual, hacia el 2010 se habrá talado la tercera parte de
las selvas tropicales y antes de finales del siglo XXI habrán desaparecido por completo.

Evidentemente, las consecuencias de esta evolución serán catastróficas: millones de especies vegetales y animales desaparecerán incluso antes de haber podido catalogarlas; la sequía se hará permanente
aquí y allá, quedará modificado el sentido de las corrientes y de los
vientos; la erosión tomará un ritmo acelerado. Podría suceder incluso
que la capacidad del planeta de producir o de renovar su oxígeno se
viera afectada y que la Tierra, en sentido propio, se hiciera irrespirable.

Para remediarlo a tiempo habría que implantar un sistema eficaz
de protección de las especies raras, garantizar una repoblación fores-
tal sistemática, una gestión razonable de las existencias y el desarrollo de especies resistentes a la sequía. Pero el mercado* no encuentra
razón alguna para contemplar dichas medidas y los países con más
bosques del mundo, que son a la vez los más pobres —excepto Canadá*
y Finlandia—, carecerán de los medios para financiarlas.

Queda por saber si el Norte* tendrá un día la clarividencia y el rea-
lismo de proporcionar al Sur* los medios de continuar proporcio-
nándole el oxígeno del aire que respira...

BRASIL

Una de las primeras potencias del Sur* con más de 200 millones de
habitantes allá por el 2025. Será o bien el más poderoso de los miembros de un Mercasur* unificado, o bien el corazón de un imperio regional que impondrá su dominación al resto de América Latina,* en riva-
lidad con Argentina, después con México* y los Estados Unidos.*

Ya desde ahora es un modelo premonitor de lo que será mañana el mundo: yuxtaposición de miseria* y de lujo,* de tragedias y de fiestas,* de risas y de muerte,* donde centenares de millares de niños, mininómadas, sobreviven como pueden al pie de los inmuebles y de los hoteles de los poderosos. Mañana, con mayor razón, será el mejor prototipo de la «cultura Lego» que se deja entrever como universal: escaparate de fragmentos de civilización* que cada cual podrá unir según su conveniencia.

Situado, por lo tanto, en la vanguardia de las tendencias mundiales de la cultura,* se convertirá en uno de los faros de la creación artística mundial. Será signo de buen gusto el ir allí a fin de inspirarse. Se hablará del «Brasil-mundo» como de una corriente estética,* de un sistema de valores, de un modelo social hecho de barbarie* asumida, de placer y de júbilo ilimitados, de mestizaje buscado y de cruda violencia.

BUFÓN

Rebelde salido del pueblo que gritará su verdad al príncipe. Cómico que hablará de la política en cuanto espectáculo, desencadenante de explosiones de risa ensordecedoras y devastadoras. Vanguardia, ariete de pueblos sublevados. Anunciador de sociedades futuras mediante las palabras que inventará y expandirá.

C

Campesino

Productor de productos agrícolas y de cría, guardián de la naturaleza, conservador del territorio, garante de los grandes equilibrios ecológicos y de la protección de los recursos. Sólo aceptará ser algo más que agricultor para convertirse en jardinero del entorno. En este sentido, se verá remunerado por las naciones que se interesan por algo más que por el bienestar de las generaciones presentes. Magnífico ejemplo de acción democrática* sin fronteras* en el tiempo:* la promesa se materializa en los hechos antes de formularla a destinatarios futuros.

Campo

Residencia de lujo de la hiperclase* nómada,* lugar privilegiado del cocooning.* Un vasto movimiento conducirá hacia él a una parte cada vez más importante de la población urbana. Las ciudades se reanimarán. Aparecerán nuevos servicios. En él se inventarán una nueva organización del trabajo* y una nueva arquitectura.*

Los centros urbanos que mejor sepan preservar su proximidad a una zona rural serán los más buscados y se convertirán, por eso mismo, en los principales centros financieros y culturales. Los demás, para conservar su rango, tendrán que crear redes* de transporte* rápido con destino al campo, más allá de sus barriadas.

CANADÁ

Laboratorio de la utopía. Su futuro dependerá en gran medida del futuro de Quebec. Si éste pide y obtiene su independencia, las provincias del oeste buscarán unirse a Estados Unidos y Canadá, en tanto que nación, desaparecerá. En la otra hipótesis, Canadá, extraordinaria tierra de acogida, será uno de los primeros ejemplos exitosos de sociedad multicultural y de democracia* sin fronteras donde cada quien será a la vez miembro de varias colectividades que antaño se excluían mutuamente.

CÁNCER

Principal causa de mortalidad, sobre todo en los países donde la esperanza de vida crece. Afectará a 250.000 personas en Francia, de las que morirán 150.000. Poco a poco irá adquiriendo el carácter de una enfermedad crónica. Será posible tratar sus diversas formas mediante la combinación de la inmunoterapia y la terapia génica. Sobre todo, el descubrimiento de los procesos de acción de la telomerasa, enzima que proteje la división celular, podría abrir un amplio camino a la terapia génica de los cánceres, incluso quizás algún día a la fabricación de una vacuna.

CANIBALISMO

Desde el canibalismo primitivo —donde el hombre* come la carne del hombre—, se orienta hacia un canibalismo de los objetos* donde el hombre consumirá su imagen bajo la forma de objetos vivos. La historia habrá actuado como una máquina de convertir los seres humanos en artefactos consumidos por hombres convertidos, a su vez, en artefactos. En ese caso se estará ante un canibalismo de artefactos.

CAPITAL

Será una de las grandes invariables del próximo siglo, aunque aparezcan otras fuentes de poder.* Hoy en día, quienes controlan el capital lo utilizan para controlar la información;* mañana, quines controlen la información la utilizarán para controlar el capital.

CAPITALISMO

A falta de un sistema económico y social capaz de hacerle la competencia, el capitalismo podrá continuar ignorando sus insuficiencias intrínsecas. Cada vez más identificado con el mercado,* ya no intentará tener en cuenta los valores éticos, sino tan sólo satisfacer al máximo las preferencias individuales inmediatas de los agentes que operan en el mercado, sobre todo asegurar la rentabilidad del capital. Se extenderá abierta y legalmente al mundo entero y a sectores que hoy, en general, son públicos o gratuitos: sanidad,* educación,* justicia,* ciudadanía,* sexualidad.* Se verá cada vez enfrentado a las exigencias de la democracia* y a las de la información.

Los dueños del saber competirán cada vez más con los del capital. Intentarán establecer una forma diferente de organización de los intercambios de la época, donde el intercambio principal será el del saber y sobre todo el del sentido. Esta exigencia podría conducir a una economía de la fraternidad.*

CARBÓN

Primera fuente de energía* cuyas reservas se calcula que pueden durar cerca de un siglo. La más contaminante y la más económica, ya que está subvencionada para proteger los puestos de trabajo (empleos).* Su uso debería crecer al ritmo del 2 % anual, hasta representar un cuarto del consumo de energía en el 2025.

Habría que reducir masivamente su uso, sobre todo en China,* para proteger la atmósfera, frenar el «efecto invernadero» y no agravar los desórdenes climáticos.*

No se podrá disminuir el uso de esta energía sin aumentar el de la electricidad nuclear,* lo que parece poco probable en vista de los peligros que entrañan sus mismos residuos.*

CARNAVAL

Ritual del disfraz, forma inmemorial de creación de un yo distinto, virtual y perecedero, elegido libremente para poder tolerarse. Tendrá cada vez más aceptación, se comercializará y se industrializará.

Desde la aurora de los tiempos, maquillarse, adquirir otro aspecto, disfrazarse, inventarse un físico, un nombre, un pasado, una historia han sido otras tantas tretas que el hombre ha empleado para olvidar que era pobre, desgraciado, dominado y para disfrutar de la ilusión de ser otro.

Primeramente se podrá elegir un nombre, un rostro, una voz, una personalidad para dialogar en la red como un internauta enmascarado por universos virtuales, carnaval de hipermundos.* Después se inventará una imagen virtual en tres dimensiones, un clonimago* de sí mismo retocado, rejuvenecido. Por último, relegada la cirugía plástica, la genética permitirá elegir un doble a la vez diferente y semejante, abriendo así el camino a los viajes o a los derivados más exagerados. El clonimago* humano será la última forma del carnaval: se podrá tomar por uno mismo sin serlo, pero siéndolo.

CARTERA

En la hiperclase* se gestionará la vida lo mismo que los corredores de bolsa gestionan una cartera de títulos: se tendrán diversos oficios,* diversas actividades* de ocio,* diversas familias,* diversos partidos,* asociaciones,* religiones,* diversas tribus* y diversas pertenencias no contradictorias. Se repartirá* entre ellas el tiempo,* la energía, las emociones, los amores, los desvelos, los medios financieros, a tenor de las exigencias de la sinceridad,* del placer y del deber.*

CATÁSTROFES

Tendrán las mismas dimensiones que el siglo: monstruosas. No se puede excluir que puedan afectar a muchos millones, incluso a muchas decenas de millones de hombres. La lista de los desastres posibles es ciertamente larga: una guerra* nuclear, biológica o química; un temblor de tierra bajo una megalópolis; un accidente industrial que contamine una aglomeración; un avión* de mil plazas que cae sobre una central nuclear,* etc. Otras que pueden ir vinculadas a las mutaciones del clima:* la desaparición de las selvas tropicales; violentas tempestades que devastan la India* o el sur de los Estados Unidos;* el desierto que se apodera del sur de España y de Sicilia; la desaparición del delta del Nilo; la desaparición bajo las aguas del archipiélago de las Maldivas; Bangladesh inundado; el derretimiento de los hielos árticos, etc. Otras, por causas extraterrestres: caída de un meteorito.* Incluso otras...

CEREBRO

El mayor reto de la investigación médica, gran mercado para la tecnología de la información.

Constituido por un conjunto de memorias interconectadas del que cada aspecto (lenguaje, comprensión, palabra, recuerdo, conciencia de sí, cálculo...) está localizado en una zona específica, pero donde, por el contrario, dos aspectos de una misma actividad pueden estar muy alejados. Un cerebro «vago e impreciso» gobierna las experiencias y las emociones al lado de un «cerebro cableado» que gobierna lo racional. Cien mil millones de células, cada una conectada a otras diez mil mediante neuronas que, una vez estimuladas, crean influjos nerviosos que, a su vez, engendran mediadores químicos que atraviesan el espacio intercelular para llegar a otras neuronas.

Un día se comprenderá toda la biología del espíritu. Se describirá el intelecto como una realidad virtual, un pensamiento al margen de las palabras. El entrenamiento mental podrá actuar sobre la fuerza muscular activando los circuitos motores centrales. Se podrá «leer el pensamiento» y, en cualquier caso, saber si alguien, en un momento dado, tiene una actividad mental y, sin duda alguna, hallar a qué objeto de memoria* se refiere. Eso abrirá unas perspectivas consideradas locas hasta el día de hoy, como la conexión directa del ordenador* al cerebro y, por lo tanto, en la práctica, el equivalente de la telepatía.*

Se puede incluso imaginar que algún día se comprenderán suficientemente los procesos de la conciencia como para poder transferir la memoria de un cerebro a otro y de este modo tener acceso a una verdadera eternidad del espíritu.

China

China se convertirá, si no se rompe en pedazos, en la primera economía mundial a finales del siglo XXI. Su PIB que hoy en día representa el 40 % del de Estados Unidos* podría igualarlo hacia el 2015 si la tasa de crecimiento chino permanece en el 10 % y si la de Estados Unidos no sobrepasa el 2,5 % anual. Pero si el crecimiento chino no es más que del 7 % como media, sólo podrá alcanzar a Estados Unidos al cabo de treinta años (el 1 % de crecimiento representa 300 millones de dólares en China, mientras que en Estados Unidos representa 7.000 millones).

Hay que tener en cuenta que aquí sólo se trata de riqueza producida por todo el país, no de riqueza disponible para cada habitante. En el 2020, China no tendrá por habitante una renta superior a la de Argentina o de Portugal; incluso al ritmo actual, no alcanzará el nivel americano por habitante como muy pronto hasta mediados del siglo XXII.

El crecimiento ya ha permitido progresos sociales considerables: según las estadísticas oficiales, la mortalidad infantil ha pasado de 200 por mil en 1950 a 42 en 1997. La pobreza* (en el sentido chino de la palabra: menos de 0,6 dólares diarios) ha pasado oficialmente del tercio de la población en 1978 al décimo en 1997, es decir, aún algo más de cien millones de individuos. El analfabetismo, que alcanzaba el 80 % de la población en 1950, no afectaba más que al 20 % en 1980.

Pero los problemas son aún inmensos: la mortalidad maternal es todavía muy elevada (del orden del uno por mil); un tercio de la población no dispone de agua realmente potable; sólo se trata el 20 % de las aguas; el 97 % de la población rural carece de servicios municipales de limpieza. La economía sigue siendo sumamente frágil. A duras penas está asegurada la simple subsistencia. China, primer productor de cereales del mundo, es el segundo importador. El 47 % de las empresas públicas son deficitarias. Las ciudades* están superpobladas; en Guangzú, por ejemplo, la media es de seis personas por habitación. Las infraestructuras son indigentes: China tiene menos ferrocarriles que la India, a pesar de ser tres veces mayor. El paro* es considerable y las ciudades crecen sin control. La población urbana ha pasado del 30 % en 1980 al 45 % en 1998. Más de 150 millones de personas son nómadas* dentro del país. La educación* sigue siendo elemental; el analfabetismo* de los adultos ha pasado del 20 al 27 %. La contaminación* produce efectos desastrosos sobre el entorno, anulando prácticamente los beneficios del crecimiento. De forma especial, el uso de un carbón* sucio, del que el 80 % no se lava, produce el 20 % de las emisiones mundiales de gas carbónico; la proporción de polvo de carbono en suspensión en el aire a la altura del hombre es hasta diez veces superior al máximo autorizado por la OMS; la cuarta parte de las muertes están vinculadas a problemas respiratorios. En total, según las fuentes oficiales, la contaminación destruye cada año el equivalente del 7 % de la riqueza que se produce —sin duda es, más bien, del 15 %— es decir, más de lo que aporta el crecimiento.*

Aquí, lo mismo que en otras partes, el futuro estará ampliamente vinculado a la demografía:* la población china, que cada año aumenta de 15 a 20 millones, alcanzará 1.540 millones en el 2025 y podría sobrepasar los 1.700 millones en el 2050.

Como consecuencia, la demanda agrícola aumentará; será menester doblar la producción de cereales para alimentar la población en el 2030. Y si los chinos comieran tanto pescado* como los japoneses, sólo ellos consumirían el equivalente de la producción mundial actual.

Se acelerará el crecimiento de las ciudades.* Los nómadas* urbanos serán al menos 300 millones. Si se concreta la difusión del automóvil* individual —aún no hay más que uno por cada ciento cincuenta habitantes—, creará una situación aún más caótica al aumentar la contaminación* del aire, al reducir las superficies cultivadas y al acumular las aglomeraciones.

Además, para evitar la agravación del problema del paro, China tendrá que crear ocho millones de puestos de trabajo anuales y, para ello, mantener una tasa de crecimiento* de la economía del 8 %. Para lograrlo tendrá que construir cien centrales eléctricas de aquí al año 2020, lo que triplicaría su consumo de carbón y, por lo tanto, las emisiones contaminantes.

China no podrá sobrevivir sin mantener un crecimiento muy elevado durante un largo período. Pero, de este modo, terminará por destruir el entorno. Las consecuencias de una ralentización de la economía podrían ser entonces de una violencia extraordinaria. Se corre el peligro de llegar a conflictos* entre regiones,* o entre la burguesía y el ejército, estructura central de la economía china. Habrá disturbios en el Tíbet, en Yinchuán y en Mongolia interior. En China no habrá implosión como en la URSS, pero podría desmembrarse en cuatro inmensas regiones: Shanghai y Taiwan, el norte, el sur y las provincias musulmanas. También podría cerrarse sobre sí misma bajo el yugo de una dictadura autoritaria y brutal. En este caso intentaría desplazar una parte de su población a los países vecinos menos poblados. Sobre todo se extendería por Siberia,* donde ya hay varios millones de chinos. De este modo se opondría a Rusia* y a Japón,* lo que podría originar como consecuencia una primera guerra entre potencias nucleares.

Para evitar este sombrío escenario, China deberá crear las infraestructuras institucionales de una economía de mercado* y de una democracia* social, estabilizar su economía, redistribuir las riquezas en favor de las provincias del interior, organizar un desarrollo equilibrado de las regiones, buscar otras fuentes de energía distintas del carbón, mejorar la producción de cereales y de arroz, liberalizar los precios agrícolas, determinar nuevamente la propiedad de la tierra y de las industrias rurales, repartirlas entre los individuos y los grupos, reformar el sector público industrial y favorecer abiertamente la creación de empresas privadas.

Para eso tendrá que abrirse al exterior y a la influencia de las redes* de los chinos de ultramar. Su diáspora* le proporcionaría de este modo tecnología, capital, mercados y la cultura de una modernidad que ella, con su sabiduría trimilenaria, sabría hacer suya y reinventarla.

CHIP

Ejemplo especialmente espectacular de un futuro progreso* garantizado: durante diez años al menos, el número de transistores instalados en un centímetro cuadrado de microprocesador continuará duplicándose cada dieciocho meses. En 1971, el 4004 Intel contaba con dos mil trescientos elementos; en 1998, hay cinco millones y medio en el Pentium Pro; en el 2010 se alcanzarán los cien millones.

Yendo aún más lejos, se multiplicarán las interconexiones entre transistores y se diseñarán los circuitos con la ayuda de rayos X y no de rayos ultravioleta para obtener longitudes de onda más cortas. Se reemplazará el cuarzo por la fluorina al vacío o por gases inertes.

CIBERBIA[1]

Utopía* de un hipermundo* dominado por la política de redes.*

CIBERESPACIO

Antigua palabra para designar el hipermundo.*

CIBERKELEY

Utopía* de un hipermundo* que permite el acceso generalizado al conocimiento y a la libertad de investigación y de creación.

CIENCIA

El 97 % de las especies vivas, 80.000 proteínas producidas por el cuerpo* y miles de millones de galaxias están aún sin catalogar. No se sabe apenas nada de la naturaleza del universo, del origen de la vida, del funcionamiento de los climas,* del desarrollo del embrión y del cerebro.*

1. Véase la nota de la Introducción.

No cabe la menor duda de que en el siglo XXI no se va a descubrir aún de dónde ha salido el universo, ni cómo ha comenzado la vida sobre la Tierra,* ni cómo se origina en el cerebro el pensamiento y la conciencia, ni si existen otras formas* de vida en algún otro lugar. En cambio, se resolverán otras cuestiones que ni siquiera se plantean hoy en día, porque se descubrirá que ciertas respuestas que ya creíamos definitivas eran completamente falsas.

CINE

Continuará siendo la principal distracción* tecnológica, el primer pretexto para salir, viajar, soñar, vivir por poderes la aventura, la belleza, la subversión. Al tener que soportar la competencia de las nuevas formas del nomadismo* virtual, se verá obligado a ofrecer espectáculos* cada vez más desmesurados y contar las historias, las sensaciones y las emociones de héroes nómadas* que utilicen instrumentos nómadas para vivir una aventura nómada. La economía del cine quedará transformada por dos evoluciones tecnológicas. Por una parte, el mercado* de cualquier filme será directamente universal, ya que la traducción automática se podrá asociar al *morphing* del rostro de los actores: de este modo, un filme rodado en cualquier lengua* estará inmediatamente disponible en todas las demás. Por otra parte, el coste de la producción se verá reducido en gran medida: existirá la posibilidad de integrar en las escenas de grupo actores y figurantes virtuales.

Los grandes estudios, en competencia con los productores más pequeños, asaltarán los progresos técnicos para situar al espectador en el centro de espectáculos en tres dimensiones. Después, el cine se convertirá en un espectáculo ofrecido en la realidad por personajes virtuales, hologramas animados al principio por actores, dotados de palabra, incluso, después, de tacto* y de olfato:* verdaderos clonimagos.* Así se fundirán el cine,* el teatro,* la pintura* y el carnaval.*

CIRUGÍA

Desaparecerá poco a poco, reemplazada por operaciones no traumáticas, por ultrasonidos o por láser primero y después por trasplantes biónicos* y por xenotrasplantes.*

CIUDADANO

Cuando, a la muerte de Luis XI, su hija Anne de Beaujeu y su marido, el duque de Borbón, tomaron la iniciativa de convocar los primeros estados generales del reino de Francia, el 15 de enero de 1484, Philippe Pot, antiguo senescal de Borgoña, convertido, después de la anexión del ducado, en alto funcionario francés y encargado por el rey de la administración de una provincia, estableció por vez primera un principio de derecho radical: tuvo la osadía de pedir la elección del monarca y de reivindicar la soberanía para el pueblo del que este inmigrado de un género especial propuso esta sensacional definición: «Llamo pueblo a la totalidad de los habitantes del reino».

Este concepto elemental de la ciudadanía es lo más audaz que se puede imaginar. Basado en el simple hecho de vivir en un lugar —no de haber nacido en él o de residir en él permanentemente y para siempre—, se convertirá en adelante en la vanguardia del siglo XXI. Donde se admita este concepto de ciudadanía, se podrá ser ciudadano de varios países a la vez: de donde se viva en la actualidad y de donde se haya vivido anteriormente. Será incumbencia del Estado* reconocer a quienes acepte como suyos y que por ello tengan el derecho de gozar de unos privilegios (una educación,* cuidados sanitarios, unos ingresos* mínimos, etc.).

En los países que se nieguen a conceder esos privilegios a los extranjeros, la ciudadanía se convertirá en un objeto de propiedad (mientras que, durante siglos, era menester ser propietario para tener opción al estatuto de ciudadano).

En otros, que encomendarán al mercado* la tarea de decidirlo, se podrá comprar el título de ciudadano a un precio variable, determinado por el mercado, ya que el Estado venderá sus pasaportes* al mejor postor lo mismo que hoy vende sus divisas.

CIUDADES

Las ciudades nunca mueren, sino que se rejuvenecen. Incluso las megalópolis más absurdas (como Kinshasa o Manila) continuarán funcionando a trancas y barrancas.

A comienzos del siglo XX sólo Londres* contaba con más de 5 millones de habitantes. Cien millones de personas vivían en ciudades de más de 100.000 habitantes. Hoy en día son 2.500 millones. Desde 1950 a 1990, el número de ciudadanos se ha multiplicado por cinco. Las ciudades de más de un millón de personas son más del doble en el Norte* y seis veces más en el Sur.* Hay dieciséis ciudades que sobrepasan los diez millones de habitantes. Las cinco más grandes son Tokio* (26,8), São Paulo (16,4), Nueva York* (16,3), México* (15,5) y Bombay (15,1).

En el 2002, más de la mitad de la población mundial estará urbanizada; en el 2025, las dos terceras partes; en el 2100, las tres cuartas partes, aunque habrá que ponerse de acuerdo sobre lo que se entiende por ciudad: la megalópolis estará situada más bien al Sur; los habitantes del Norte preferirán las aglomeraciones medianas.

Si estas tendencias se mantienen, en el 2010 sólo tres ciudades del Norte (Tokio, 29 millones de habitantes; Nueva York, 17 y los Ángeles,* 14) formarán parte de las doce ciudades más pobladas del mundo; Bombay, Shanghai, Río de Janeiro, Calcuta, São Paulo, Delhi, Seul, El Cairo y Buenos Aires serán las otras nueve.

En el 2015, sólo Tokio formará aún parte de esta lista. Veintisiete megalópolis, situadas especialmente en el Sur, contarán con más de 10 millones de habitantes. Quinientas cincuenta ciudades de más de un millón de habitantes representarán el 45 % de la población mundial.

En el 2025, si estas tendencias continúan, 5.000 millones de personas vivirán en la ciudad. Habrá siete aglomeraciones con más de veinte millones de habitantes.

En el 2040 habrá treinta ciudades con más de ocho millones de habitantes.

En el 2050, a menos que se dé un retroceso, mil millones de habitantes vivirán en cincuenta ciudades de Asia, a razón de más de veinte millones cada una y, en ciertos casos, con más de treinta.

Mientras que las ciudades del Sur no cesarán de crecer, las del Norte se irán vaciando. Una familia que viva en París en el año 2000, diez años después vivirá, si la parte de su presupuesto dedicada a vivienda sigue siendo la misma, a ocho kilómetros de la ciudad y, en el 2020, a cuarenta kilómetros.

Las ciudades de fuerte crecimiento carecerán de los medios de financiación de las estructuras necesarias y su extensión destruirá la producción agrícola cercana. (En 1950, la región de Los Ángeles era el primer proveedor de productos agrícolas de Estados Unidos;* hoy en día, el 70 % de su territorio ha tenido que ceder el paso a los vehículos.) Cuando una ciudad ya no puede digerir, vomita: en China, el 95 % de las aguas residuales no reciben ninguna clase de tratamiento y en ciertas zonas se encuentran grandes concentraciones de mercurio. El agua* potable a veces será un producto raro y, de ordinario, muy caro. En ciertas ciudades, más de la mitad de los habitantes estarán en el paro. Se multiplicarán las chabolas y los guetos. Los nómadas* urbanos controlarán las zonas que haya vaciado la policía y harán incursiones en los barrios residenciales. Habrá grupos étnicos, religiosos o de interés común que establecerán sus jerarquías sociales comunitarias, de las que quedarán excluidos las municipalidades y el Estado.*

El Sur luchará también contra este crecimiento desordenado de las ciudades. Primero porque ningún poder sería capaz de mantenerse si las ciudades se convirtiesen en lugares de quiebra y de revueltas.* Se establecerá un urbanismo riguroso, a veces incluso totalitario, para limitar la extensión de las aglomeraciones y someterla al desarrollo de las infraestructuras colectivas. Entonces el urbanismo cambiará de sentido: lo privado contará en él menos que lo colectivo; se financiará en la medida de lo posible la multiplicación de las ciudades medianas.

En el Norte, la ciudad de mañana continuará teniendo un parque de atracciones, un centro comercial y un aeropuerto. En el Sur, será cada vez más alta y compacta. En los puertos habrá barcos amarrados para garantizar servicios que ya se no podrán ofrecer en tierra por falta de espacio (barcos-hospital, centros de desalinización del agua del mar, tratamiento de basuras urbanas, etc.). En el siglo siguiente harán su aparición ciudades lacustres, incluso submarinas en parte.

Por doquier y progresivamente el automóvil* dejará de moldear las ciudades después de haberlas trastornado.

CiviLego[1]

La civilización del futuro no estará hecha de un modelo uniforme como si fuera la fusión de todas las civilizaciones* en torno al modelo occidental, individual y laico, ni del repliegue de cada civilización sobre sí mísma, sino de un batiburrillo en el que cada uno podrá elegir un sistema de valores asociando a su aire y sin límites los elementos que haya disponibles, tomándolos de la filosofía,* la ideología,* el sistema político, la cultura,* la religión,* el arte* de las múltiples civilizaciones existentes. África y América Latina, donde ya se amalgaman las culturas locales y las de los colonizadores, serán la vanguardia de la civiLego.

1. Véase la nota de la Introducción.

CIVILIZACIÓN

La civilización —lo que se opone a la barbarie*— seguirá siendo el principal tesoro que la humanidad tendrá que protejer.

Las civilizaciones —conjuntos específicos de valores que garantizan la identidad* cultural de una sociedad en torno a una religión,* una lengua,* un modo de vida, una historia, unas instituciones, etc.— se disgregarán poco a poco en un gigantesco puzzle de valores.

Ateniéndonos a las definiciones elementales, hoy en día existirían de seis a nueve grandes civilizaciones: china, japonesa, india, africana, islámica y occidental, que se subdividirían en europea, rusa, americana y latinoamericana. En realidad, todas estas civilizaciones se entremezclan, se interpenetran y crean mestizajes hasta el punto de que algunos creen que se puede pensar en una fusión de las civilizaciones existentes como en una civilización universal de mercado.* Pero la globalización de los mercados y de los modelos de consumo no uniformará las culturas, ni las lenguas, ni las religiones. No se va hacia una generalización del modelo occidental, en constante evolución, ni hacia una civilización mestiza, sino hacia una especie de batiburrillo de fragmentos de civilizaciones: la civiLego.*

Otros observadores prevén el fin de todas las civilizaciones en un caos general. Por último, otros hablan de «guerras de civilizaciones»; según éstos, esas guerras se librarán en batallas de geometría variable.

Lo mismo que a la caída del Imperio romano, es probable que se asista a la lenta rebelión de las regiones periféricas contra el centro, es decir, de todos los demás contra Occidente. Pero las civilizaciones que se asemejan corren el riesgo de oponerse entre sí al ser miméticos sus intereses.

Las civilizaciones resistirán tanto más cuanto mejor sepan aceptar y asimilar valores llegados de fuera, cuanto más animosas se muestren para no abandonarse a la decepción de un fracaso y para salir de sus propios impases, suficientemente complejos como para recordar el horror y no renunciar nunca a alimentar un sueño interior.

CLIMA

La temperatura (que depende de la iluminación de la Tierra* por el Sol, y también de la presencia de gas carbónico en la atmósfera) probablemente continuará aumentando, como lo viene haciendo desde la revolución industrial, en virtud de las crecientes emanaciones de gas carbónico y de metano.

Los signos de semejante recalentamiento están ya presentes: los Alpes han perdido la mitad de su volumen desde 1850. Los diez años más cálidos de los ciento treinta (de los que existen estadísticas fiables) se encuentran en los decenios ochenta y noventa, y los tres años más calurosos de este mismo período caen dentro del último decenio.

Pero la teoría es incierta; la relación entre emisiones de gas carbónico y de metano y el recalentamiento climático sigue siendo difícil de de establecer. Hay muchos factores que son contradictorios: el aumento de la temperatura provoca el derretimiento de los hielos, que refresca el agua de los mares y modifica las corrientes; la absorción del carbono por los océanos y la inercia térmica ralentizan la respuesta al «efecto invernadero». Mientras que las primeras predicciones, hace veinte años, anunciaban que la Tierra debería haberse recalentado $0,4°$ en el transcurso de los quince últimos años del siglo, de hecho se ha enfriado $0,15°$ en virtud del efecto que ha producido la elevación de la temperatura sobre el derretimiento de los hielos y las corrientes.

Por eso las previsiones son cada vez más prudentes. En 1983 se preveía que hacia el 2100 el cambio climático haría subir 3 metros el nivel del mar; hoy se piensa que esta subida sólo será de 55 centímetros.

Las predicciones de 1985 anunciaban un recalentamiento general del planeta de 1,5 a $5,5°$ C durante los cuarenta primeros años del siglo XXI, y a la vez la duplicación del contenido de gas carbónico en la atmósfera. Hoy en día ya se está hablando de un aumento de 0,8 a $2,3°$ C hasta el año 2040 y de $3°$ C como máximo para el 2100. Esto, sin duda alguna, provocará un derretimiento más rápido de los hielos y una subida del nivel del mar; la diferencia entre climas se hará más manifiesta, lo que más aumentará será la temperatura nocturna de invierno y lo que menos, la diurna de verano. Eso hará que queden sumergidas grandes extensiones de tierra en unos treinta países, que aumente la sequía en torno al Mediterráneo y que se puedan cultivar las tierras de Siberia y de Canadá, pero también hará que se derrita el casquete de hielo del polo norte y, por lo tanto, que se enfríe el océano, que se produzcan violentas borrascas, que cese o se invierta el Gulf Stream y que, como consecuencia, baje muchos grados la temperatura de la Europa occidental. Si estos fenómenos se confirman, provocarán que más de 200 millones de personas tomen el camino del exilio. Será una catástrofe* de enorme magnitud y de consecuencias geopolíticas considerables.

Clonación

Nadie podrá detenerla. El primer clon de renacuajo se obtuvo en 1952. Las primeras clonaciones de mamíferos por transferencia de núcleos de células embrionarias tuvieron lugar en 1987 (para un ternero), en 1989 (para una oveja) y en 1990 (para un conejo). En julio de 1996 se clonó por primera vez un mamífero adulto (Dolly), mediante la toma de una célula de la glándula mamaria de una vaca, célula que se inyectó en el oocito implantado después en una madre portadora. Parece ser que se hizo el mismo experimento con un mono, pero no hay nada de cierto y el experimento, en cualquier caso, no se ha podido repetir. En el mismo año 1996, además de Dolly nació Polly, pero mediante una técnica muy distinta: no a partir de células adultas, sino a partir de un óvulo fecundado al que se había transferido un gen humano, óvulo que se implantó después en la oveja portadora.

Por lo que respecta a la clonación humana, el proceso no está aún tan avanzado. Los profesores americanos Jerry Hall y Robert Stillman, de la universidad de Georgetown, difundieron en julio de 1993 que acababan de lograr separar dos células procedentes de la primera división de una célula humana fecundada *in vitro*, las aislaron después en cápsulas artificiales e hicieron que se subdividiesen de nuevo a la vez que se especializaban, hasta alcanzar el número de treinta y dos, lo mínimo para que un embrión se pueda reimplantar, pero sin seguir adelante. Para clonar un adulto y hacer réplicas de él idénticas —como en el caso de Dolly— sería menester inyectar centenares de células en centenares de oocitos para tener alguna posibilidad de que la implantación tuviera éxito. En ese caso el clon tendría la edad del adulto clonado. Se está aún lejos de saber hacerlo...

¿Qué usos fantasmagóricos se harían de esos clones? Posibilitar la descendencia a las parejas de homosexuales; crear una réplica de un pariente afectado de una enfermedad incurable; crear reservas de órganos* de reemplazo; fabricar quimeras* adaptadas a determinados talentos o a determinadas resistencias; autorizar a cada uno a poseerse en múltiples ejemplares, a hacerse con una colección* de «sí mismos» en la que sería difícil saber quién es el propietario de los objetos que se poseen; lo mismo que se coleccionan animales raros, así se podrían reunir clones de hombres célebres; se podría producir un híbrido de sí y de otro y reproducir cualquier animal o quimera de quien se poseyera el carnet de identidad genético.

Por supuesto, todo esto será en un principio irrealizable y, en cualquier caso, estará rigurosamente prohibido. El primer instrumento que insta a la prohibición de la clonación humana la adoptaron diecinueve países europeos en 1998. Pero esta prohibición no se mantendrá y todo será posible, puesto que la clonación humana no significa un «salto» cualitativo, sino que es un paso más en la artificialización de la vida. En la actualidad ya es natural en lo que atañe a los vegetales y a los animales.* Para el hombre llega exactamente en el momento en que éste carece ya de respuestas en su búsqueda de eternidad.*

En un principio, la clonación se establecerá en la línea de evolución de la sexualidad:* el hombre, producido por sí mismo mediante el juego del amor y del azar, poseído después como objeto de espectáculo* y de trabajo,* ya podrá ser producido artificialmente mediante la fecundación *in vitro* o mediante el recurso a madres portadoras. El nacimiento* sin padres ya no será, de hecho, una ruptura.

Después se admitirá que un clon dista más del ser original que dos gemelos el uno del otro, puesto que ni siquiera ha compartido el mismo entorno citoplasmático que su original. De ahí se llegará a la conclusión de que el hombre no se reduce a su dimensión genética.

Por último, se verá que la prohibición resulta inaplicable. Muchos países no la respetarán y la presión del mercado* y de la ciencia* será demasiado fuerte como para poder resistirla.

Los clones serán mal vistos durante mucho tiempo, como lo fueron los bastardos. Primero serán esclavos, *cyborgs*, después, a largo plazo, seres autónomos y reconocidos muy pronto con derechos* iguales a los de los hombres.

Naturalmente —si aún es posible—, se deberá establecer una frontera para prohibir la creación de una quimera* que niegue lo que es propio del hombre. Con la condición de que no se reduzca todo a creer que lo «propio del hombre» es el azar.

CLONIMAGO

Doble virtual* que cada uno podrá lanzar a los espacios de la red* para hacerlo vivir, trabajar, consumir por poderes, con los dobles virtuales creados por otros.

Pronto se convertirá en holograma dotado de tacto*, de palabra y de una cierta forma de inteligencia, capaz de intervenir en la vida cotidiana. Además de compañero de juegos* para los niños, podrá servir para simular a tamaño real el comportamiento de un obrero ante una máquina, el de un cliente en un almacén, o el de una muchedumbre en un estadio. El clonimago, primero actor y cantor, también podrá participar después en un espectáculo* vivo. Representará el mayor cambio y producirá la mayor conmoción mental en el entorno cotidiano del hombre.

COCOONING[1]

Simultáneamente al nomadismo y en contradicción con él, se afianzará la tendencia ancestral del hombre, y sobre todo de la mujer, a buscar refugio en un nicho, a protegerse en él, a encerrarse y a no querer salir, como sedentarios asediados. Las tecnologías de la información permitirán colmar lo esencial de las exigencias sociales sin tener que abandonar el domicilio; en numerosos oficios,* las telecomunicaciones* harán posible el trabajo* a domicilio, y las redes* multimedia, la compra de casi todo desde casa, y efectuar cualquier clase de operación bancaria sin tener que ir a una agencia. También será posible aprender fuera de la escuela, someterse a un diagnóstico sin ir al médico, disponer en casa de toda suerte de comidas preparadas, de distracción,* de deporte* y de viaje* (virtual, evidentemente). En definitiva, se podrá llevar una vida casi completa, desde el nacimiento* a la muerte* sin necesidad de salir de casa.

La realidad virtual llegará a transformar el movimiento en sedentariedad virtual y el *cocooning* en nomadismo imaginario...

COLECCIÓN

La pasión del coleccionista será personal más bien que colectiva; los museos vivirán cada vez menos de donaciones y tendrán cada vez más el carácter de fundaciones.

Las clases pudientes, en vez de reinvertir sus ahorros en la economía productiva, la enterrarán en objetos* no productores de valor, para dejar huella, por miedo a la muerte,* por reacción contra la precariedad de la economía de mercado* y por ansia de dar un sentido a la fragmentación del mundo, de elegir,* clasificar, poner orden, armonizar.

Coleccionar, privilegio reservado hasta entonces a los sedentarios que disponen de lugares donde almacenar sus tesoros, será acce-

---

1. Véase la nota de la Introducción.

sible también a los nuevos nómadas.* Lo mismo que existirán animales* domésticos virtuales a quienes habrá que alimentar, cuidar, mimar, consolar, acompañar hasta la muerte, así también existirán colecciones de objetos virtuales que no habrá que apilar en estanterías o armarios. Se podrán comprar por Internet objetos de colección y almacenarlos en un cofre alquilado al efecto. También se podrán comprar virtualmente objetos virtuales: armas virtualmente antiguas, sellos, libros, relojes de arena virtuales, mucho más espectaculares, variados e insólitos que los verdaderos. Se aceptarán incluso colecciones virtuales de objetos reales cuyo comercio es ilegal o criminal en el mundo real, por ejemplo, colecciones de objetos que se irá a robar virtualmente a los lugares más bellos o a los museos más ricos del mundo.

Habrá incluso colecciones de mujeres, de hombres, de niños, de asesinatos... El *serial killer* se convertirá en un colecionista honrado y asequible, al menos de forma virtual.

En fin, quizá la genética permita incluso formar colecciones de clones, copias de sí mismo o de otros, reservas de órganos, medios de perpetuarse eternamente.

COMERCIO

La más antigua actividad humana, que habrá transcurrido a lo largo de los siglos bajo toda clase de formas, desde el vendedor ambulante hasta el comercio electrónico. La tendencia natural irá hacia el desarrollo mundial de grandes superficies según el modelo americano del *mall* (unión de tiendas individuales) o el europeo del centro comercial (que reúne diversas marcas en una gran superficie). Estos dos modelos se harán la competencia en la periferia de las grandes ciudades* del Norte* y del Sur.* En muchos países las leyes* limitarán su crecimiento para proteger al pequeño comercio de cercanías. Allí donde la violencia estará más presente que nunca, las exigencias de seguridad llevarán a rodear las grandes superficies de una protección policial particular.

En algunos países, la fuerza del comercio será tal que destruirá el principal activo de las empresas,* su marca,* y empujará al consumidor a comprar productos más baratos y sin marca, o con una marca de distribuidor. Ahora bien, a largo plazo, el poder irá en busca de la marca. Si las empresas de bienes de consumo no quieren convertirse en simples subcontratistas del gran comercio, deberán convertirse en sus propios distribuidores exclusivos. Y para eso tendrán que comprar sus propios distribuidores.

El comercio electrónico añadirá una dimensión nueva al comercio por correspondencia. Se podrá comprar prácticamente todo en Internet* y en el hipermundo.* Al principio, la cifra de negocios de esta clase de comercio se multiplicará por diez cada año. Pero la rentabilidad sólo se obtendrá a costa de grandes cifras de negocio en virtud del enorme costo de la distribución.

COMPETITIVIDAD

Concepto vital para las empresas,* pero vacío de sentido para las naciones.* Las naciones, a diferencia de las empresas, venden sus productos ante todo a sus propios trabajadores. Por eso la reducción de sus cargas es ante todo una reducción de su demanda. La competitividad de las empresas, por el contrario, es esencial para su supervivencia; esa competitividad no se libra sólo a nivel de costos, sino ante todo a nivel de innovación. De ahí resulta que, en el futuro, las naciones más fuertes no serán aquellas donde los salarios sean los más bajos, sino aquellas donde las condiciones de vida fomenten al máximo la creatividad* y su integración en la economía.

COMPLEJIDAD

Según la ley de Moore, la complejidad de un chip* electrónico aumenta un 50 % cada dieciocho meses. Según la ley de Mercalfe, el valor de una red* aumenta con el cuadrado del número de quienes la utilizan. Según la ley de Kao, la creatividad de un grupo aumenta exponencialmente con la diversidad y la divergencia de quienes lo componen. La complejidad aumentará pues con la tecnología, la conexión* y la diversidad. Será un factor de creatividad que culminará en el civiLego.*

COMUNISMO

Utopía subterránea latente. A su amparo se habrán cometido los mayores crímenes de masa de la historia humana. Saldrá a la superficie, si el escándalo de las desigualdades* se hace intolerable. Entonces podría tomar la forma de la búsqueda de la fraternidad.

COMUNITARISMO

Aparecerán nuevas organizaciones de interés general o útiles, que no serán ni estatales ni privadas, con el fin de producir bienes o servicios sólo para sus miembros, basadas en el antiguo principio de las mutuas, asociaciones voluntarias, agrupaciones de individuos en tribus* o diásporas* fuera de los sistemas existentes. Agruparán sobre todo a los habitantes de ciertos barrios* de las grandes metrópolis, nómadas* urbanos en busca de identidad. Se harán cargo de todo lo que los Estados* y la gestión privada serán ya incapaces de garantizar: la sanidad,* por supuesto, además de la educación,* el turismo,* etc. Más tarde la policía,* la justicia* y muchos otros atributos de la soberanía* se harán comunitarios. Estas instituciones* del comunitarismo, ilegales al principio —por rehusar la aplicación de la ley común—, después alegales,* es decir, toleradas, ocuparán muy pronto una parte importante de la vida de las sociedades avanzadas. Sus beneficiarios serán sus mismos propietarios, exigentes y supervisores minuciosos. Poco a poco irán estableciendo las instituciones de la fraternidad* para tribus nuevas que agruparán tanto a ciudadanos* como a extranjeros en territorios y en ámbitos fluctuantes.

CONECTIVIDAD

Interdependencia creciente de ámbitos con relaciones improbables *a priori*: la energía* y la información,* el clima* y los tipos de interés, el empleo* y la distracción,* la geopolítica* y la genética,* la agricultura* y el espacio,* lo social y lo imaginario, etc.

La conectividad hace general el acercamiento y anula el espacio.* Se podrá estar muy cerca de un punto cualquiera del que se estará a la vez muy alejado: como en un laberinto.*

CONEXIÓN

La obsesión del nómada* consistirá en permanecer conectado para poder sobrevivir. Conectado a sus tribus,* a sus datos, a sus oficios,* a sus proveedores, a sus distracciones.* Para ello utilizará objetos nómadas* «teléfono,* Internet,* fax, ordetevé*»[1], primero de uso cada vez más sencillo, trivializados y discretos, después integrados en la ropa,* en las gafas, en el reloj* de pulsera y por último al cuerpo* (trasplantes biónicos).*

CONFIANZA

Pilar de cualquier civilización. Medida de su decadencia: no hay Iglesia sin la confianza de sus fieles, no hay imperio* sin la confianza de sus súbditos, no hay democracia* sin la confianza de los ciudadanos,* empresa* sin la confianza de quienes la constituyen, mercado* sin la confianza de

1. Véase la nota de la Introducción.

quienes intercambian en él, familia* sin la confianza de los cónyuges. Pero será cada vez más difícil mantener la confianza entre capitalistas, trabajadores, consumidores, ciudadanos y cónyuges, porque la precariedad creciente de las relaciones humanas, la reversibilidad de la elección, tanto en el mercado como en la democracia* y en la esfera privada, harán menos necesario respetar un contrato de forma durable. Por lo tanto será menos indispensable la confianza mutua de los signatarios de tal contrato. La cultura de mercado devaluará la ética de la confianza, que se verá reemplazada poco a poco por el Derecho y el aparato de justicia.

Conflicto

Los hombres se pelearán por cualquier clase de valor cada vez que tengan que compartirlo.

Congestión

Contaminación* del espacio urbano —en el suelo, en el subsuelo, en el aire*— por vehículos y frecuencias; de las redes* de comunicación por las informaciones;* del tiempo* por los espectáculos* y los objetos.*

No se podrá reducir la contaminación si no es mediante una elección* que dé un valor jerárquico y organice la circulación de los flujos, el almacenamiento y la eliminación de los excedentes.

Consumidor

Inseparable del productor. Coproducirá los productos y las experiencias que consuma. Donde predomine el mercado,* todos los comportamientos bailarán al son que toque el consumidor, preocupado únicamente por su interés. El ciudadano* rico ya no aceptará doblegarse a la decisión de una mayoría pobre. El enfermo rico ya no aceptará sacrificarse a las exigencias de la solidaridad. El enamorado ya no aceptará seguir el camino de la seducción. El mundo entero se convertirá para el consumidor solvente en un supermercado* abierto a todos sus caprichos.

Un buen día, mucho más tarde, el consumidor, liberado del dominio del mercado, podrá convertirse en un ciudadano enfermo o enamorado exultante por sus contradicciones al fin recuperadas y reivindicadas.

CONTEMPLACIÓN

Actitud de distancia hacia el mundo del nómada* civilizado. Señal distintiva del comportamiento de la hiperclase.*

CONTRATISTA INTERNO

Cuadro vinculado a una empresa* mediante contrato de asociación,* vínculo de subordinación mucho más laxo que el de asalariado, y a quien se exigirán las mismas cualidades que a un empresario privado: sentido* de iniciativa, amante del riesgo.* Su remuneración será en parte la de un accionista interesado por los resultados. En el futuro, por muy prestigiosa que sea una empresa, ya no podrá agenciarse los servicios de cuadros de alto nivel sin ofrecerles semejante estatuto.

CORTESÍA

Sus reglas y sus convenciones continuarán cambiando. Sus signos externos se limitarán a la manifestación de la no violencia respecto de los demás y ya no se impondrá ningún género de código formal. La tolerancia* y la distinción* serán sus componentes básicos. La sinceridad* encontrará en ella su frontera.*

CREACIÓN

Primera actividad, cada vez más valorada en todos los ámbitos: arte,* empresa,* educación,* etc. Hasta que cada uno se convierta en creador de su propia vida y pueda aportar algo nuevo al mundo.

CRECIMIENTO

Durante un tiempo continuará sirviendo de medida del sentido de la historia. Crecimiento de las riquezas, de las poblaciones, de las ciudades; durante cincuenta años aún será el testigo de la dinámica del mundo. Después habrá que aprender a vivir con límites;* pensar en valorar sin crecer.

Ya ahora, en economía, el concepto carece de sentido con el aumento de la producción por parte de la información y los efectos de la producción sobre el entorno natural y social. En efecto, un fuerte crecimiento aumenta las desigualdades,* produce residuos* y contaminación.* Actualmente China,* con unos ingresos *per capita* inferiores a la mitad de los de Brasil,* tiene una esperanza media de vida de cuarenta años más elevada; pero el coste de la contaminación es allí superior a los beneficios del crecimiento.

Se inventarán nuevas formas de medir el desarrollo.*

CRIMINALIDAD

La globalización, al debilitar los Estados* sin reemplazarlos por instituciones de policía y de justicia globales, dejará el campo libre a una infinidad de mercados ilegales. Regiones enteras estarán bajo el control del crimen organizado que establecerá en ellas los mayores tráficos. Se preferirá autorizar actividades imposibles de prohibir con el fin de evitar que una prohibición ineficaz favorezca el beneficio criminal. De este modo se autorizará la droga,* el juego,* la prostitución, el comercio de pasaportes,* de sangre, de órganos, incluso de aire.* El crimen desaparecerá en la generalización de un mercado* alegal y amoral hasta que surjan, a escala mundial, instituciones* capaces de hacer cumplir las decisiones que ellas tomen.

CRIPTAJE[1]

Medio de garantizar el carácter privado no sólo de las relaciones humanas, sino también del desarrollo, los intercambios mercantiles, el uso comercial de la red,* el carácter confidencial de la información,* etc.

Poder criptar se convertirá en un derecho* humano. Su ejercicio llevará a la proliferación de actividades alegales* e ilegales, por ejemplo a la sustracción de materias radiactivas y a diversas actividades criminales. Esta facultad acelerará la generalización del mercado* y el crecimiento del hipermundo* en detrimento del mundo real. Los Estados perderán, por este hecho, una buena parte de su soberanía, lo que, bajo cierto aspecto, reducirá el mundo a una yuxtaposición de cajas fuertes, propiedad de comerciantes autistas.

Como reacción, llegará un día en que se querrá conceder a las instituciones policiales y judiciales nacionales e internacionales el derecho de entrar en las redes* criptadas, bajo el control de un juez, para comprobar qué es lo que pasa allí y quién pasa. ¡Será ya demasiado tarde! La economía alegal se habrá hecho dueña de los mercados.

CRISIS

Como siempre, período de transición entre dos fases de transición.

1. Véase la nota de la Introducción.

CUANTO

Partícula de energía que corresponde a la discontinuidad de los elementos. El descubrimiento de su razón de ser valdrá tanto como una inmensa revolución en la concepción de la materia, revolución que posiblemente permita —al menos en un plano teórico— escapar a los apremios de la ley de la gravedad.

CUERPO

Último lugar de experiencia vivida en medio de los océanos de la virtualidad. Cada vez más interdependiente e inseparable del espíritu.

Durante cierto tiempo se seguirán reemplazando actividades llevadas a cabo por el cuerpo por otras llevadas a cabo por máquinas. El cuerpo, por lo tanto, se modificará. Sólo la sexualidad,* el deporte* y el baile* perpetuarán experiencias vinculadas al cuerpo.

Después se explorarán las potencias del cuerpo, sede del espíritu, y se descubrirá que son infinitamente más amplias que las que se utilizan hoy en día. Una gimnasia del cuerpo estimulará la gimnasia del espíritu.

CULTURA

Primer yacimiento de creación de riquezas, último obstáculo a la equivalencia general de las mercancías.

Tras un tiempo de desorientación, ya no se irá hacia la generalización de la cultura americana sino, por el contrario, hacia una yuxtaposición de culturas distintas, después hacia un choque y una fusión de elementos tomados del mosiaco de las culturas del mundo, donde cada quien podrá extraerlos a su aire y moldear su «cultura Lego*».

D

DALAI LAMA

Se le escuchará cada vez más de generación en generación, lo mismo que a todos los líderes religiosos, guías de extraviados, faros en las tinieblas del mundo, recurso contra el sufrimiento,* garantes de la esperanza de eternidad,* consuelo contra la precariedad,* refugio contra la amnesia...

Llegado de la noche de los tiempos para negar la urgencia del deseo* y encarnar a un pueblo mártir, su discurso se presentará como el eco de las principales angustias del siglo. Muchos hombres esclavos de sus necesidades o amordazados por los poderosos acabarán por reconocerse en esta reencarnación constantemente renovada del más enigmático de los dioses destronados.

DEBER

Los siglos precedentes han definido y hecho valer los derechos* del hombre; el siglo XXI reivindicará otros deberes con respecto a las generaciones presentes, pasadas y futuras:
• deber de injerencia,* de asistencia, de fraternidad,* de maternidad* y de paternidad* frente a las generaciones presentes;
• deber de conservar y de mantener el patrimonio legado por las generaciones precedentes, de preservar la diversidad;

• y con respecto a las generaciones futuras, deber de salvaguardar el planeta, de proteger al hombre contra él mismo, de abstenerse de crear un hombre carente ya de los medios de crear, etc.

Esos deberes se insertarán en la legislación. Ya no se sancionará sólo a quienes se extralimiten en sus derechos, sino a quienes no cumplan sus deberes.

DEMOCRACIA

Para el siglo futuro se anuncia la victoria de la democracia y su extensión indefinida a todos los ámbitos de donde ahora se ve excluida. Efectivamente, ganará todas las batallas contra todos sus adversarios y se implantará en países donde se pensaba que era imposible. El mercado* la consolidará al reforzar el individualismo,* la competencia, la transparencia, la exigencia de espíritu crítico. Los pueblos que la conquisten estarán dispuestos a todo para conservarla.

Se verá reforzada por la aparición de nuevas formas de participación ciudadana,* sobre todo por la multiplicación de asociaciones* con nuevas exigencias. En fin, las nuevas tecnologías de comunicación permitirán inventar nuevas formas de ejercer la ciudadanía: foros permanentes, elecciones directas, telerreferendos, etc. Nada parece poder detener el progreso de la democracia.

Sin embargo, su futuro no es, en realidad, tan radiante.

En primer lugar, nadie querrá sinceramente extenderla a la gestión de la comunidad mundial. Los Estados Unidos,* por ejemplo, jamás aceptarán que las decisiones más importantes de las Naciones Unidas* escapen a la oligarquía de las cinco potencias nucleares para recaer por completo sobre la Asamblea general. Tampoco aceptarán que las instituciones* financieras internacionales escapen a su control. Incluso en Europa,* la democracia avanzará con dificultades dentro de las instituciones comunitarias enredadas en su gestión burocrática. De igual modo, en las empresas,* los dueños del capital no aceptarán de mil amores compartir su derecho a voto con los asalariados.

Por otra parte, si se supone que las nuevas tecnologías de la comunicación han de fomentar nuevas formas de democracia, sobre todo harán inclinarse a las sociedades hacia redes* donde el poder ya no estará localizable, donde el territorio ya no será un espacio de soberanía, donde los partidos* estarán desacreditados y donde será casi imposible poner en práctica cualquier forma de solidaridad.

Además, la complejidad cada vez mayor de las decisiones que habrá que tomar llevará a multiplicar los comités de ética en perjuicio de los organismos democráticos y a permitir que los grupos de presión arreglen sus problemas con la burocracia.

Por último, y sobre todo, la democracia se verá debilitada e incluso barrida por el mercado,* al que se le supone, sin embargo, que debería reforzarla. Al llevar hasta el último extremo la libre circulación de bienes, de capitales, de ideas y de personas, el mercado romperá las fronteras* que la democracia necesita para definir el territorio donde se ejerce el derecho de voto y donde se establece la república.* Las decisiones más importantes las tomarán las empresas* dotadas de medios para financiar los mil y un intermediarios que harán valer sus intereses. El mismo derecho internacional, bajo la presión de las empresas, obligará a los Estados a unificar su derecho fiscal y social al nivel más bajo posible para crear un mundo adaptado a los nómadas,* cuando la democracia, tal como se definía hasta entonces, estaba concebida para aplicarse a los sedentarios.

El mercado agravará las desigualdades* entre los agentes económicos al impedir que muchos de ellos ejerzan sus derechos políticos.* Convertirá a los ciudadanos* altruistas en consumidores* caprichosos y egoístas. Éstos rehusarán someterse a una decisión tomada por una mayoría de la que ellos no forman parte, sobre todo cuando ésta quiera imponer a una minoría* rica el contribuir con sus impuestos al bienestar de una clase media más numerosa. Los más ricos se irán, los más pobres se abstendrán y los demás se refugiarán en la distracción.*

Una concepción exacerbada de la democracia puede llegar incluso a destruir las naciones al empujar a cada grupo, a cada región, a cada tribu* a fomentar su identidad, primero bajo la forma de partidos* y después reclamando o arrebatando su independencia.

La financiación de la vida política será, de forma cada vez más patente, cosa del mercado, la corrupción se convertirá en algo legal, la justicia* quedará transformada en arbitraje privado y ciertas comunidades* organizarán sus servicios públicos para su propio beneficio; incluso se venderán pasaportes.*

La modernización y el crecimiento no protegerán la democracia en mayor medida: para eso harían falta una visión social común e instituciones comunes.

Todas estas evoluciones no pueden conducir más que, en el mejor de los casos, a un enorme desinterés respecto de la política, y en el peor, a crispaciones autoritarias, incluso a dictaduras.* Habrá partidos políticos que se infiltren en la democracia para destruirla. Ciertos totalitarismos tomarán democráticamente el poder para no abandonarlo más. El ejercicio de la democracia se manifestará como liberticida.

Así pues, la democracia podría desaparecer incluso en Occidente. No seguirá siendo el mejor de los sistemas de gobierno más que a condición de que se la refuerce y se la consolide:

• en los nuevos países deberán nacer instituciones, partidos, asociaciones sin las que la democracia se caricaturiza como un simple derecho de voto; requiere además bases económicas y sociales, un Estado,* una clase media;

• en los países donde la democracia cuenta con un largo pasado será menester reinventar el sentimiento de la utilidad del político encargándole promover la fraternidad* entre los ciudadanos, porque la utopía* volverá a ser necesaria para la vitalidad de la democracia;

• por último, habrá que pensar en una democracia que, como el mercado, no se limite a un territorio, una democracia sin fronteras* en el espacio y el tiempo.*

En el espacio: cada uno de los que han habitado o habitarán un territorio podrá exponer su punto de vista sobre una decisión que le concierne: el deber* de injerencia* formará parte de la exigencia democrática.

En el tiempo: para proteger el patrimonio y evitar las injurias causadas al entorno, será menester reconocer metafóricamente el derecho de voto a las generaciones pasadas y a las futuras afectadas por la acción de los vivos, dicho de otro modo, volver a introducir la noción de irreversible en política.

Eso se hará mediante el establecimiento de democracias en espacios más amplios, mediante la agrupación de naciones, antes de llegar a una democracia realmente sin fronteras, es decir, universal. En este sentido, la construcción europea constituye un reto capital, puesto que se trata de la primera puesta en común voluntaria de la soberanía de diversas naciones.* Si no degenera en simple mercado libre, si consigue establecer los instrumentos de una unión federal democrática, representará el primer laboratorio de la democracia del futuro, probablemente su última oportunidad de superar la tiranía del mercado.

DEMOGRAFÍA

La población del planeta aumentará como mínimo la mitad de lo que es ahora. Después comenzará a envejecer primero por el Norte* y después por el Sur.*

Para que el planeta alcanzara los mil primeros millones de habitantes hicieron falta miles de años; para alcanzar los dos mil millones fueron necesarios ciento veintitrés años y once solamente para crecer de cinco mil a seis mil millones. Para alcanzar los siete mil millones se necesitará más tiempo puesto que la tasa de crecimiento anual, inferior al 0,2 % anual hasta 1800, aumentó hasta alcanzar en 1965 su cota más alta: 2,1 %, pero desde entonces continúa bajando y ya no supera el 1,4 %. Según las hipótesis más actuales, continúa bajando.

La evolución de la población dependerá de la tasa de fecundidad (al ser necesarios 2,1 niños por mujer para la simple renovación generacional). Parece ser que baja por doquier para alcanzar la tasa europea, que a duras penas asegura la renovación de la población: en el Sur* ha pasado de de 4,8 en 1945 a 3,7 y en el Norte está en torno a 2. La media mundial es de 3,3. Pero las previsiones son bastante inciertas y la evolución varía considerablemente de un continente a otro. La tasa de fecundidad es aún especialmente elevada en África* (7 niños por mujer en Costa de Marfil y en Etiopía, y más de 8 en Gaza), pero en China* ya se acerca a la europea (2,3). En Estados Unidos* es superior a 2,1 en Francia es de 1,8,* y baja hasta 1,3 en Italia,* en Alemania,* en España y en Portugal. La población de ciertos países de Oriente Medio* y la de África* continúa aumentando al ritmo del 4 %, incluso del 5 %. La de Estados Unidos* crece un 0,8 % por año y la de Europa un 0,5 %, mientras que las de Alemania, Hungría y Bulgaria disminuyen.

Si el mundo entero mantuviera constante la tasa de fecundidad que alcanzó una parte de Occidente en 1980 (1,4), la especie humana desaparecería hacia el 2400. La hipótesis más verosímil es que la fecundidad continuará bajando en el Sur para alcanzar 2,1 hacia mediados del próximo siglo y que las tasas de crecimiento de las poblaciones del Norte y del Sur convergerán hacia el cero a finales del mismo.

Las razones de este descenso hay que buscarlas en la reducción de la mortalidad infantil, el control de la natalidad,* el progreso de la educación* femenina, el crecimiento económico y el desarrollo del individualismo.*

A este ritmo, la población mundial alcanzaría los 8.400 millones en el 2030, para estabilizarse en torno a los 10.000 millones. En el 2050 habría, según esto, 3.800 millones de habitantes en Asia del sur (Indonesia,* India,* Oriente Medio*), 2.900 millones en Asia del este

(China,* Japón,* Australia), 1.300 millones en América Latina* (frente a 400 millones en 1980), 2.400 millones en África* (frente a los 550 millones actuales).

Si la fecundidad descendiera con mayor rapidez de lo previsto, la cima de la población mundial hacia el 2030 se situaría en los 7.500 millones. La edad media de esta población se estabililizaría entonces en un nivel más alto. Pero si, por el contrario, la fecundidad se mantuviera o volviera a ser elevada, el crecimiento demográfico podría acelerarse.

Si la sociedad mundial evoluciona hacia un modelo anglosajón, individualista y liberal, la fecundidad descenderá para situarse en el mínimo indispensable. Pero si se orienta más bien hacia un mestizaje de los valores, si el civiLego* se convierte en la regla a seguir, entonces la fraternidad* se convertirá en la utopía,* renacerá el deseo de tener hijos y la humanidad se encontrará ante una nueva juventud.

DEPORTE

Será una de las actividades esenciales para la riqueza de una nación.* Se crearán empresas* de dimensión mundial para vender y asumir la representación de todo lo que tenga alguna relación directa o indirecta con el deporte.

Algunos deportes hoy en día minoritarios se harán populares por hallarse más o menos cerca del laberinto: por ejemplo la maratón, el triatlón, el tiro al arco, los rallies de automóviles, el polo,* el *curling*... Otros surgirán para satisfacer las necesidades del espectáculo:* más rápidos, más aptos para jugar sin accesorios caros, o juegos con ingredientes sexuales (por ejemplo, deportes con equipos mixtos, o combates cuerpo a cuerpo mixtos).

Depresión

La principal enfermedad* crónica, de consecuencias económicas y sociales considerables: al menos 300 millones de individuos la padecen hoy en día. La genómica* debería realizar enormes progresos en vistas a su mejor comprensión y tratamiento para hacer retroceder la psicoterapia en beneficio del recurso a la farmacopea.

Derecho

Como organización de las relaciones privadas entre los individuos, se impondrá contra la ley* que organiza las relaciones de los individuos en la sociedad. De este modo reducirá el papel del Estado* y garantizará algo parecido a un orden internacional mediante una maraña de convenios que liguen los Estados* unos a otros.

Además, una batalla constante enfrentará a las diversas formas de derecho, sobre todo entre las dos vertientes de la civilización* occidental. La concepción americana, que presupone la autonomía ilimitada del individuo, se opondrá cada vez más a la concepción europea, para la que los derechos del individuo se ven limitados por sus responsabilidades* ante los demás y ante la comunidad.

La naturaleza de las nuevas tecnologías y las exigencias del mercado* impondrán al mundo la concepción americana.

En la medida en que quienquiera que sea podrá recibir cualquier mensaje llegado de cualquier parte y enviado por cualquiera, aún será posible proteger un secreto,* pero no impedir el acceso a las informaciones emitidas voluntariamente a toda una red* por un tercero. Sólo la aparición de un derecho de injerencia* y de una democracia* sin fronteras* podría permitir el establecimiento de una policía de las redes capaz de limitar el derecho a contaminar las otras mediante la difusión de informaciones no deseadas.

DESARROLLO

Indicador de riqueza cada vez más independiente del crecimiento económico, constituido por esas mil y una dimensiones que son la calidad de vida, la esperanza de vida, la justicia social, la equidad fiscal, pasando por la alfabetización, el sistema de asistencia social, la protección del entorno, etc.

Para medirlo surgirá una nueva contabilidad mundial, multidimensional o multisectorial.

DESCUBRIMIENTOS

Sus próximas metas: explorar la materia viva, asediar el inconsciente, colonizar el sistema solar, viajar por la infinidad de universos virtuales que puede crear el cerebro humano.

Quizá también aprender a convivir.

DESEO

Instrumento de la superación y de la desgracia,* del hallazgo* y del sufrimiento.* Donde se lo combata triunfará la ignorancia; donde se lo aliente se extenderá la frustración. Para escapar a este dilema se propondrá satisfacer deseos virtuales, experimentar delirios, perder la conciencia de sí para vivir lo inconsciente de otro en una especie de carnaval* de los apetitos y de los fantasmas.

DESGRACIA

Compañera inseparable de todos los hombres, a través de los tiempos y en todas las épocas. Sombra adherida a la insatisfacción a la que el futuro reserva sus días de mayor esplendor.

DESIGUALDADES

Probablemente continuarán incrementándose hasta llegar a ser, en cualquier momento imprevisible, políticamente intolerables.

Ya están agravándose desde hace al menos cuarenta años en casi todos los ámbitos: ingresos,* fortuna,* sanidad,* educación.*

Los directores de las mayores quinientas empresas* americanas que, a principios de los años ochenta, ganaban unas treinta y cinco veces el salario de un obrero, reciben ahora ciento cuarenta veces más. Los ingresos del 20 % de los americanos más ricos representaba unas treinta veces el del 20 % más pobre en 1960; en 1991 era sesenta y una veces superior y en 1995 setenta y ocho veces más.

El valor del activo de los milmillonarios en dólares (unas cuatrocientas personas, de las que cien viven en el Sur*) es igual a toda la deuda del Sur, es decir, 1,2 trillones de dólares, y sobrepasa el valor patrimonial de la mitad más pobre del resto de la población mundial. Un solo mexicano posee una fortuna de 6.600 millones de dólares, superior a la de los diecisiete millones de mexicanos más pobres.

La esperanza de vida va desde los 79 años en Japón a 42 años en Sierra Leona. La desigualdad en cuanto a educación* y a la disponibilidad de agua* potable es no menos lacerante.

En el futuro estas desigualdades espolearán ante todo el oportunismo individual. La ilusión de cada cual será progresar solo; el individualismo* legitimará y afianzará las desigualdades.

Si la ley del mercado no se completa mediante un mecanismo mundial de redistribución de los ingresos* y el establecimiento de un programa global de lucha contra la pobreza, las desigualdades no harán sino incrementarse, sobre todo las desigualdades de patrimonio, al tener los ricos las mejores perspectivas de acumular nuevas fuentes de enriquecimiento. Los países con las mayores desigualdades se encontrarán en América Latina,* en Europa del este* y en el África subsahariana.

Nada permite hasta ahora afirmar que exista un umbral de intolerancia ante el espectáculo de las desigualdades. Quizá porque las pequeñas provocan más envidia que rebelión y las grandes van más allá de lo imaginable por la gente corriente.

DEUDA

Los jóvenes se endeudan, los viejos ahorran. Cuanto más joven sea la población de un país, más cerca del poder estarán los deudores. Desde que el Norte* envejece, los acreedores han logrado allí la valoración de sus activos acabando con la inflación.* Donde la demanda es constante por el endeudamiento explosivo de los consumidores y del Estado,* como es el caso de los Estados Unidos,* hay que pensar en una crisis que vuelva a equilibrar los poderes, constriñendo a los deudores a pagar.

El Norte,* que envejece, tiende también a exigir del Sur,* joven, la liquidación de una deuda bastante considerable. De ahí el flujo del Sur hacia el Norte de 35.000 millones de dólares anuales durante los próximos treinta años. Este flujo no podrá ser duradero. Una ola de inflación* mundial borrará esas deudas para dar paso a un nuevo endeudamiento de los jóvenes que hayan tomado el poder en el Sur y cuyo consumo será el objeto del deseo del Norte.

DIÁSPORAS

Comunidades que viven fuera de sus territorios de origen, conscientes de su identidad plural, élites aventureras, al acecho, partícipes de varias culturas, a veces miembros de la hiperclase* y grandes usuarios de las nuevas tecnologías de la comunicación.

Su número y su importancia crecerán con la aceleración de los movimientos de las poblaciones. Habrá diásporas en el Sur.* en el Norte* y de Norte a Sur. Se establecerán como entidades autónomas con derechos* reconocidos. Las naciones* serán, cada vez más, yuxtaposiciones de diásporas. Las comunicaciones entre sus miembros a través del mundo se establecerán a través de la red.* En ciertos países, muchas se enfrentarán entre ellas y a las autoridades locales, reivindicando la multipertenencia* y el multivasallaje.

La fuerza de una nación* dependerá de la importancia de sus diásporas y de la calidad de los lazos que haya sabido mantener con ellas.

Las diásporas china, rusa, francesa e italiana serán especialmente dinámicas. El poder de la diáspora china será incluso, durante la primera mitad del siglo, superior a la de la misma China.* Ya en Indonesia,* los chinos poseen el 70 % del capital y diecisiete de los veinte primeros negocios. Constituyen el 10 % de la población de Tailandia, poseen en ella nueve de los diez mayores grupos y representan el 50 % del PIB tailandés.

La desconfianza de los sedentarios frente a las mismas no dejará de aumentar. Las próximas masacres estarán provocadas por los sedentarios que intentarán expulsar a los nómadas,* más bien que por los nómadas intentando desalojar a los sedentarios.

DICTADURA

Muchos países experimentarán aún la dictadura. Y no precisamente aquellos en quienes se pensaba ni la dictadura en que se piensa.

La impotencia del político* frente a las fuerzas del mercado,* la falta de trabajo* para todos, la incapacidad de dar un sentido a largo plazo, abrirán, incluso en las democracias más firmes, es decir, incluso en Europa* occidental y en Estados Unidos,* un amplio campo a las tentaciones totalitaristas. Amparándose en la integridad, la pureza y el orden, rechazarán la movilidad y la precariedad,* la reversibilidad;* las diásporas* y el nomadismo* serán sus chivos expiatorios. Harán una caricatura de la fraternidad* para apoderarse de ella.

Después se manifestará una exigencia confusa de dictadura universal que no se podrá materializar por falta de un lugar de poder y de medios para ponerla en práctica.

DISTINCIÓN

Distinguir, seleccionar,* clasificar es algo así como dar sentido.

Como consecuencia del mercado,* todos los valores tenderán a ser monetariamente equivalentes. Los medios de comunicación harán que las informaciones y las ideas sean homogéneas, presentándolas al por mayor y en desorden: hechos diversos antes que geopolítica,* espectáculos* antes que investigación y hallazgo,* etc. La democracia* misma empujará a todos los partidos* a emitir programas similares para atraer a los mismos electores.

Toda civilización, por el contrario, exige hacer una distinción entre lo esencial y lo accesorio, entre el largo plazo y lo inmediato, entre el derecho* y el deber.* Para eso tiene necesidad de codificar y distinguir los valores, de idear medios para jerarquizarlos. La distinción será una forma superior de la civilización.

DISTRACCIÓN

Cualquier viaje* será distracción y cualquier distracción será viaje. Ya no se aceptará hacer un esfuerzo sin ser recompensado por él, aprender sin jugar, consumir sin ser seducido. El cine,* el teatro,* el deporte,* el turismo,* todas las actividades que desvían la atención de la precariedad* de la condición humana serán tanto más buscadas cuanto que el individualismo se nutre de lo precario, fino envoltorio de la fragilidad.

DISUASIÓN

Como confrontación virtual de naciones* que definen racionalmente sus estrategias, se verá desestabilizada por la proliferación de actores que dispondrán de armas de destrucción masiva.

Hacia el 2020, treinta países como mínimo estarán preparados para disponer del arma nuclear* en cuestión de meses y podrán poseerla tan pronto como lo decidan. Muchos poseerán además otras armas de destrucción masiva (radiactivas, químicas, bacteriológicas, armas láser*). Algunos de esos países estarán dirigidos por personas inseguras con motivaciones irracionales.

Como la probabilidad de tales situaciones aumentará con el número de armas y de países, el equilibrio del terror será cada vez menos eficaz. El uso de esas armas dejará de ser entonces una hipótesis teórica. Lo real volverá a tomar la delantera a lo virtual, a no ser que se pueda pensar en una policía internacional suficientemente eficaz como para mantener a raya y reducir después tal proliferación.*

DÓLAR

Seguirá siendo una de las monedas de reserva y de transacción en el mundo entero, por más que su papel disminuya en favor primero del euro* y después del yuan* y otras monedas de Asia.* Su suerte irá unida al lugar y al papel de Estados Unidos* en geopolítica.* Si el dólar conserva su preeminencia, Estados Unidos podrá mantener su hegemonía. Por lo demás, ellos harán todo lo posible para mantener ese papel que les permite no devolver jamás una deuda cada vez más pesada. Porque la suerte del dólar depende de la todopoderosa América al menos tanto como a la inversa. En contrapartida, si el dólar deja de ser un valor refugio, los Estados Unidos perderán una de sus mejores armas geopolíticas.

El ocaso relativo del dólar comenzó en 1971. Entonces representaba el 76 % de las reservas de los bancos centrales y el 60 % de los intercambios internacionales. Hoy ya no representa más que el 63 % de las reservas y sólo el 45 % de los intercambios.

Si los Estados Unidos se muestran capaces de controlar su deuda externa (un trillón de dólares, que crece al ritmo del 15 al 20 % cada año), la hipótesis más verosímil es que el dólar seguirá siendo una moneda de reserva, incluso si su parte en la economía mundial baja hasta no representar más que un tercio de las reservas y una parte aún menor de los intercambios. Si, por el contrario, no se logra controlar su deuda —ya sea porque el déficit americano respecto de Asia continúa siendo considerable, ya sea porque se elevan los tipos de interés— y si a la vez se instala un euro* estable, el dólar se hundirá. Tras una grave crisis, podría incluso dejar totalmente de servir de instrumento de reserva, como le sucedió no hace mucho al florín y después a la libra esterlina.

Si el euro* no se materializa (o si no se ve rápidamente apoyado mediante la creación en Europa* de instituciones políticas federales), el dólar, sea cual fuere la situación de la deuda americana, adquirirá de nuevo su preeminencia durante todo el siglo por falta de divisas que le hagan la competencia.

DROGA

Como forma especial de distracción* y de viaje,* se convertirá en una fuente de recursos esencial para los países productores primero y después para los países consumidores. Para evitar el continuo desarrollo de la economía criminal se suprimirán poco a poco las prohibiciones. Llegará un momento en que la frontera* entre drogas legales e ilegales desaparecerá; ya no habrá nada que se pueda prohibir, ni siquiera las drogas con efectos irreversibles en el cerebro.* Su consumo será una de las formas más extremas del ejercicio de la libertad* en la economía de mercado.* No se controlarán más de lo que se controla hoy el alcohol y el tabaco.* Constituirán una gama muy amplia de productos psicotrópicos. Cuando se conozcan los mecanismos genéticos de su acción se podrá intentar yugular los riesgos* de adicción y de irreversibilidad.

Después se viajará virtualmente a universos creados por pseudo-drogas y se pasará de los viajes reales de drogas reales a viajes reales de drogas virtuales, incluso a viajes virtuales de drogas virtuales; así hasta la aparición de prótesis* biónicas* injertadas directamente al cerebro, que ayudarán a viajar, a fantasear y a producir imágenes mentales por encargo.

E

ECOLOGÍA

Base teórica de los deberes* del hombre para con el entorno, según el cual todo hombre es un parásito de la naturaleza. Tenderá a convertirse en ideología o religión.*

ECONOMÍA

La teoría económica quedará trastocada por la utilización de simulaciones a tamaño real. En vez de representar una economía mediante un juego de ecuaciones y de correlaciones estadísticas, se construirá la réplica virtual de cada país con todas sus ciudades,* sus empresas,* su población, todo ello mantenido constantemente al día gracias a la introducción de la moneda* electrónica que permitirá mantener en tiempo real la maqueta con los datos sacados de todas las transacciones reales. Se podrá seguir la evolución de la maqueta a gran velocidad para explorar muchos futuros y simular las consecuencias de las medidas que se quieran adoptar. Se hará primero para cada país, después para todo el mundo, único marco realista de examen de las interdependencias.

Las leyes de la economía de mercado* no sólo quedarán desveladas mediante la simulación, sino que quedarán trastocadas por la generalización de la información* como factor de producción y como objeto de consumo.

En efecto, la información es un bien que no es raro por naturaleza: se puede dar sin perderlo. Por lo tanto, no puede ser objeto de mercado más que en la medida en que se la hace artificial, aunque sea de forma rara. Ahora bien, las nuevas tecnologías harán casi ilimitadas y por lo tanto casi gratuitas sus posibilidades de almacenamiento, su circulación y su reproducción. Después, incluso, si las nanotecnologías* permiten reproducir un objeto partiendo de un ordenador y de las moléculas del aire,* el valor de los objetos* industriales en tanto que tales se verá reducido al de la información que los constituye, es decir, a casi nada.

Para perpetuar aún el reino de las reglas del mercado se intentará mantener artificialmente una cierta inaccesibilidad de la información. De ahí la importancia de las marcas* y del criptaje* sin las que los objetos no podrían tener precio.

Donde no sea posible reducir el valor de la información a un precio, habrá que inventar nuevas formas de intercambio, mediante equivalencias de sentido. No será posible, ni a escala de un país ni a la de todo el planeta, contentarse con una contabilidad monetaria para comprender la evolución del mundo.

EDUCACIÓN

Si las leyes del mercado* se instalan en ella se convertirá en una industria del espectáculo* entre otras muchas, sometida como las demás a las leyes del beneficio.* Dejará de ser el principal crisol donde se modela la identidad* de cada nación.*

El crecimiento demográfico, el aumento de la demanda de saber, la duración cada vez mayor de los estudios y la falta de aumento de productividad explican que la parte de la riqueza mundial consagrada a la educación aumente desde hace un siglo y continuará aumentando en cerca de un 10 % cada año. Los pueblos que tienen menos niños son los que mejor los educan. Cuando la fecundidad baja, el nivel educativo se eleva. Actualmente representa en torno al 5 % de la actividad mundial y ocupa a 60 millones de educadores. En treinta años movilizará más del 10 % de la riqueza mundial.

Para controlar estos costes, ciertos países reducirán la oferta de educación mediante una selección drástica de alumnos admitidos a los diversos niveles de la enseñanza o reduciendo los salarios de los maestros. Esta evolución se iniciará con un cierto descrédito de los maestros a los ojos de los alumnos al tener a su alcance otro saber disponible en los medios informativos.

Ciertos países confiarán al mercado* la tarea de hallar los recursos necesarios. Sacarán a concurso establecimientos de enseñanza que se convertirán en verdaderas empresas que utilizarán trabajadores (los profesores) para ofrecer un servicio (la educación) a consumidores (los alumnos) a cambio de un precio pagado por los alumnos o por el Estado.* La utilidad de los establecimientos dependerá de la calidad de su servicio y de la cantidad de estudiantes. La enseñanza masiva se devaluará y los recursos se concentrarán en las formaciones más profesionales y en las universidades más cualificadas.

La educación evolucionará hacia un sistema de dos niveles: una enseñanza primaria que ofrezca, en nombre del Estado, unos conocimientos mínimos y una enseñanza superior privada que tendrá como proveedores a los colegios de enseñanza secundaria encargados de enviarle una parte de sus estudiantes seleccionados en los medios mejor preparados —intelectual y financieramente— para financiar unos largos estudios para sus hijos.

Donde la ley del mercado prevalezca, la educación no seguirá siendo un servicio; se industrializará para aumentar su productividad y crear más valor.

De hecho será muy difícil reemplazar los servicios de los profesores por objetos* producidos en serie (la alfabetización* no se puede garantizar sin maestros, y el número de años necesario para formar un médico o un abogado difícilmente podrá disminuir, más bien al contrario), pero se completará el servicio de los maestros con la ayuda de objetos creadores de valor.

Ante todo, la teleenseñanza prolongará hasta el domicilio la enseñanza recibida en la escuela, reduciendo las funciones y las disciplinas de los profesores; se orientará mediante la televisión* a públicos considerables y, con la ayuda de Internet,* se llegará a audiencias de formación y de edad diversas. Se utilizará para la alfabetización de masas, especialmente en la India* y en China.*

Después aparecerán en el mercado objetos capaces de *autodiagnosticar* las necesidades de conocimiento y las lagunas. Con tales máquinas u ordenadores cada cual podrá comprobar sus conocimientos y detectar sus carencias.

En fin, la *autoeducación* se hará permanente y cada cual aprenderá solo, primero mediante juegos* en Internet* y mediante CD-Roms y después mediante juegos de adaptación concebidos a medida: eduversión,* profesores virtuales, hasta que un día, quizá, se cuente con clonimagos* de profesores.

Donde esta evolución adquiera amplitud y no concierna sólo a algunos niños privilegiados sino a la mayoría de la masa, la educación dejará de reducirse a un coste para el presupuesto de un Estado o a un mercado para las escuelas privadas y se convertirá también en fuente de valor para nuevas industrias del saber.

Quizá más tarde la sociedad subvencione a quienes se forman para que dispongan de los medios para adquirir máquinas de eduversión* lo mismo que ha subvencionado a los enfermos para que dispongan de los medios para cuidarse y a las familias para que dispongen de los medios para educar a sus hijos. Formarse se reconocerá como una actividad* socialmente útil para la que cada cual necesitará que se le subvencione ya sea por el Estado,* ya sea por el mercado* (colocando en bolsa los elementos más dotados para atraer capitales hacia ellos).

Aparecerán nuevas categorías de maestros tanto en la educación primaria como en la superior: los *matriceros* (fabricantes de soportes lógicos informáticos de eduversión y de cursos), los *controladores* (que dirigen a los alumnos y reconocen sus esfuerzos mediante un diploma) y los *tutores* (que ayudan a utilizar los soportes lógicos, consuelan y atienden).

La escuela primaria seguirá siendo el lugar de aprendizaje de la sociabilidad. Será mucho más importante reducir en ella el número de alumnos por clase que dotarla de los últimos modelos de ordenador.* La secundaria desaparecerá. La universidad se convertirá en una empresa de primera importancia que creará otras empresas, venderá servicios, publicará diarios y controlará y valorará patentes.*

En la inmensa mayoría de los países será menester hallar aún recursos para la alfabetización* y la enseñanza básica. Para los más ricos esta evolución abrirá un campo inmenso a la economía de la información. Pero también sus peligros son inmensos: los pueblos, las civilizaciones,* las lenguas* que consigan dominar antes y mejor estas nuevas industrias, las impondrán al resto del mundo y las otras culturas tenderán a desaparecer del mapa del mundo y de la historia.

EDUVERSIÓN[1]

Diversión con fines educativos bajo forma de juegos* interactivos y de universos virtuales. Se podrá entrar en tres dimensiones en el Egipto antiguo, en el ADN, en una figura matemática.* Se aprenderá la teoría mediante la experiencia;* se vivirá la experiencia en teoría.

Sector económico muy importante. Nueva salida para los principales productos nuevos concebidos y creados por las universidades.*

EJÉRCITOS / TROPAS

Deberán afrontar nuevas formas de conflictos,* cumplir misiones de propaganda, de alerta humanitaria, de mediación, de vigilancia de

---

1. Véase la nota de la Introducción.

acuerdos de desarme y de no proliferación, de contraterrorismo, de espionaje, de disuasión, de simulación,* de piratería,* de guerra* relámpago. Serán profesionales, capaces de acciones llamadas quirúrgicas, y dispondrán de redes* de información* en las que estará implicado hasta el último soldado. El principio jerárquico en que se basan desde sus orígenes quedará en entredicho por su transformación en redes. Deberán reclutar periodistas, especialistas de Internet* y de genética, psicoanalistas, etc. Así pues, serán cada vez más civiles por sus técnicas y cada vez menos integrados a la nación* por su profesionalismo. Para eliminar el riesgo de constituir un ejército pretoriano, ciertos países de entre los más ricos volverán al servicio militar obligatorio para todos los ciudadanos.*

Habrá entidades no estatales —empresas,* ONG,* organizaciones criminales— que se apoyarán en ejércitos privados para protegerse o para actuar, sobre todo en las zonas donde ya no exista un Estado de derecho.

EMPLEABLE

Quienes puedan trabajar o formarse tendrán a la vez unos ingresos de actividad y unos ingresos* generales. Los demás —indigentes, prisioneros, drogadictos, discapacitados psíquicos, en depresión profunda o enfermos crónicos— sólo tendrán los ingresos generales.

EMPLEO

Ya no irá asociado solamente al trabajo,* sino también a otras formas de actividad.*

Ni la reducción de la semana laboral, ni el desarrollo de empleos de servicios, ni la aparición de grandes trabajos —las tres cosas absolutamente necesarias— serán suficientes para volver a crear un pleno empleo de los asalariados.

Las empresas* emplearán cada vez más a personal no asalariado en numerosos oficios* nuevos.

Las colectividades financiarán empleos de tutorado escolar, de asistencia a las personas de edad, de cuidados a domicilio, de conservación ecológica.

Se reconocerá que consolar, apoyar, formarse son actividades socialmente útiles y que constituyen empleos dignos de remuneración. Nadie estará en el paro desde el momento en que sea empleable.*

EMPRESA

Como organización productora de riquezas y de innovaciones, se irá haciendo precaria, móvil y nómada,* reunión provisional de competencias al modo de una compañía de teatro. Vivirá presionada por la urgencia, el desafío y el miedo a desaparecer. Será en general pequeña, fluida, pero multinacional.*

Los cambios en el modo de transmisión de datos, la posibilidad de simular hasta el infinito los productos incluso antes de concebir un prototipo, cambiarán no sólo el modo de comunicación dentro y fuera de la empresa, sino sobre todo la naturaleza de los procesos de producción y de organización. La empresa se organizará en redes,* con pocos niveles jerárquicos, en pequeñas estructuras, con mucho trabajo en equipo, iniciativas descentralizadas y subempresas internas (contratistas internos).* Ya no estará caracterizada por un oficio* o un accionariado, sino por un *savoir-faire*. Sus principales activos serán sus patentes,* sus marcas,* la competencia de su personal y de sus socios.* Se verá afectada por unos deberes* para con sus trabajadores, sus consumidores, sus inversores y el conjunto de los ciudadanos. Deberá fomentar la competencia de quienes trabajan en ella, organizar su formación permanente, hacerles compartir un proyecto, aunque sea provisional. El poder ya no pertenecerá a quienes poseen el capital,* que ya no será más que uno de los medios puestos a disposición de la inteligencia. La autogestión se hará general en las empresas del saber.

Casi ninguna empresa superará el siglo próximo tal como existe hoy en día. Sólo una empresa del Índice Dow Jones de finales del siglo XIX, General Electric, figura en él actualmente, a finales del siglo XX, y en ese tiempo ha cambiado completamente de orientación. Las grandes empresas sólo se mantendrán si son capaces de imponer al consumidor una marca caracterizada por una visión de futuro en la que el consumidor universal pueda reconocerse: fascinación (Disney), asequibilidad o facilidad (Apple), movilidad (Sony), superación (Nike, Adidas), lujo (Vuitton, Hermès), asequibilidad (Benetton, Coca-Cola), pureza (Danone), belleza (Calvin Klein, Saint Laurent), etc.

La empresa eficaz será la que ofrezca al consumidor una forma nueva y mejor de viajar con mayor anticipación en la utopía.*

ENERGÍA

Al siglo XXI no le faltará energía, pero tendrá que limitar su uso para reducir la contaminación* que provoca.

Si el consumo de energía evoluciona al ritmo actual, no aumentará más que un 2 % anual como máximo (1 % en el Norte* y 3 % en el Sur*), es decir, menos que la producción de riqueza; no se duplicará antes del 2040.

Son pocas las probabilidades de ver aparecer grandes novedades en la naturaleza de la energía que se consuma, excepto si la nuclear se hace inofensiva, lo que hoy en día parece fuera del alcance de la mano.

Las principales fuentes seguirán siendo los combustibles fósiles (carbón,* gas,* petróleo*) a pesar de los considerables problemas de transporte:* las dos terceras partes de los recursos conocidos se hallan en los países en desarrollo, los cuales no consumen más que un tercio. La parte relativa de cada fuente de energía experimentará un ligera evolución a favor del gas y de las fuentes de energía renovables que, sin embargo, permanecerán siendo marginales. El consumo de gas aumentará un 3 %, el del petróleo un 2 %, la del carbón un 2 % (un 4 % en China); el consumo de la energía nuclear disminuirá (un 0,1 %) y sólo aumentará en Asia;* por lo que respecta al consumo de electricidad de origen hídrico, crecerá un 2 %.

No debería haber problemas de energía al menos hasta finales del próximo siglo. Aunque los yacimientos que actualmente se explotan llegaran un día a ser insuficientes al precio actual, los precios aumentarían y los yacimientos marginales serían, por eso mismo, rentables.

Las energías eólica y solar podrían desarrollarse. Se transportará mediante microondas la energía solar captada en el espacio hacia la Tierra. Se instalarán en la Luna receptores de energía solar. Se producirá energía mediante la combustión de biomasa y por geotermia. Se explotará el potencial energético de las marejadas y las diferencias de temperatura y de salinidad en el océano.

ENFERMEDADES

De los 52 millones de seres humanos muertos en 1996, 17 han sido a causa de enfermedades infecciosas, 15 a causa de enfermedades del sistema circulatorio, 6 de cáncer y 3 de afecciones respiratorias. Entre las enfermedades infecciosas las primeras son la tuberculosis, las diarreas y el sida.*

Esta clasificación va a quedar enormemente modificada. Por ejemplo, la diabetes, que afecta hoy en día a 135 millones de personas, pasará a 300 millones hacia el 2025. En algunos países incluso se triplicará. El cáncer, que afecta principalmente a los pulmones, al estómago, al colon, al hígado y a la mama, se convertirá poco a poco en una enfermedad crónica: 18 millones de personas viven con un cáncer de más de cinco años y los dos más importantes son los más fáciles de prevenir.

Los desórdenes mentales, que afectan a 150 millones de personas (40 de epilepsia, 30 de demencia, sobre todo la enfermadad de alzheimer, 45 de esquizofrenia y el resto de secuelas de diversas drogas) aumentarán mucho, sobre todo en lo que atañe a la esquizofrenia (4,5 millones más cada año) y la enfermedad de alzheimer, a las que habrá que añadir la depresión que afecta a 340 millones de personas y que aumentará también de forma masiva.

Aparecerán tres nuevas fuentes de enfermedades como tres enigmas amenazadores: los animales, el progreso y el movimiento.

• Los animales —reconocidos ya como el origen del sida,* de las enfermedades degenerativas del sistema nervioso, como por ejemplo las enfermedades de Creutzfeld-Jacob y de Ébola entre otras— se verán como la fuente de nuevas enfermedades de priones* y de formas virulentas de la gripe. Se prohibirá el consumo de carne roja y de volatería. Se pondrán trabas a la destrucción de los bosques y de los nichos ecológicos de ciertas familias animales amenazadora para la existencia de la especie humana.

• El progreso terapéutico llevará consigo la evolución de las enfermedades al producir virus más resistentes a los antibióticos. El progreso en bioagricultura* provocará la transmisión de enfermedades de una especie a otra. Otros progresos (el aumento de la esperanza de vida* y la precariedad*) serán patógenos y harán que proliferen enfermedades nerviosas y mentales, depresiones, cánceres y esclerosis.

• El movimiento provocará la reaparición del paludismo, de la tuberculosis, del cólera, del dengue, la meningitis, diversas clases de hepatitis, afecciones cada vez más resistentes a los antibióticos y cada vez más adaptables.

En cierto modo, muchas de las nuevas enfermedades estarán vinculadas al nomadismo* al viajar los hombres y los virus de especie en especie. Su control pasará por el establecimiento de barreras destinadas a prohibir esos viajes. Como ocurrió en el siglo XIII cuando la peste asoló Europa, éste será el principal obstáculo serio que se opondrá al nomadismo, pero también un primer embrión de policía mundial.

ENTORNO

Principal riqueza del hombre desde siempre. Desde siempre su peor enemigo y su víctima.

EPIDEMIA

Podrían reaparecer grandes epidemias como consecuencia del nomadismo* de las personas, de las mercancías y de los animales. Por ejemplo, el virus H5N1 podría manifestarse de manera tan peligrosa como el de la gripe que, durante el invierno de 1918-1919, afectó a casi la mitad de la humanidad y mató a más de cuarenta millones de personas. El virus del sarampión o rubeola seguirá siendo devastador. Habrá epidemias que tendrán su origen en la destrucción de nichos ecológicos protectores de ciertas especies animales. De acuerdo con la ley del mercado,* se preferirá cuidar a los ricos afectados de una enfermedad* antes que vacunar a los pobres para evitar que se vean afectados. Por lo tanto, podría haber hecatombes en el Sur.*

Se tomarán medidas mundiales de acotamiento que pondrán en tela de juicio, durante un tiempo, el nomadismo* y la democracia.* Con motivo de la epidemia surgirá una policía esta vez necesariamente mundial, lo mismo que ocurrió en el siglo XV a escala de las naciones.* Así pues, a largo plazo, un poder mundial.

EQUIDAD

Clave de la nueva utopía liberal, por contraste con la fraternidad,* nueva utopía social. Tratará de ofrecer a los pobres los medios de alcanzar a los ricos favoreciendo a aquéllos proporcionalmente a su retraso.

EROTISMO

La experiencia* estética* de la sexualidad* será más que nunca necesaria para la conciencia de la realidad. En este sentido, el erotismo será quizás uno de los últimos recursos para huir de la demencia.

Pero la imaginación encontrará también nuevos y pobres campos de expresión en el erotismo virtual. Primero bajo la forma de comunicación en línea (que se designará pomposamente con el nombre de «interactividad erótica»), después en verdaderos espectáculos* virtuales en tres dimensiones. Más tarde aún, como colofón de interminables debates (¿es un crimen llevar a cabo virtualmente un acto criminal?, ¿por qué prohibir la pedofilia virtual si en los videojuegos* se autoriza el crimen virtual?, ¿habrá que castigar los sueños,* prohibir los fantasmas?, etc.), se permitirá tener con un clonimago* todas las relaciones sexuales prohibidas a un ser humano. Incluso se autorizará a los aficionados a tener relaciones con clonimagos de menores si se garantiza que tales relaciones no requieren ni suponen la participación de ningún niño real. Ya no habrá distinción entre la relación real con un ser virtual y la relación virtual con un ser real.

Onanismo* y nomadismo.* Onanomadismo.

ESCRITURA

La forma menos precaria de la comunicación, incluso aunque su soporte lo sea cada vez más.

ESCULTURA

Arte* en tres dimensiones que hallará nuevas fuentes de inspiración cuando, al amparo de lo virtual,* se puedan esculpir materias ficticias y viajar en el imaginario de los artistas. Y más aún cuando las nanotecnologías* permitan crear directamente formas* partiendo de las moléculas que componen los materiales.*

Espacio

Primer campo de conquista y de descubrimiento* junto al del ser vivo. Decenas de miles de satélites* servirán para encauzar lo esencial de las transmisiones de datos,* para localizar los medios de transmisión, para vigilar las fronteras,* los movimientos de tropas o de poblaciones, para ahorrar abonos y pesticidas. Se pondrán en órbita vehículos espaciales para viajes* intercontinentales. Habrá hoteles espaciales que permitirán vivir como turista la aventura de la falta de gravedad. Se irá hasta allí en pequeñas naves.

Se harán robots* capaces de extraer diversos minerales o gas de los planetas. Por ejemplo, se tomará oxígeno de la Luna como combustible de los cohetes espaciales, reduciendo así considerablemente el coste de esos larguísimos viajes. Se utilizarán comunicaciones para altas frecuencias y láser.* Se harán antenas en miniatura y ordenadores* protegidos contra las radiaciones.

Todo eso supondrá primero la coordinación de programas supranacionales; después, una vez que hayan bajado los precios, volverá la competencia y, con ella, el doble problema de la propiedad y de la congestión* del espacio.

Ocho mil objetos artificiales de más de diez centímetros gravitan ya alrededor del planeta; entre ellos hay dos mil satélites, de los que sólo ochocientos cincuenta están aún en servicio. Su dificilísima eliminación será un obstáculo para el desarrollo de la economía del espacio, contaminado ya antes de estar habitado.

Espectáculo

En tanto que diversión* y ocio* será, en las primeras décadas del siglo, el servicio que más se consumirá entre la clase media del Norte.* Hoy en día está garantizado por el cine,* el teatro* y la televisión, mañana lo estará por lo virtual,* por el ordetevé* y después por el clonimago.* Cada cual podrá entrar en el universo virtual en tres dimensiones y querrá actuar como actor, después como autor de un simulacro* vivo que tendrá como colofón su gloria o su rebelión. El final del espectáculo vendrá a ser como el comienzo de la revolución.*

ESTADO

En numerosos países de entre los más desarrollados e hipermodernos, el Estado, arrastrado por la revolución* tecnológica y la globalización de los mercados,* será casi inmaterial, virtual. En otros, con un nivel de desarrollo no tan avanzado, adoptará una nueva estructura y se hará más fuerte. En los países más recientes y más pobres no podrá consolidarse más que al amparo de un imperio* protector.

Por cierto que el mercado* privará al Estado de no pocos símbolos de soberanía: mañana será la moneda,* pasado mañana la ciudadanía.* La tecnología impondrá la privatización* de la sanidad* y de la educación.* Algunos países llegarán incluso a transformar los ministerios en agencias creadoras de normas, en competencia con el sector privado (Nueva Zelanda ya lo ha hecho). El Estado perderá los medios de mantener un sentimiento de pertenencia colectiva, de organizar la integración social, de producir un ciudadano* e incluso de dar a conocer su punto de vista a súbditos que, divididos entre mil canales de televisión* y mil bibliotecas de programas, preferirán la pseudorrealidad tranquilizadora del espectáculo* a la ilusión de la información.* Por si fuera poco, la victoria del derecho* sobre la ley* hará que la autonomía individual sea ilimitada.

De igual modo, el Estado ejercerá una influencia mucho menor sobre la situación geopolítica* de los países, puesto que se verá atrapado en una red* de alianzas cada vez más atenazantes. La libre circulación de los capitales y de los trabajadores transformará los gobiernos en monarquías constitucionales. La legitimidad de los Estados hipermodernos ya no se basará en el hecho de proteger al ciudadano contra los enemigos ni en el de gestionar la economía, sino en el de crear las condiciones para acoger lo mejor posible a quienes quieran vivir en ellos (como si fueran hoteleros o responsables de un oasis) y en el de proteger a los más débiles, comenzando por los niños. Actuará cada vez más por incitación, por persuasión y por contrato.

Por el contrario, nuevos medios permitirán al Estado hipermoderno extender su imperio. En primer lugar, la parte del PIB en tránsito por el Estado continuará aumentando (ya pasó del 10 % en 1870 al 50 % en la actualidad); incluso en Estados Unidos,* no parece en situación de retroceder.

Las tecnologías permitirán simplificar la administración y hacerla a la vez menos seria y más eficaz. Se podrán reunir todas las informaciones sobre la nacionalidad, la salud,* los estudios, los antecedentes profesionales, la situación financiera de un ciudadano en una sola tarjeta con memoria, puesta al día permanentemente, puesto que será obligatoria para cualquier pago, para ser admitido en un hospital, en una administración o en un servicio público. De este modo el Estado podrá saberlo todo y vigilarlo todo de cada uno de quienes vivan en su territorio.

En las partes ricas de las nuevas naciones* de Europa* —y más tarde de África* o de América Latina*— la puesta al día de estos instrumentos del Estado moderno será más lenta. En contrapartida, en una zona muy extensa del Sur* (Sierra Leona, Liberia, Camboya, Haití y pronto Rusia*), el Estado ya no tendrá ni siquiera el monopolio legítimo del uso de la fuerza; no habrá consenso social sobre su necesidad, y la recaudación de impuestos* será, por lo mismo, imposible. Al no existir el Estado, no se podrá restablecer el orden más que desde el exterior.

ESTADOS UNIDOS (DE AMÉRICA)

Continuará el ocaso relativo de Estados Unidos, por más que continúen siendo durante mucho tiempo aún la primera potencia del mundo.

Seguirá siendo, ante todo, un país joven, uno de los pocos de Occidente* donde los menores de 15 años serán durante mucho tiempo más numerosos que los mayores de 65. El único también donde la natalidad se mantendrá elevada. Al ritmo actual, la población americana sobrepasará los 335 millones de habitantes hacia el 2025; será cada vez menos europea y africana y cada vez más latinoamericana y asiática.

Su PIB, hoy en día de 7 trillones de dólares, quedará doblado como máximo en treinta años. Un tercio de las quinientas mayores empresas mundiales y la mitad de los beneficios del mundo continuarán siendo americanos. Sus marcas* continuarán siendo familiares en el mundo entero. La industria del soporte lógico (*software*), quinto empleador de Estados Unidos y la que controla el 42 % del mercado de la informática* en el mundo, no puede por menos que mantener aún por mucho tiempo su avance, consolidado cada día por la integración de empresas y la puesta en marcha de normas de regulación* del mercado* mundial bajo control de Estados Unidos. El tamaño de su mercado* bursátil también se duplicará. Más de la mitad de los americanos poseen títulos: son ellos quienes continúan marcando democráticamente la política de Estados Unidos en función de los intereses de la bolsa. El dólar,* que constituye aún las dos terceras partes de las reservas de los bancos* centrales, continuará durante mucho tiempo siendo alrededor de la mitad.

Estados Unidos continuarán siendo también una gran potencia militar; incluso la única, durante mucho tiempo, con un poder de proyección a distancia en el plano terrestre, marítimo y aéreo; la única capaz de poner orden donde lo exigen sus intereses.

Pero el despilfarro económico y humano ha sido y continúa siendo inmenso: la criminalidad* es diez veces más elevada que en Europa;* el 20 % de la población más pobre gana por término medio menos de la cuarta parte del ingreso medio habitual; las desigualdades seguirán aumentando. Hay más de 47 millones de personas que carecen de protección social. A partir de 1970, una parte cada vez menor de las nuevas clases de edad inician estudios superiores. El número de diplomados de la enseñanza superior va en descenso desde 1985. Actualmente es inferior al de Europa.* En suma, el nivel de educación media va en desdenso desde 1989; y bajará aún más.

La decadencia relativa de Estados Unidos, que comenzó hacia 1970, seguirá su curso. Su parte en la producción mundial, que cayó del 40 % en 1945 al 25 % en 1995 (la que tenían en 1929), pasará a ser menos de una quinta parte. Su parte de población mundial descenderá a menos del 5 %. A partir del 2010, su PIB se verá sobrepasado por el de la Unión Europea y, hacia el 2030, por el de China.* Su potencia cultural y mediática, aplastante en la actualidad, también disminuirá con el aumento de la demanda de culturas nacionales y la reducción del coste de las tecnologías de la comunicación. La parte del dólar en las transacciones y las reservas mundiales descenderá hasta un tercio cuando los americanos tengan que liquidar sus deudas tanto en el exterior como en el interior. La falta de cohesión nacional hará más frecuente la oposición entre regiones y acentuará la importancia del suroeste hispanófono y asiático en relación al noreste europeo. No se puede excluir incluso una secesión de California o de los Estados del sur. Y menos aún la llegada a la Casa Blanca de un presidente elegido por un programa fundamentalista dictado por movimientos religiosos que hayan tomado el control del partido republicano, que inicie una limpieza étnica y que provoque la huida hacia Europa de científicos, de creadores y de empresarios.

Los Estados Unidos, sin embargo, probablemente sigan siendo el país más joven, el más creativo y el más nómada* del mundo desarrollado, el mejor preparado para el hallazgo,* para lo nuevo, el más capaz de afrontar las dificultades y de resurgir. Si saben mantenerse abiertos al mundo, a los inmigrantes, pueden estar seguros de continuar siendo la principal potencia geopolítica* del siglo.

Eso dependerá también de la capacidad y del deseo* de los americanos de impedir a otras potencias que realicen sus ambiciones. Y tendrán tentaciones de hacerlo. Lucharán por mantener su hegemonía sobre el orden social internacional, por fomentar por doquier la democracia* y el mercado,* los derechos* humanos, pero también y quizá sobre todo por mantener sus compañías petroleras, sus fondos de pensiones y de impedir la aparición de potencias rivales.

Ciertos estrategas querrán consolidar una «Unión de las Américas», especie de Confederación continental de la que Gran Bretaña* podría querer formar también parte. Otras naciones tendrán la esperanza de formar con Europa una «Unión Occidental» con el fin de defender la civilización* occidental amenazada. O también una «Unión de las Américas» pero con la anexión del Mercosur.* Otros, por último, propondrán un repliegue hacia los problemas internos, un aislacionismo espléndido, de tal forma que el país no intervenga en los asuntos mundiales más que de forma ocasional, mediante coaliciones diversas a tenor de las necesidades, con el fin de mantener el orden, como si se tratara de un *sheriff* de película que recluta voluntarios en la ciudad...

ESTERILIDAD

La esterilidad femenina está ya superada en gran medida por la inseminación artificial y por la técnica de «madres portadoras». Para paliar la esterilidad masculina se podrá, en principio, implantar un espermatozoide en el óvulo de una mujer, o bien injertar en un hombre estéril los espermatozoides de otro fecundo.

Se ha logrado ya aislar células originarias del testículo de un ratón, dotarlas de una marca genética,* volver a inyectarlas en células originarias del testículo de otros ratones y hallar esa marca genética en la generación siguiente. Un hombre, en una relación sexual, podrá transmitir a una mujer el esperma de otro hombre y, por lo tanto, engendrar hijos sin transmitirles su propio patrimonio genético. A la inversa, un hombre podrá tener un descendiente con su mismo patrimonio genético, delegando la relación sexual con la madre a otro hombre. Si esta segunda posibilidad carece de interés —puesto que se puede recurrir a la inseminación artificial del óvulo—, la primera hará posible que hombres estériles tengan descendencia partiendo de una relación sexual.

Ninguna comisión ética, ni siquiera la más severa, podría prohibirlo. Ni que decir tiene que se impondría como doble condición la información del receptor (para evitar que una mujer, sin saberlo, engendrara un hijo cuyo patrimonio genético no tuviera nada que ver con el de su pareja) y el anonimato del donante (para evitar cualquier contencioso ulterior sobre la paternidad* y sobre cualquier forma de elección de inteligencia, de color o de estética específica).

La última respuesta a esta realidad será la clonación,* procreación radicalmente asexual.

ESTÉTICA

Criterio de lo bello en una cultura, vinculado a la idea que la juventud tiene de sí misma. Tendrá cada vez más carácter de mestizaje, de ligereza, de movilidad, de abstracción conceptual, de experiencia de nómada* que mezcla las imágenes contrastadas y las obras de arte de los pueblos más dispares. Se admitirán casi todas las mezclas y casi todas las yuxtaposiciones. La estética será el rechazo de la coherencia, de lo «estéticamente correcto», de lo puro, de lo culturalmente identificable, y la búsqueda de improbables armonías.

En los países que avancen hacia la vejez —eterno equilibrio entre audacia y clasicismo—, continuará habiendo otra estética, opuesta a la del nómada: la de lo auténtico, de lo puro, de lo íntegro, de lo que crea identidad.

ESTRELLA

Tras el guerrero, el jefe, el héroe, el artista, el actor, la modelo, el deportista, el jugador, vendrá la *star*, la estrella cuyas aventuras se querrán vivir por poderes, de forma vicaria. Eso antes de llegar a vivir el simulacro* de una vida de estrella en un universo virtual para verse aplaudido por millares de fans virtuales o clonimagos,* de lo que el karaoke ya es un preludio.

Entonces, cada cual se convertirá a la vez en su propia estrella y en su propio público: simulacro de dicha completa, manifestación consumada del onanismo.*

ESTRÉS

Se ha convertido en la enfermedad profesional más importante y en la principal causa de muerte en el trabajo.

ETERNIDAD

Aunque se puedan alcanzar los 120 años de edad con una media de vida de calidad de un siglo, la eternidad seguirá siendo el objeto de una búsqueda obsesiva. Aún pasará por la religión,* el poder y el dinero, es decir, por la esperanza, la fama y la herencia. También por el arte.* Pero la creciente precariedad* de las familias, de las reputaciones y de las fortunas* hará que esas estrategias sean cada vez más frágiles.

Aparecerán otras formas de cuasi eternidad: gracias a los clonimagos,* cada uno podrá instalar su o sus «dobles» eternos en el universo virtual, primero bajo forma de imágenes en el hiperespacio,* después bajo forma de hologramas vivos en el mundo real. Esas inteligencias artificiales serán científicamente posibles en el mismo momento en que sean filosóficamente necesarias. Pero, cuando surjan los asesinos de clonimagos, también serán mortales.

ÉTICA

Si, como parece verosímil, el derecho* prevalece a la ley* y el mercado* a la democracia,* la ética se convertirá en el principal aglutinante social. A falta de moral colectiva, se establecerán ciertas reglas de comportamiento necesarias para la vida en sociedad. Se reemplazará el sentido del interés colectivo por la moralización del comportamiento individual. Se transformarán los deberes* de ciudadano* para con la colectividad en restricciones impuestas a los consumidores* con respecto a otros consumidores. Cada uno tendrá que ser honrado y transparente para no tener que ser fraternal y solidario. Los vértigos de la amoralidad se dejarán para el mundo virtual. Todo esto sin perder la esperanza de que un día la menguada exigencia de la ética quede reemplazada por las exigencias y ambiciones* más amplias de la fraternidad.*

ETNISMO

Cuando el mercado,* la democracia* y las comunicaciones conduzcan al nomadismo* global, a las diásporas* planetarias y a los mestizajes enmarañados aparecerán, como reacción, doctrinas que hagan la apología de la pureza étnica confundida con el gusto por lo auténtico y por lo íntegro. Se establecerán en defensa de lo sedentario frente a la amenaza nómada. Al amalgamar de forma abusiva etnismo y civilización,* habrá quienes no se echen atrás a la hora de cometer en su nombre algunas de las peores barbaridades del siglo.

EURO

La moneda* única de Europa* se convertirá en una de las dos —después de las tres— monedas de reserva del mundo. Antes del

2010, la tercera parte de las transacciones financieras y de los intercambios comerciales internacionales, casi la mitad de los depósitos bancarios en los países industrializados, los dos tercios de los préstamos bancarios y la mitad de las obligaciones de los Estados se harán en esta nueva moneda. Liberada de los costes de transacción, Europa* podrá pensar a escala continental. El sistema financiero europeo se modernizará y todo ello atraerá las inversiones extranjeras.

Durante el primer decenio del siglo el euro será necesariamente una moneda fuerte, a fuerza de rara, al ser Europa una zona con excedentes que gasta menos divisas de las que ingresa. ¡Y salvo que tenga que afrontar un ataque especulativo procedente de América!... Después el euro dependerá de la evolución de la organización política del continente y de las relaciones con sus socios.

Porque algún día habrá una crisis política en Europa que pondrá en entredicho la existencia misma del euro. La diferencia de productividad entre las distintas regiones de un continente dotado de una moneda única necesariamente habrá de tener consecuencias devastadoras. Las provincias pobres —como el centro, Escocia, Prusia, las Pullas, Asturias— no podrán seguir siendo competitivas si no es reduciendo salarios o mendigando subvenciones. Las provincias ricas —como el Piamonte, Cataluña, Flandes, Baviera— se negarán a ser solidarias con sus vecinas menos favorecidas y tomarán la decisión de dialogar directamente con las instancias comunitarias en Bruselas y en Francfort. Habrá enormes trasvases de población.

El euro sólo resistirá una crisis de tales dimensiones si se crean previamente en Europa los instrumentos de una política económica, presupuestaria, fiscal, regional y federal capaces de, entre otras cosas, fijar la paridad del euro en función de las necesidades estratégicas del continente y de repartir las subvenciones regionales en función de las diferencias de competitividad. El euro llevará entonces a la creación de un gobierno europeo a finales del primer cuarto de siglo. Incluso podría servir de modelo, en la segunda mitad del siglo, a la creación hipotética de una moneda mundial única.

Si, por el contrario, los europeos no son capaces de pasar a un estadio superior de organización política, no sólo la moneda europea, sino que ni siquiera el mercado único podrán mantenerse. Entonces se volverá, antes del 2010, a las monedas nacionales, con lo que la utopía* europea habrá pasado a la historia.

EUROPA

De entre sus numerosos futuros aún posibles, el más verosímil es la reunión de unos treinta países en una unión federal, con una moneda* única, para formar la principal potencia política y económica del mundo a partir del 2010 y durante treinta años al menos.

Los pronósticos más frecuentes, sin embargo, anuncian un ocaso irreversible del viejo continente. Ante todo por razones demográficas: la natalidad se ha derrumbado y la tasa de natalidad es inferior a la del reemplazo generacional. Si el crecimiento de la población no se mantiene mediante la llegada masiva de extranjeros (se necesitarían, como mínimo, cuatro veces más que hoy en día), hacia el 2025 la tercera parte de la población europea tendrá más de sesenta años. Entonces será casi imposible hacer pagar únicamente a quienes estén en activo las prestaciones sociales y los gastos de sanidad* de todos.

Este ocaso ya previsto se explica ante todo por razones culturales. Europa, como civilización* agrícola que es, estará peor situada que Estados Unidos* para acoger al futuro nómada.* Le será mucho más difícil que a ellos aceptar que el poder económico deje de pertenecer a los propietarios de tierras, de edificios, de fábricas o de diplomas. Tendrá serias dificultades para hacer innovaciones en los objetos-nómadas* y en la tecnología* del movimiento. Si este ocaso queda confirmado, terminará por tener la menor tasa de crecimiento* del mundo, la mayor tasa de paro,* los gastos sociales más elevados, la inversión más baja, la investigación menos desarrollada, la creación más pobre de empresas,* el balance de patentes* más deficitario. Sus empresas, sus productos, sus ideas, su literatura,* su música,* su cine* cederán el puesto, en el gran bazar mundial, a los objetos,* servicios,* sonidos,* ruidos,* palabras, imágenes,* llegados de fuera. Se convertirá en un continente-Venecia visitado por millones de asiáticos y de americanos, repleto de guías turísticas, de guardas de museos y de hoteleros. A la vez, una amenaza en dos frentes la obligará a incrementar sus gastos militares: por el este, una Rusia* en pleno caos; por el sur, un Magreb* presionado por un islám* radicalizado donde más de 150 millones de habitantes querrán probar suerte en la ribera norte del Mediterráneo.* El continente-Venecia se convertirá de este modo en un búnquer cada vez más viejo.

Para evitar este panorama hay cuatro posibilidades.

• *Una Unión Europea Federal.* Una vez establecido el Euro,* la Unión Europea se convertiría en una entidad política federal de quince países avanzando hacia un derecho europeo y una política exterior y de defensa común. El Consejo Europeo sería entonces un jefe de Estado colectivo; la Comisión —cuyo presidente sería elegido por el Parlamento y responsable ante él— se convertiría en el gobierno de la Unión. El poder legislativo residiría en dos cámaras: el Parlamento Europeo y el Consejo de la Unión. El derecho al voto para el Consejo de la Unión sería proporcional a la población de los diversos países y la minoría de veto debería comprender al menos dos países grandes y uno pequeño. Las decisiones se enviarían en la medida de lo posible a los parlamentos nacionales. El presupuesto de la Unión tomaría a su cargo —previa transferencia del impuesto nacional— las políticas regionales y sociales. La defensa estaría dirigida, en nombre del Consejo de la Unión, por la Unión de Europa Occidental, pilar europeo de la Alianza Atlántica,* a quien se investiría de los medios para hacer respetar en todo el continente la paz y los derechos humanos. En cambio, el arma nuclear* seguiría siendo nacional.

La Unión Europea comprendería entonces el 5 % de la población mundial con el 20 % de su producción. No habría ampliación hasta más tarde y sólo a los países que aceptaran entrar en este proyecto federal.

Esta opción, que garantizaría la coherencia del proyecto europeo y su fuerza económica y política, tiene pocas probabilidades de hacerse realidad: la presión en pro de la ampliación será demasiado fuerte como para condicionarla a la realización previa de un federalismo.

• La segunda posibilidad sería pues *la ampliación rápida y sin condiciones* de la Unión Europea hacia el este —exceptuando a Rusia* y a Turquía*— para formar una confederación ligera, mercado de más de 500 millones de individuos. Las instituciones europeas continuarían siendo lo que son en la actualidad dejando que, poco a poco, su papel se fuera recortando por las exigencias del mercado* mundial. El euro* sería el único aglutinante de todo ello, hasta que a él mismo se le pusiera en tela de juicio por falta de una política regional fuerte. Poco a poco, cada nación recuperaría la autonomía de su estrategia geopolítica. Alemania* se ocuparía de su influencia cada vez mayor en el este, Francia* de sus problemas con el sur,* Gran Bretaña* de sus relaciones preferentes con Estados Unidos*. Europa volvería a ser lo que era en el siglo XIX: una constelación de naciones en competencia. Bajo esta perspectiva, su decadencia y la de cada una de las naciones que la componen serían muy pronto un hecho consumado.

• Una tercera posibilidad sería la de una Unión Europea ampliada, como en el segundo caso, pero asociada a América del Norte en *un espacio económico, cultural y político común que reuniera a todos los países miembros de la Alianza Atlántica* en una estructura de defensa de la civilización* occidental, que representaría en último término menos del 10 % de la población mundial, pero la tercera parte de la riqueza producida. La OTAN* extendería entonces sus competencias a la economía —como, por otra parte, lo preveía el tratado inicial— y su área geográfica a los países del este, avalando de este modo las instituciones de la Unión Europea.

Este proyecto euroatlántico puede parecer hoy en día poco plausible, pero desde el punto de vista económico puede convertirse en realidad y desde el punto de vista cultural ya lo es casi. Como tapadera de la dominación de Estados Unidos sobre Europa, se tendrá muy en cuenta si la ampliación tiene lugar de forma rápida y si, con el crecimiento del poderío de China* y del islam,* se hace cada vez más evidente la amenaza de un conflicto de civilizaciones.

Esta tercera posibilidad iría cargada de serias amenazas para la segunda mitad del siglo: Rusia* no aceptaría que se la dejase así de lado. Frente a un bloque euroatlántico experimentaría un sentimiento de claustrofobia y reaccionaría. Como potencia a la vez nuclear y frágil, podría manifestarse como tremendamente peligrosa. (No hay que olvidar las lecciones del siglo XVIII, cuando Francia apoyaba a Polonia contra el zar y contra Prusia, y cuando Inglaterra apoyaba a quienquiera que pudiese perjudicar los intereses de Francia...) El euroatlantismo crearía una vez más una fuerte tensión este/oeste en un contexto completamente nuevo.

Incluso Estados Unidos no tendrían mucho que ganar con semejante integración transatlántica: orientados como están cada vez más hacia el Pacífico, les conviene mucho más dejar que los europeos se organicen y tomen a su cargo la Europa del este y Rusia y que compartan con ellos tanto los problemas del Sur* como los del resto de los muchos problemas mundiales.

• Aún es posible un cuarto futuro: *la creación de una Unión Continental*, asociación económica y política de todos los países del continente. Una vez establecido el euro* y reformadas las instituciones, la Unión comprendería también los países del este, incluso Turquía y Rusia: la una para dejar bien sentado el hecho de que Europa ya no es un club cristiano y que todos los musulmanes de Europa, comenzando por los millones de musulmanes de nacionalidad francesa, tienen un porvenir occidental; la otra para no aislar un país cuya riqueza en materias primas es más importante que la del Golfo Pérsico.

La Unión comprendería en este caso treinta y cinco miembros, entre los que habría varias democracias* frágiles a las que se impondrían largos períodos de transición antes de permitirles gozar de plenos derechos. Un Consejo Ejecutivo Europeo restringido administraría los negocios de la Unión, dotada de una moneda,* de una defensa y de una política exterior comunes. Una Europa reunida de esta forma sería un terreno bien abonado para el mestizaje de culturas y de lenguas* y de ella emanarían nuevas diferencias más ricas que las precedentes. Sería un espacio político integrado, tierra de experimentación de una sociedad de fidelidad múltiple donde el europeo ya no sería el ciudadano de un solo Estado,* sino de muchos: del que le vio nacer, del que le da cobijo y del que le da trabajo. Los problemas demográficos se solucionarían (hacia finales de siglo se llegaría a la cifra de mil millones de habitantes) y su riqueza sería durante mucho tiempo la primera del mundo. La Unión tendría un modelo de desarrollo original digno de imitación, un modelo que aunaría libertad,* igualdad y fraternidad,* y unos recursos en materias primas que, a escala más reducida, se vería seriamente privada de ellos.

Entre estos diversos futuros, cada país europeo tendrá sus preferencias en función de sus intereses geopolíticos. Los países del Benelux habrían soñado con una pequeña Europa federal donde sus intereses hubieran estado más protegidos. Los alemanes sueñan con una ampliación rápida del espacio europeo que permita crear un polo alemán autónomo en una Europa reducida a un gran mercado. Los anglosajones, los escandinavos y los europeos del este cifrarán todas sus esperanzas en el euroatlantismo con el fin de protegerse de Rusia. Francia y Europa meridional tendrán interés en promover la Unión continental que garantizaría un reequilibrio de Europa en detrimento del poderío alemán.

Lo más probable es que a mediados del segundo decenio del siglo suene la hora de la verdad que desempatará a los partidarios de la tercera y la cuarta solución y que todo dependa entonces de la voluntad de los pueblos, es decir, de la calidad de sus dirigentes: Shakespeare sigue siendo la mejor referencia para comprender los juegos del azar y de la necesidad en las grandes encrucijadas de la historia.

EUTANASIA

Algunas de las democracias más avanzadas harán de la muerte* un acto de libertad* y legalizarán la eutanasia. Otros fijarán límites explícitos a sus gastos de sanidad,* calculando incluso un gasto medio, un «derecho de vida» que cada cual podrá utilizar a su antojo hasta que se agote. Se creará pues un mercado de «derechos de vida» suplementarios en el que algunos venderán los suyos si se saben portadores de una enfermedad incurable o son demasiado pobres. Se llegará un día hasta a vender «tickets de muerte» que darán derecho a diversos fines posibles: eutanasia a la carta, muerte por sorpresa durante el sueño, muerte suntuosa o trágica, suicidio por encargo, etc. Todo ello respecto tanto de la propia muerte como de la de otro.

EXPERIENCIA

Evasión de lo virtual. Escudo contra la locura. Condición del hallazgo o de su constatación. Acervo de respuestas espontáneas.

Logro de la edad antaño, convertida a los ojos del principiante y del futurólogo en sinónimo de ignorancia, será lo que quede cuando la memoria desaparezca.

EXTRATERRESTRES

Siempre a la escucha del universo, la humanidad se verá quizá contactada por otras formas de inteligencia distintas a la suya y más avanzadas. Todo ello antes de contar con los medios de detectarlas o de ponerse en contacto con ellas.

F

FAMILIA

La institución más radicalmente trastocada con consecuencias considerables en los ámbitos más diversos: desde la demografía* al arte,* desde la sexualidad* a la política.*

La familia, tal como es hoy en día, ya no cumple el papel social que la legitimaba: transmitir una cultura y un nombre a los hijos. En el Norte,* el adolescente pasa mucho más tiempo ante las pantallas que en compañía de su padre o de su madre. En el Sur,* la mayoría de los nómadas* urbanos viven solos desde la más tierna infancia.* Por doquier el individualismo* y la ley del mercado* apoyan el derecho a la reversibilidad de una elección, sobre todo en lo que atañe al matrimonio.* La proporción de las uniones que acaban en divorcio —hoy en día una tercera parte— se duplicará. Cada cual pertenecerá sucesivamente a varios hogares y los niños tendrán de este modo varios padres o varias madres a la vez. De igual modo, cada familia será para cada uno un hogar entre varios.

Después tendrá lugar lenta y subrepticiamente una revolución* mucho más importante: ya no será suficiente tener o pertenecer a varias familias sucesivas; se las querrá simultáneamente. La poligamia y la poliandria volverán de nuevo como en la época en que este pluralismo relacional estaba justificado por la menguada esperanza de vida, la mortalidad infantil y la falta de brazos. Una evolución inversa de todos estos factores acabará paradójicamente en la vuelta a estos tipos de relaciones juzgadas «primitivas» en el siglo XX.

Cuando la protección de los derechos de la mujer* y de los niños no dependa ya de la monogamia sino de la capacidad de obtener unos ingresos,* cuando la sinceridad* conduzca a reconocer que, sin hacer trampas, se puede estar enamorado de muchas personas a la vez, cuando el valor supremo sea el rechazo de la mentira, el amor dejará de ser una forma de propiedad. Se admitirá la existencia de familias simultáneas en una perfecta transparencia. Los hombres y las mujeres podrán tener simultáneamente varios cónjuges, es decir, no tendrán que abandonar uno para vivir con otro.

Con el fin de facilitar esta fidelidad múltiple, será menester establecer progresivamente sistemas jurídicos nuevos que después se aplicarán a otros ámbitos (ciudadanías* o propiedades simultáneas) en los que ya se han hecho pruebas durante el siglo XX: doble nacionalidad reconocida a ciertos individuos con motivo de matrimonios binacionales; multipropiedad de lugares de vacaciones, etc. —simples anuncios aparentemente anecdóticos de importantes movimientos de fondo.

FARMACOGENÓMICO

Medicamentos* adaptados a las particularidades genéticas de cada individuo. Al principio permitirán que se rentabilicen mejor los ensayos clínicos que ya se han hecho y que sólo han sido eficaces para una minoría de la población. Se investigará para saber a qué particularidad genética corresponde esa eficacia. En segundo lugar, se irá hacia la producción de medicamentos a medida, sin ensayos clínicos a ciegas. Eso llevará consigo un cambio notable de la industria farmacéutica que, sin dejar de estar vinculada a la industria química, deberá convertirse al mismo tiempo en genómica* y dependerá de los genomicistas para sus investigaciones y sus patentes.*

FELICIDAD

Como nómada que es, va y viene. Su búsqueda continuará siendo la ambición íntima de cada uno, pero la plenitud subjetiva que la exterioriza hará siempre de ella el menos universal de los estados.

A algunos les bastará con sus formas artificiales, derivados más o menos reversibles, simulacros de grandes amores o de viajes perversos, donde se entrará sin esfuerzo y se saldrá sin dificultad. Dichas virtuales vividas en mundos virtuales. Ilusión del simulacro y simulacro de la ilusión...

FIESTA

Distracción* colectiva, experiencia* vivida, ritual de reunión;   como creadora de pertenencia, se hará mundial, insomne, mercantil.

Habrá empresas* que se especializarán en la organización de fiestas nuevas o ancestrales para tribus.* Algunas de esas empresas alcanzarán gran poderío e impondrán mundialmente sus marcas. Cada metrópoli, cada gran sociedad demostrará su identidad por las fiestas que sea capaz de ofrecer a sus empleados, a sus clientes, a sus ciudadanos: fiesta, religión o sectas, y comercio harán, como siempre, buenas migas.

FILANTROPÍA

Adquirirá proporciones cada vez más amplias, incluso a escala mundial, para colmar los vacíos de la organización internacional, lo mismo que en el siglo XIX precedió al establecimiento de instituciones de jubilación* y de protección social.

Una economía del mecenazgo,* de la caridad, de la fraternidad,* financiará museos, universidades, hospitales, ONG* e incluso organismos* internacionales como la ONU,* la OMS y la UNESCO.

FILOSOFÍA

Es una de las formas de saber más solicitadas y más necesarias que volverá con fuerza no sólo a los sitemas universitarios, sino también a muchos lugares públicos y a las redes* de convivencia.

Como algo esencial para pensar y conceptualizar la ética del mercado,* para organizar la democracia* sin fronteras* y pensar más allá de la precariedad,* no se establecerá al margen de la ciencia y menos contra ella, sino para intentar responder a las cuestiones que ésta no puede por sí sola.

La genética,* las ciencias del cerebro* y de la virtualidad,* pondrán de nuevo sobre el tapete la problemática de la política,* de la libertad,* de la moral* y de la autoconciencia. El filósofo tendrá que delimitar la frontera* entre lo humano y el artefacto, entre lo que tiene que ser irreversible sin cuestionamiento alguno y lo que de ningún modo puede convertirse en tal. El filósofo, como cartógrafo, mediador e inventor de armisticios, será un impulsor de la paz.

FINANZAS

En el primer decenio del siglo las innovaciones tecnológicas producirán un *boom* en el volumen de intercambios. Surgirán mercados desconocidos. Las transacciones en bonos del Estado, que en el espacio de treinta años habrán pasado de 30.000 millones a 8 trillones de dólares, aumentarán aún de forma masiva. El valor de los intercambios diarios de divisas, multiplicado por cien en quince años, será trescientas veces mayor que el del comercio mundial. Los créditos bancarios internacionales, que representan 24 trillones de dólares, pasarán a 50 trillones hacia el 2005.

Los intercambios de activos financieros, que pasarán de 5 trillones de dólares en 1980 a 83 trillones hacia el 2000 (es decir, tres veces el PIB de la OCDE), aumentarán aún más. El desarrollo de los mercados virtuales contribuirá a dar una dimensión nueva a esos mercados. Los bancos* se verán sobrepasados por los fondos de pensiones y por los aseguradores en la gestión y administración de los capitales y del ahorro.

Este desarrollo favorecerá el mantenimiento de la demanda: el crédito privado a corto plazo compensará la ausencia de apoyo público a largo plazo en un mercado mundial sin medios de regulación.*

Pero esta evolución no podrá ser duradera. Aparecerá una enorme crisis financiera antes de finales del segundo decenio que minará el crecimiento* mundial, a no ser que una reglamentación internacional verdaderamente rigurosa ponga fin a esta economía de casino irresponsable mediante un establecimiento de una estanqueidad absoluta entre los mercados reales y virtuales y una reducción del papel de la especulación a corto plazo mediante la creación de un impuesto mundial que grave sus beneficios. El FMI juzgará acerca de los créditos que un país puede recibir. Un consejo mundial de vigilancia de los mercados armonizará los niveles de prudencia y de honradez de los actores y dispondrá de los medios de sancionarlos. Los países que no aceptaran someterse a su control se verían sancionados con un mayor coste del capital.

Más tarde aún, los mercados de las economías virtuales se liberalizarán, amplio continente nuevo donde actuarán clonimagos* creadores de fortunas.

Fiscalidad

El nomadismo hará que el contribuyente desaparezca. La movilidad desplazará los capitales donde los impuestos sean menores. Las empresas* ya no pagarán impuestos sobre los beneficios. Los trabajadores tenderán a elegir su trabajo* y su domicilio en función de la presión fiscal. Al final sólo quedará el impuesto indirecto.

FLORES

El nómada* urbano consumirá cada vez más vegetales para intentar mantener una relación concreta con la naturaleza.

La genómica* permitirá adaptar las plantas a las condiciones del entorno urbano y modificar color, altura, forma,* olor.* Se producirán flores a medida, diseñadas por el cliente.

Cuando se haya dominado la numerización del olfato* se podrán tener a domicilio jardines virtuales olorosos, primero en pantalla,* después en tres dimensiones, en los que se podrá pasear aspirando los aromas de ramos de flores imaginarios.

FLOU[1]

Nueva lógica matemática* en consonancia con la naturaleza del cerebro* y con su complejidad: menos unilateral, al admitir la redundancia, la simultaneidad, lo vago, la imprecisión, y al franquear el camino a una lógica distinta de la binaria y a modos de automatización de la inteligencia distintos de los microprocesadores, lógica que se inspira en concreto en el modo de funcionamiento interno de la célula.

FORMACIÓN

Se convertirá en la principal forma de inversión, no solamente para sí, sino para la colectividad. Ya no será un asunto exclusivo de la escuela sino, más que nunca, del trabajo,* negación permanente de los sabe-

---

1. A las explicaciones dadas en la nota de la Introducción para justificar la aceptación de ciertos términos inventados por el autor, hay que añadir que éste (que a veces se traduce por fluido/a) ya se utiliza normalmente en ámbitos cinematográficos.

res y de los modos de aprender. Será pues una actividad* socialmente útil y remunerada. De ahí nacerá un nuevo derecho: *toda formación merece unos ingresos.**

Hay dos soluciones posibles: o bien la sociedad paga la formación, o bien será el mercado* quien la financie.

• *Mediante la sociedad*: al actualizar su formación, un adulto no sólo es útil a sí mismo: está modernizando el acervo del saber global de la sociedad, adaptándolo a las exigencias del futuro, ayudándola a crear más tarde riquezas y productos.

Desde hace mucho tiempo, en un ámbito de características similares, el de la sanidad,* el derecho* social reconoce a un trabajador el derecho a una baja por enfermedad* de larga duración y a una remuneración casi igual a la de su trabajo mientras se cura, porque curándose vuelve a situarse en condiciones de producir. El paro* laboral no es, evidentemente, una enfermedad, sino, para muchos, el resultado de una inadaptación de la formación inicial a las necesidades constantemente cambiantes de la economía.* La formación complementaria que exige esta inadaptación, por lo tanto, es una forma de reparación del individuo, como lo es la terapéutica. Así pues, también merece una remuneración de la sociedad.

Ésta tendrá que ser durable y parecida a la retribución de un trabajo del mismo nivel. Sea cual fuere la edad, deberá comportar los mismos derechos y las mismas ventajas que el trabajo *stricto sensu*.

El control de la calidad de la actividad* de quien se forma deberá ser tan estricto como el del trabajo. Sólo se considerarían no como parados,* sino inempleables, quienes no aceptaran las incomodidades de una formación.

• *Mediante el mercado*: a la inversa, se puede considerar la formación como una inversión personal. En este caso, cada cual, estudiante o trabajador, someterá su proyecto al mercado financiero para recaudar capitales en la bolsa con el fin de financiar su formación; a los accionistas se les pagaría ya sea mediante la revalorización de sus títulos, ya sea mediante la liquidación ulterior de dividendos.

Cada individuo será entonces como una empresa unipersonal; la inversión tendrá como objetivo su formación y los resultados que de ella se esperan; cada uno, en este sentido, será susceptible de compra en un mercado en forma de participaciones. Ése es ya el caso de ciertas estrellas* del deporte* o del espectáculo.* Éste será mañana el de ciertos jóvenes empresarios. Y pasado mañana, el de niños superdotados.

FORMAS

Sentido, energía, materia se reducirán a formas en espacios de múltiples dimensiones: el prión* es una forma, la información* también.

FORTUNAS

Se labrarán mediante la explotación de patentes,* en el deporte,* el juego,* el espectáculo,* la manipulación de informaciones y en la posesión de rentas,* sobre todo mineras. El número de milmillonarios en dólares, que pasó de 157 en 1989 a 358 en 1995 y a 447 en 1996, no tiene por qué dejar de aumentar.

Los más ricos pensarán en protegerse contra las críticas mediante la multiplicación de obras de caridad y de donaciones a museos, instituciones* internacionales o a las ONG.* El mecenazgo* volverá a introducir la caridad del siglo XIX que, poco o mucho, el XX había hecho desaparecer.

FRACASO

La mejor forma de aprender a navegar en las redes.*

FRACTAL

Principal metáfora de las futuras evoluciones sociales donde la realidad nace de combinaciones, donde el orden es el resultado de la interferencia entre una perturbación y un caos.

FRAGMENTACIÓN

La ley del mercado* empujará hacia la fragmentación de todos los conjuntos: traducción espacial del individualismo.* Los pueblos se fragmentarán en tribus,* las familias* en hogares, las ideologías* en aforismos, las culturas en clips, etc.

Bajo este aspecto, será más difícil hacer creíble un mensaje, influir, dar envidia. El poder de los medios desaparecerá tanto para bien como para mal. El orden internacional será cada vez más inestable, la cohesión del mundo se hará inalcanzable, hasta que surjan utopías nuevas,* añoranzas de armonía, sobre todo la de la fraternidad.*

FRANCIA

A mediados del siglo no representará más que el 0,5 % de la población y el 3 % de la riqueza mundiales. Ya no será un peso determinante para el curso de la historia del mundo, a no ser que recupere aquel genio desmedido que labró su gloria y su esplendor.

Desde hace mil años Francia ha tenido un peso en el desarrollo de los principales acontecimientos mundiales. Desde hace cinco siglos ha participado en casi todas las grandes guerras.* Desde hace cincuenta años, el arma nuclear le ha permitido preservar su libertad y su autonomía, restaurar su estatuto de gran potencia, legitimado por un escaño de miembro permanente del Consejo de seguridad y por su cuarto puesto en el palmarés industrial mundial. De acuerdo con el desarrollo más probable de los acontecimientos, esto no son más que los últimos destellos de un crepúsculo ya anunciado.

De aquí a cincuenta años, el número de ancianos se habrá duplicado para pasar a 22 millones, mientras que la población activa se estancará en 23 millones. Para los inactivos habrán pasado las vacas gordas, ya que tendrán que financiarse directamente su sanidad.* El nivel de vida descenderá, al menos su valor relativo. La integración de las minorías* será más difícil. La innovación social y tecnológica quedará bloqueada y los creadores abandonarán el país en masa. El paro* se habrá instalado de forma endémica y alcanzará aún a dos millones de personas; no disminuirá si no es con el envejecimiento del país. La creación del euro* asestará el golpe de gracia a la soberanía económica del país.

Francia estará entonces en guerra consigo misma. Como nación* campesina y estatal que es —y es estatal porque es campesina—, habrá perdido los pocos vestigios de autonomía que le quedaban aún, y la desaparición de la amenaza soviética habrá hecho que su armamento nuclear sea menos fascinante para sus amigos y menos creíble para sus enemigos. Ya no será más que una potencia mediana, lugar de vacaciones de los nuevos ricos, a semejanza de lo que es hoy otra de las antiguas potencias imperiales, Portugal.

Este futuro no es el único posible. El porvenir de Francia puede manifestarse extraordinariamente apto para la invención, si sabe aceptar su pertenencia múltiple, si sabe incluso reivindicar sus ambigüedades. Ninguna de sus debilidades es irreversible: la demografía se podría reactivar, la integración social podría hacerse armoniosa y los creadores podrían encontrar una vez más la alegría de vivir en ella.

Si este futuro abiertamente optimista llega a realizarse, Francia seguirá siendo la primera nación agrícola y la cuarta potencia exportadora del mundo; acogerá a 150 millones de turistas al año. Los franceses conservarán los ingresos per capita más elevados de Europa (en el 2030 el doble que en el 1998). La productividad de la industria se habrá triplicado gracias a la generalización de los métodos de producción informatizados y a audaces concentraciones industriales. Sólo habrá un millón de parados que irán desapareciendo a medida que los ingresos* generales y el deber de formación* se vayan extendiendo a todos. La duración media del trabajo* irá hasta las mil horas anuales. Se crearán millones de empleos* nuevos cada año gracias a las pequeñas y medianas empresas, sobre todo en los sectores de servicios,* de las tecnologías de la información,* de los nuevos materiales,* de la medicina,* de la educación* y de la alimentación.* La competencia entre los servicios públicos y privados del agua,* del teléfono, de la electricidad, de los transportes,* hará bajar enormemente los precios. Ir de París* a Marsella en tren —en dos horas— costará cinco veces menos hacia mediados de siglo que a principios.

Una parte importante de las competencias estatales del país se habrá transferido a Europa.* La parte del PIB en tránsito por el Estado* o por formas privadas y colectivas de previsión superará aún el 30 %, más otro 20 % que irá a parar a la Unión Europea. El Estado francés conservará aún la asistencia social, la educación,* el ejército* y la seguridad.

Francia, al hilo de su historia reciente y después de haber lanzado al mundo, según su estilo, las utopías* de la libertad* y de la igualdad,* tomará a su cargo un proyecto de «fraternidad».* Tendrá como objetivo, sobre todo, la vertiente musulmana, dentro del estricto respeto hacia el laicismo republicano. Muchos musulmanes serán ministros. Alemanes, italianos, británicos o españoles serán alcaldes de ciudades de Lorena o de Provenza, lo mismo que habrá franceses entre los concejales de Italia o de España. Los elegidos locales habrán renunciado previamente a una carrera nacional, mucho menos interesante que la dirección del desarrollo de una ciudad* o de una región. No habrá más que siete regiones y seis mil municipios. El referéndum de iniciativa popular por Internet* se convertirá en práctica habitual.

Semejante perspectiva no es imposible. Bastaría con que Francia quisiera pensar en su futuro a largo plazo y discutirlo. Siempre se ha nutrido de las diferencias que después asimila y que, a su vez, la transforman. Francia es, ante todo, una lengua* y una civilización,* no un territorio ni una raza. Si la integración cultural tiene lugar en ella correctamente, si el proyecto de una Europa* diversa prevalece y se instaura, la sociedad francesa volverá a ser un faro de nuevas culturas, un laboratorio del civiLego* fraternal y creativo.

De lo contrario, no será más que un lugar de hospedaje de pueblos en tránsito hacia nuevas fronteras.*

Fraternidad

Soporte de grandes esperanzas, utopía* del próximo siglo.

En el siglo XIX, la libertad* condujo, en el mejor de los casos, al nacimiento de las nacionalidades, y en el peor, a la explotación de la clase obrera. En el siglo XX, la igualdad* desembocó, en el mejor de los casos, en la socialdemocracia,* y en el peor, en el comunismo.* En el siglo XXI, sólo la fraternidad podrá hacer compatibles las dos utopías precedentes. Sólo ella podrá conciliar mercado* y democracia* llevando a las minorías* a aceptar las decisiones mayoritarias para conseguir la igualdad, cuando podrían rechazarlas en nombre de la libertad.

Sin embargo esta utopía, lo mismo que las precedentes, podrá conducir tanto a lo mejor como a lo peor. Surgirán dictadores prometiendo el reino de la fraternidad, Iglesias recordando que éste fue su primer credo y, siguiendo sus huellas, sectas partidos y pensadores de pacotilla.

En su acepción más sublime, será el reconocimiento por parte de todos de que cualquiera es su hermano, de que ante todo no hay por qué imponerle nada de lo que uno mismo no estaría dispuesto a aceptar. Este principio —mensaje clave de las más antiguas sabidurías*— se extenderá a las relaciones de los seres humanos con todo el resto de los vivientes, presentes, pasados y futuros.

La fraternidad se convertirá de este modo en el principio fundamental de un orden social sobre cuya base se construirán nuevos sistemas de derechos* y de nuevas prácticas políticas. Las nuevas tecnologías podrían ayudar en este sentido multiplicando las ocasiones de conocer al Otro, de crear grupos específicos, de inventar solidaridades,* de pensar el mundo en red* y no ya de forma jerárquica, de descubrir o de esbozar nuevas fronteras* entre lo humano y el artefacto.*

Para que la versión buena de la fraternidad prevalezca sobre la mala, los intelectuales* deberán cumplir su cometido, es decir, dar vida a esta utopía a la vez que establecen sus límites. Ése será para el siglo futuro el taller donde se forje su supervivencia.

FRONTERA

Dejará de materializar un derecho* para concretar una serie de deberes.*
Condición antidemocrática de la existencia de democracias,* que distingue a los ciudadanos* de los extranjeros* para afirmar que no sería posible la democracia sin territorio.* Así pues, en principio, no hay democracia sin fronteras...

Sin embargo, las fronteras pierden su sentido en lo que atañe a las mercancías, los capitales, los hombres y las informaciones* que atraviesan sus barreras. Ya no se pueden definir las naciones* mediante fronteras de un contenido carente de sentido.

Habrá que aprender a construir naciones sin fronteras autorizando la pertenencia a varias comunidades,* el derecho de voto múltiple, la multivinculación. La frontera dejará de separar a los que tienen derechos de los que no los tienen.

Por el contrario, se trazarán nuevas fronteras entre lo vivo y lo inerte, entre lo real y lo virtual, entre el hombre y el artefacto. Será un estricto deber no traspasar estas fronteras.

FUNDAMENTALISMO

Concepto inventado a comienzos del siglo XX para designar a los protestantes americanos extremistas. Ha evolucionado hasta designar visiones teocráticas distintas. En todas las religiones conduce a globalizar todo para responder mediante consignas simples y coherentes a la desbandada de sentido que afecta a las sociedades y a los individuos, y exige controlar y canalizar cada detalle de la acción humana.

Donde el individualismo haya admitido y ratificado la ética de la tolerancia, el fundamentalismo, por el contrario, impondrá una moral de lo inamovible como respuesta a la precariedad* del progreso occidental. Dará respuestas arcaicas a preguntas de futuro.

FÚTBOL

Instrumento de promoción social en uso por doquier, que no requiere ningún medio, para todos los chavales del mundo que abrigan la esperanza de convertirse en una estrella* del balón. Este deporte* se transformará en una industria de muy alto nivel; los equipos serán propiedad de empresas multinacionales, dueñas de numerosos clubes en el mundo entero, que formarán conjuntos de jugadores para que pasen de un equipo a otro según sea necesario. Para continuar siendo uno de los espectáculos* dominantes tendrá que hacerse más violento, más rápido, más «dramático». Se dividirán los partidos en secuencias más breves. Se reglamentará para que sea posible marcar más goles. Sus reglas y su práctica tenderán a aproximarse a las del rugby y a las del fútbol americano.

Los jugadores irán equipados con receptores de radio para recibir instrucciones que, a su vez, se calcularán en el ordenador* por entrenadores que harán ensayos permanentes de combinaciones con jugadores virtuales en el hiperespacio.* Más tarde habrá clonimagos* que podrán jugar con los jugadores reales o en su lugar.

Cada vez se hará más explícita la dimensión sexual del juego, metáfora de la violación donde cada campo intenta penetrar en el contrario oponiéndose a ser penetrado, donde cada uno es a la vez masculino por delante y femenino por detrás, a la vez violador y violado, a ratos poderoso y a ratos mutilado.

G

Gastronomía

Más que nunca, una forma de arte* que combina los elementos más refinados de una cultura.* Se orientará hacia comidas más ligeras, a las que hoy se consideraría como dietéticas. De carácter nómada,* obligará, más que nunca, a viajar, mezclando sabores y productos cuya combinación es hoy en día poco probable. Será un mestizaje, reconstrucciones a partir de elementos dispares, yuxtaposiciones inéditas de olores,* de colores y de sabores inesperados. Utilizará productos completamente nuevos: hierbas desconocidas, legumbres, carnes o pescados* hasta ahora inusuales, ingredientes considerados no aptos para el consumo. Mezclará sabiamente todas las sensaciones y no solamente las que se refieren al gusto.* Se convertirá, mucho más de lo que es hoy en día, en un espectáculo* completo en el que la orfebrería, el servicio y el arte de la mesa ocuparán un lugar preeminente.

Gato

Descendiente lejano de los dinosaurios, heredero directo de los mamíferos menores que se escondían bajo tierra huyendo de los predadores gigantes, practica cada día la multipertenencia, a la vez esfinge en miniatura y monstruo resignado. Su visión nocturna, sus uñas retráctiles, sus bigotes supersensibles, sus orejas-radar, sus dieciocho horas diarias de sueño, su pertinaz memoria son armas y protecciones inútiles contra un agresor que ya no existe. Pero quizá un día hallen su utilidad cuando se hayan descubierto sus dimensiones genéticas y se sueñe con transmitirlas a otras especies.

Genética

El análisis de las diferencias transmisibles por herencia llegará a ser la ciencia fundamental del siglo.

El día en que se logre identificar la huella genética de la mayoría de las enfermedades,* se abrirá un mercado* mundial considerable para las moléculas capaces de bloquearlas o de activarlas.

La genómica* ha identificado ya 50.000 genes humanos y ha descrito las funciones de 5.000 de ellos. En el 2010 se habrán identificado los genes de susceptibilidad o de aptitud de las cincuenta enfermedades más graves. En el 2030 se habrán encontrado los medicamentos* correspondientes.

Las empresas de genómica poseedoras de patentes* de genes de susceptibilidad de alguna enfermedad se convertirán en propietarias —al menos en parte— de todas las moléculas terapéuticas que pudieran asociárseles, lo mismo que el propietario del terreno es, en algunos países, propietario de lo que se pueda descubrir en él. Los laboratorios farmacéuticos deberán adquirir de los genomicistas la propiedad de esos genes de susceptibilidad o al menos subcontratarlos. El mercado de la genética sobrepasará el trillón de dólares. Los efectos de ese desarrollo se notarán claramente en la medicina,* en la agricultura,* en el ámbito de la sexualidad* y, más en general, en el desarrollo mismo de la civilización.

GENÓMICA

Técnica de la genética orientada al análisis sistemático de la estructura del genoma de una especie viva con el fin de descubrir los genes asociados a las características específicas y a las enfermedades de la especie. Utiliza sucesivamente tres tecnologías:

• la *cartografía* localiza los caracteres en el genoma. Al amparo de marcadores genéticos situados en cada uno de los cromosomas hay mapas genéticos que localizan las regiones susceptibles de contener el o los genes responsables del carácter estudiado. En el hombre, una región representa de 1 a 5 millones de bases y puede hallarse en muchos cromosomas;

• la *secuenciación* permite determinar el orden de las bases que constituyen el ADN. Mediante la electroforesis se han logrado las primeras secuenciaciones rápidas; otros métodos permitirán secuenciar cualquier genoma animal o vegetal en cuestión de días, cuando se han necesitado veinte años para secuenciar los primeros genomas de seres vivos y el dos por ciento del genoma humano;

• la *bioinformática* reúne los datos obtenidos por la cartografía y la secuenciación para identificar una función potencial de un gen comparando las diferentes secuencias obtenidas con las bases de datos de secuencias de genes cuya función se conoce.

GENOMICISTA

Especialista del análisis del genoma y del dominio de las patentes* asociadas.

GEOPOLÍTICA

Ciencia de las relaciones de fuerza inventada por geógrafos alemanes para analizar la amenaza rusa.

La paz* y la guerra* dependerán del equilibrio de fuerzas entre las potencias actuales y la aparición de nuevas potencias. Más exactamente, de la solidez de la alianza entre Europa,* Rusia* y Estados Unidos,* y de la actuación respectiva de China* y del islam* frente al resto del mundo.

Para convertirse en —o continuar siendo— una gran potencia, un país deberá reunir las siete condiciones siguientes, reconocidas por todos los especialistas:

• en el plano *económico*: ser lo suficientemente rico como para poder influir en la marcha de los negocios del mundo;

• en el plano *tecnológico*: dominar los progresos en materia de comunicación y de energía;

• en el plano *monetario*: tener una moneda capaz de servir de instrumento de reserva y de transacción internacional;

• en el plano *militar*: disponer del arma nuclear* y poder proyectar a larga distancia una fuerza expedicionaria de al menos una decena de divisiones de infantería;

• en el plano *geográfico*: tener interés en actuar fuera de sus fronteras para proteger sus fuentes de energía, sus reservas de agua* potable, sus rutas marítimas esenciales, o incluso tener un aliado vital;

• en el plano *cultural*: estar animado por una cultura* —religiosa o nacional— suficientemente universal como para creer que su interés tiende a confundirse con el de los demás y para seducir a los otros con sus obras de arte;

• en el plano *diplomático*: tener un Estado* suficientemente fuerte y coherente como para concebir y poner en práctica una política exterior imperial.

Muy pocos países cumplirán estas condiciones. En concreto, es muy poco probable que aparezca una superpotencia en África,* incluso si Nigeria* y África del Sur se convierten en potencias regionales y ejercen una poderosa influencia en los negocios de su continente.

Japón dispondrá de los medios económicos para convertirse en una superpotencia, pero China* se opondrá permanentemente, lo mismo que la mayoría de las otras naciones de Asia,* afectadas aún por los estragos causados por la hegemonía japonesa durante la primera mitad del siglo XX.

La India* dispondrá de la potencia económica, militar y diplomática y el interés geográfico, pero sin duda ni de la vocación universalista, ni de la moneda, ni de la tecnología, ni del deseo de convertirse en una potencia hegemónica o imperial, ya que estará constantemente ocupada en mantener su unidad y en defenderse de las potencias vecinas.

El islam* tendrá la riqueza, el interés geográfico y la voluntad universalista necesarios, pero carecerá de la unidad estatal, de la cohesión militar e incluso de los intereses comunes a defender; sin embargo, será un formidable aliado para cualquier superpotencia que sepa ganárselo.

Quedan cuatro candidatos: Rusia, China, Europa y Estados Unidos.

Rusia quizá vuelva a reunir en muchos decenios todas las características de una superpotencia, incluso la potencia económica y la tecnología, pero no la moneda. Y durante la primera mitad del siglo por lo menos se hallará ocupada en intentar mantener su unidad y en organizar sus relaciones con el resto de Europa y con China.

China* será sin duda alguna la próxima superpotencia que aparecerá. Dispondrá de la potencia económica, de la capacidad de proyección militar, de un gobierno eficaz, de un deseo manifiesto de desempeñar un papel en el mundo, de una identidad cultural, de una necesidad de presencia en el mar, de hallar energía en Asia central y de controlar los espacios de Siberia.* Su moneda será un día una de las primeras del mundo.

Europa* y Estados Unidos* también tendrán todos los requisitos de las superpotencias. En cualquier caso los tendrán *juntos*: Estados Unidos tendrán sobre todo los medios de intervención en el exterior, mientras que los europeos tendrán sobre todo razones para hacerlo.

La geopolítica del siglo dependerá pues en gran medida de la evolución de la alianza de Estados Unidos y de Europa y del puesto respectivo de Rusia y de China.

Si las dos vertientes de la civilización occidental no forman más que una sola superpotencia con el dólar como moneda, reforzarán la OTAN,* y Europa dependerá aún de Estados Unidos para defenderse de sus vecinos y proteger sus rutas marítimas y sus fuentes de energía tan codiciadas por China, India* e Irán.

Si Europa logra hacerse con una moneda única, con una política científica, cultural y audiovisual autónoma, con una política exterior y un ejército común e independiente, deberá entenderse con Rusia y con el islam para evitar tragedias en sus alas este y sur. En esta hipótesis, la mejor actitud para Europa será la de acoger a Rusia y a Turquía en el seno de la Unión Europea.

Al margen de sus relaciones recíprocas, las grandes potencias tendrán que afrontar una infinidad de micropotencias y de microconflictos para poder controlar territorios o recursos escasos. Cuando sus intereses vitales no estén en juego, no querrán ni pelearse, ni siquiera intervenir para poner orden en las regiones del Sur* tentadas a inclinarse hacia la ilegalidad. Instancias no estatales intervendrán entonces sin temor a represalias y se reconstruirán imperios* para poner orden en sus propias fronteras.

La construcción europea será un modelo ideal de orden continental extrapolable a otros lugares: ni equilibrio de poderes entre Estados,* ni imperio policía, sino puesta en común voluntaria de medios económicos, políticos y sociales de soberanía. Si una organización semejante se instalase también en otros continentes sería el comienzo de una geopolítica democrática. De lo contrario —y es lo más probable—, el mundo continuará en un equilibrio inestable, frágil compromiso basado en la mutua vigilancia y en injerencias recíprocas, constantemente al borde del caos.

GLOBALIZACIÓN

Unión de la conectividad,* que hace posible la tecnología, y de la mundialización,* que hace necesario el mercado.* Una acerca en el tiempo,* la otra en el espacio.* Los principales problemas se harán internacionales y serán interdependientes. Por ejemplo, ya no se podrá tratar de la droga* sin hablar del tráfico financiero, de la contaminación* sin hablar del agua,* de la seguridad nuclear* sin hablar de geopolítica,* de la congestión* sin hablar de la elección.*

Tampoco se podrá ya tratar ninguno de esos problemas si no es a escala mundial.

GRAN BRETAÑA

Matriz de una gran cultura, imperio* omnipresente y después decadente, pero distendido más bien que dislocado, constante anfitrión de las principales industrias culturales y publicitarias del mundo; uno de los dueños del futuro hipermundo.*

En tanto que yuxtaposición de comunidades indiferentes llegadas de los cinco continentes, primer civiLego* de Europa, tendrá que afrontar la amenaza de secesión de algunas provincias, la degradación de los servicios públicos y el envejecimiento de la población —que hacia el 2025 alcanzará los 60 millones de habitantes.

También se verá obligada a elecciones estratégicas de la mayor importancia: aislarse para fomentar la nostalgia de una identidad* perdida; unirse a Estados Unidos* en un amplio conjunto de tipo confederal para proteger la especificidad anglosajona, o bien convertirse en un Estado* como los demás en el seno de una Unión Europea federal. Se inclinará por esta última elección, pero será el último país que lo haga, y sólo cuando esté completamente seguro de que no puede de ninguna forma hacer fracasar este proyecto de Unión.

GRATUIDAD

Muchos bienes hoy en día caros serán gratuitos o casi, como el almacenamiento, la transmisión o el acceso a ciertas informaciones.*

Por el contrario, ciertos bienes o servicios hoy gratuitos habrá que pagarlos: residuos,* aire,* tiempo,* ciudadanía,* sangre, paternidad,* maternidad,* educación*... Será cada vez más difícil sobrevivir cuando el mercado* haya invadido las pocas relaciones humanas desinteresadas que quedan.

En contrapartida, ciertos servicios serán ofrecidos gratuitamente por ONG* y financiados mediante donativos. Mucho más tarde se intercambiarán actos por sentidos, sin pasar por el dinero: ése será el primer esbozo de una economía de la fraternidad.*

GUERRA

Aparentemente, la globalización de la democracia* y del mercado* instaura la paz* entre las pequeñas potencias, y el arma nuclear* impide la guerra entre las grandes. En realidad, la multiplicación del número de Estados,* la falta de un orden supranacional, la incapacidad de hacer que se respete el derecho* por doquier, abren un gran futuro a la guerra.

Desde el 1500, las dos terceras partes de los años de existencia de la humanidad han sido testigos de guerras mayores, de las que nueve han sido mundiales. En el siglo XX, la guerra prácticamente no ha cesado nunca, aunque no haya sido la principal causa de muertes violentas: 36 millones de personas han perecido directamente en los conflictos mientras que 119 millones han sido víctimas de masacres colectivas, especialmente bajo los regímenes comunistas.

Las guerras futuras se dividirán probablemente en tres grandes categorías: en las fronteras* entre civilizaciones;* entre rivales dentro de una misma civilización y para hacerse con el control de recursos escasos.

• No hay más que recorrer el trazado de las fronteras* existentes en las líneas limítrofes de las civilizaciones para imaginar los miles de conflictos posibles: Rusia puede verse enfrentada a China* por el control de Siberia* y a Ucrania por el de Crimea; Serbia a Albania y a Macedonia por el de Kosovo; la India* y Pakistán pueden despedazarse por Cachemira; Estado Unidos* y China pueden enfrentarse por el control de Asia* del este; América del norte a América Latina* ya sea por una guerra entre México* y Estado Unidos, o bien por un conflicto más local entre México y Guatemala. También podría originarse una guerra, al menos fría, entre el islam* y el Occidente* a lo largo del Mediterráneo* o del Oriente Próximo.* (La expresión «guerra fría» fue un invento de los españoles en el siglo XIII para describir la situación en el contorno del Mediterráneo.) La peor perspectiva sería una alianza entre China y el islam para arrebatar Siberia y Asia central a Rusia, aliada a la sazón con Occidente.

• En el interior de cada civilización habrá conflictos de identidad animados por el «narcisismo de las pequeñas divergencias» del que hablaba Freud, donde cada uno se sentirá en situación de legítima defensa, perseguido y condenado a desaparecer, defendiendo la anterioridad de su presencia en un territorio. Al ser las fronteras cada vez más porosas se irá hacia caos locales. En esta clase de guerras se emplearán medios nuevos de alcance limitado para evitar que degeneren en conflictos continentales, e incluso mundiales: ataque a las redes* para bloquear la economía de un enemigo, terrorismo anónimo, combatientes fanáticos dispuestos a sacrificar a sus allegados para liquidar al adversario, etc. Tales conflictos son posibles entre China, Japón y Vietnam por el control de las islas Spratly, en el mar de China, islas fantasmales disputadas por siete países y en las que existen yacimientos de petróleo.* Pero también puede haberlos dentro de la civilización* occidental, a pesar de la generalización de la democracia y del mercado: ya en 1914, Alemania* y Gran Bretaña* eran respectivamente el principal cliente una de otra; la City financiaba la industria alemana y la Lloyd's aseguraba la marina alemana; en cuanto a la economía italiana, era prácticamente una extensión de la alemana. En el futuro, la guerra entre democracias seguirá siendo posible; la generalización del individualismo* no hará más que agravar los riesgos de enfrentamiento entre pueblos animados por idénticas utopías* y por lo tanto rivales sin ser competidoras. Si fuera necesario, las democracias se harán la guerra para evitar la influencia de una sobre otra.

• El control de los recursos escasos, y ante todo del agua,* podría convertirse en una de las principales causas de guerra: entre Turquía* e Irak, entre Egipto y Etiopía, entre Israel* y Jordania, entre África del Sur y Namibia, e incluso, mucho más tarde, entre muchos Estados de Estados Unidos.*

El Oriente Próximo* seguirá siendo el lugar más amenazado del planeta porque allí se juntan las tres fuentes principales de la guerra: confrontación de civilizaciones, rivalidades dentro de la misma civilización y disputas por el control de recursos escasos.

Los beneficiarios de todas esas guerras serán, como siempre, quienes se abstengan de hacerlas: la India* será una de ellas, lo mismo que América Latina.* La guerra de los otros redundará en beneficio suyo. Pero, también como siempre, los principales beneficiarios serán los proveedores neutrales de los dos campos; es bien cierto que esos mercaderes de genocidios, sin bases territoriales, no conocen enemigos, sino competidores. Sería bueno poder esperar que la guerra física de masas y después la de materiales y las demás formas de guerra real quedaran reemplazadas al fin por una especie de enfrentamiento virtual de tipo lúdico inspirado en las prácticas inmemoriales del juego de ajedrez o en los torneos.

GUSTO/SABOR

Una propiedad del hombre; también uno de sus lujos;* una de las experiencias* más ricas, delicadas y evocadoras de otras emociones. Cada vez más solicitado por la mezcla de las cocinas. Miles de millones de individuos seguirán ignorando el refinamiento: el hambre ignora los sabores.

Lo mismo que a los demás sentidos, se intentará reproducirlo y transmitirlo a distancia para incluirlo en la diversión,* en la educación* y en el viaje* virtual. Para eso se intentará convertir en cifras ciertos elementos (la textura, el aroma, la temperatura). Se reproducirán en un artilugio algunos de los diez mil receptores situados bajo la lengua humana (cada uno equipado con un centenar de receptores químicos reemplazados cada diez días, en conexión con el sistema nervioso). Se intentará después transmitir al cerebro esta percepción artificial, antes de comercializar su uso en los espectáculos* virtuales en los que el espectador rico saboreará a distancia los platos de los mejores cocineros, comerá en el banquete de Nerón o a la mesa de Luis XIV, consolará a Vatel y felicitará a Brillat-Savarin; en fin, probará las mejores recetas incluso antes de que se hayan materializado.

H

Hechicería

La tecnología posibilitará la telepatía,* la teletrasportación, las apariciones, la manipulación de los sueños*... Bajo este punto de vista, ya nada parecerá imposible. Al hechicero se le verá simplemente como a alguien que va ligeramente por delante de la evolución de las ciencias y de las técnicas.

Hibernación

Conservación de cuerpos* virtualmente vivos, ante todo para los vuelos espaciales de muy larga duración. O de cuerpos virtualmente muertos.

Hidrógeno

Fuente de energía* del futuro. Puede ser el combustible definitivo.

HIPERCLASE

Donde el mercado* y la democracia* prevalezcan se instalará en la cúspide de la sociedad un grupo social no necesariamente hereditario que yo llamaría hiperclase. Se compondrá de quienes dispongan de una renta* de tipo cultural (título,* *savoir-faire*, competencia, innovación, creación*). Sus privilegios no estarán vinculados a otra propiedad que la de la experiencia cultural, y no a los medios de producción ni a su transmisión. No serán ni empresarios en el sentido liberal, ni capitalistas en el sentido marxista. No poseerán empresas, ni tierras, ni cargos. En tanto que ricos de un activo nómada,* lo utilizarán de una manera nómada, para sí mismos, movilizando con rapidez capital y competencias en objetivos cambiantes, para finalidades efímeras en las que el Estado* no tendrá ningún papel que desempeñar. No aspirarán a dirigir los asuntos públicos (la fama política será para ellos una maldición). Serán felices creando, disfrutando, moviéndose. Estarán conectados, informados, en red,*[1] y no se preocuparán de legar fortuna o poder a sus escasos hijos: sólo una educación.* Serán ricos por añadidura y vivirán lujosamente, como nómadas de lujo,* con frecuencia sin pagar lo que consumen. Estarán adornados de lo mejor y de lo peor de una sociedad volátil, despreocupada, egoísta y hedonista, dividida entre el sueño* y la violencia.*

La hiperclase se compondrá de muchas decenas de millones de individuos. Estarán ligados a la libertad,* a los derechos de los ciudadanos,* a la economía de mercado,* al liberalismo,* al espíritu democrático. Votarán, crearán asociaciones de consumidores, fomentarán y desarrollarán una conciencia aguda de lo que se ventila a escala mundial; al final se interesarán más por la condición humana que por el futuro de su misma prole.

Lo mismo que cualquier clase dominante, ejercerán una influencia decisiva sobre el modo de vida y el comportamiento de los demás, que tratarán de imitarlos y vivirán con la esperanza de poder unirse a

1. Véase la nota a la entrada INTERNET.

ellos en el círculo de la hiperclase y con el temor de inclinarse hacia un nomadismo de miseria.* En ciertos ámbitos se percibirá la hiperclase como ilegítima, creada a costa de la marginación de la mayoría y de la frustración de los sin clase. En otros, parecerá completamente legítima e incluso ejemplar, hecha de élites móviles y transparentes que empujan a toda la sociedad hacia la utopía* de la fraternidad.*

HIPERINDUSTRIAL

Característica de las principales sociedades del futuro, en contraste con las sociedades postindustriales que irán apagándose. En los países de futuro, muchos profesionales de los servicios* quedarán reemplazados por objetos* producidos en serie: los maestros por *software* de ordenador, los médicos por prótesis, los comerciantes y los banqueros por la red,*[1] los actores de teatro por clonimagos,* etc. Habrá que rentabilizar estas conmociones para liberar a los hombres de su inquietud, acrecentar la justicia e inventar la fraternidad.*

HIPERMODERNO

Característica de las sociedades avanzadas en el uso industrial de tecnologías de la información.

HIPERMUNDO

Conjunto de actividades económicas, políticas, sociales o culturales que se desarrollan en el mundo virtual como complemento o como simulación del mundo real.

1. Véase la nota a la entrada INTERNET.

El hipermundo será la locomotora de la economía del siglo XXI. Lo esencial del empleo real lo proporcionarán las demandas de la economía virtual.

El comercio interior del hipermundo alcanzará al menos 700.000 millones de dólares hacia el 2005, cantidad superior al PIB de más de la mitad de los países reales. Las exportaciones del hipermundo hacia la economía real sobrepasarán por la misma fecha los 300.000 millones de dólares. Su ritmo de crecimiento será de tal magnitud que en el 2010, el PIB del hipermundo podría ser similar al de Francia y, de aquí a cuarenta años, similar al de Estados Unidos.* Dentro de sesenta años el PIB del hipermundo superaría incluso, a este ritmo, al del mundo real.

No será solamente un lugar de actividades mercantiles. Cada cual instalará en él su doble y podrá vivir, a su manera, aventuras amorosas con parejas virtuales. En él se instalarán, del mismo modo, asociaciones,* iglesias, tribus* y diásporas.*

Los Estados Unidos* han desembarcado ya en él de forma masiva: el 70 % de los intercambios son hoy en día americanos; las empresas americanas han contribuido a él con su tecnología, su moneda,* sus bancos,* sus abogados, su sistema jurídico, su *savoir-faire*, cerrando el camino a sus competidores, de ahí que se reserven en él los mejores puestos e inventen mil y una estratagemas para protegerse.

Si todo continúa de la misma forma, el hipermundo será una colonia americana donde ante todo se hablará inglés. Será el campo de expansión casi ilimitado de las empresas y de la cultura americanas. No se puede reprochar a América de haber sabido, una vez más, preparar el desembarco. Quizás haya motivos para lamentarlo, pero no se puede evitar que haya sucedido.

Después de esta primera fase, las empresas crearán en él sus propias monedas* y, muy pronto, todas las lenguas* y todas las culturas se harán en él la competencia.

Para encontrar en él su puesto, Europa tendrá que unir la capacidad de sus investigadores, de sus empresas, de sus Estados, de sus comerciantes y de sus creadores, preparar «vehículos de desembarco», es decir, instalar redes* mundiales de telecomunicaciones* de amplio espectro, habilitar redes de satélites,* redes de Intranet y crear productos para el hipermundo, de forma prioritaria en el comercio* por correspondencia, la prensa,* la publicidad,* la banca,* los seguros.*

Después se crearán en él instituciones; irán clonimagos* a vivir en él, a hacer intercambios y a trabajar.

Más tarde aún, el hipermundo se hará en tres dimensiones: se podrá tocar, paladear y oler. La frontera con el mundo real acabará por disolverse como un azucarillo en el agua.

HIPERREALIDAD

El conjunto de los conceptos del hipermundo.*

HIPERTEXTO

Asociación de ideas. Vagabundeo del espíritu, camino de marcha larga y de descubrimientos entre las riquezas de Internet.*

HISTORIA

No avanza, ni retrocede, ni se desarrolla a lo largo de una línea recta, a no ser que se la identifique con el cable tendido cuyas oscilaciones cada vez mayores corren el riesgo de provocar la caída del funámbulo.

Como relato de la aventura humana y como disciplina importante cada vez más cultivada, se exigirá su conocimiento por parte de quienes pretendan ejercer responsabilidades. Se deberá estudiar globalmente para poder relacionar hechos e ideas, mar de fondo de los movimientos sociales y caprichos de los jefes, dimensiones marxiana y shakespeariana.

HOMBRES

Habrá en el mundo más hombres que mujeres. En ciertos países se podrán contar incluso hasta tres niños por dos niñas.

El Sur* seguirá siendo de hegemonía masculina; las mujeres seguirán allí cargadas de escaseces, explotaciones y miserias.

Por el contrario, el Norte* será cada vez más de dominante femenina, puesto que los hombres mayoritarios tenderán a seguir los valores de las mujeres.

HUELGA

La detención del trabajo* de los asalariados de una empresa* dejará de ser un medio de presionar a los dueños del capital o a quienes estén aún en el poder. La precarización de los salarios y la movilidad creciente del capital —que podrá desplazarse sin cesar donde los trabajadores sean más dóciles— la harán inoperante. La reivindicación de los trabajadores buscará otros derroteros: la desviación del sentido* del trabajo, la obstrucción de las redes.* Será más eficaz desviar informaciones que dejar de producirlas o de transmitirlas.

En contrapartida, las «huelgas» de parados, de alumnos, de consumidores, de usuarios de servicios públicos, de miembros de asociaciones, de padres, de enfermos, incluso, tendrán una gran influencia en las organizaciones, empresas o instituciones,* que dependen de sus «clientes» más que de su personal. La principal baza de esos movimientos será una mediatización inteligente, a condición de que sus organizadores no olviden que a los medios, consumidores de actualidades, no les gusta en absoluto lo que dura demasiado: incluso para ellos, hay que saber parar una huelga.

I

Identidad

Cada individuo quedará definido y catalogado mediante un número de
código único que comprenderá la identidad del pasaporte,* el teléfono* personal, la afiliación a la Seguridad Social, la tarjeta de crédito
y el monedero* electrónico. Cada uno quedará igualmente identificado mediante una huella dactilar y una «huella del fondo del ojo», medio
ineludible de constatar quién retira fondos de una cuenta bancaria o
manipula un ordenador.*

En contrapartida, cada cual intentará huir de su unicidad, de reducirse al número que la sociedad le ha asignado. Intentará buscarse historias, pasados, nombres, otras identidades (y cambiarlas sin cesar por
autocreaciones en un inmenso carnaval), vivir de manera múltiple,
ejercer varios oficios* y pertenecer a varias familias* a la vez.

Los pobres de los países ricos estarán lo suficientemente acorra-
lados como para vender su nacionalidad como se vende ya la sangre
o incluso los órganos.* Se encontrarán entonces como apátridas, quizás aún con ciertos recursos como para comprar un pasaporte* menos
codiciado que el que han vendido. Más tarde podrán incluso ceder otros
elementos de su identidad: su apellido, su huella dactilar, después su
clonimago,* incluso su clon.*

IMAGEN / FIGURA

Su reino se acaba al quedar reemplazada poco a poco por lo virtual en tres dimensiones. Desde la pintura* al cine,* no ha producido más que un imaginario plano. Lo virtual remitirá al imaginario en tres dimensiones de la arquitectura, de la escultura* y del teatro.* Las artes más antiguas volverán a ser de este modo las más nuevas.

IMPERIOS

Eliminados a finales del siglo XX por la democracia* y el mercado,* volverán como conjuntos de pueblos dominados en torno a Estados* fuertes (China,* Rusia,* Nigeria) ansiosos de meter en cintura el caos de su alrededor. Éstos lo harán mediante una ocupación material del territorio de sus vecinos o confiando la administración de esos países a gobiernos sometidos.

INCONSECUENCIA

Uno de los objetivos menos visibles del progreso: actuar de tal modo que cada acto del hombre no logre nada más que el fin que se ha propuesto y que no tenga ningún efecto indirecto, ni inducido, ni consecuencias no deseadas.

Resultado final del utilitarismo individualista... Por ejemplo, se desvinculará la sexualidad* de sus consecuencias de procreación. Se intentará reducir la contaminación* de los vehículos y no producir más residuos,* haciendo que toda producción sea biodegradable.

La clonación* viene a ser naturalmente como el punto de llegada absoluto de la inconsecuencia al separar sexualidad y procreación, procreación y sexualidad.

La inconsecuencia hará que se gane en libertad y en lucidez. Pero se perderá la redundancia, lo aleatorio, las interconexiones del azar sin las que la vida ya no sería más que una reproducción mecánica y mortal de los esquemas de la razón.

INDIA

El siglo XXI puede convertirse hacia su mitad en el siglo de la India.

Si es capaz de mantener su unidad, hacia el 2060 será la primera potencia demográfica del mundo, la segunda potencia económica y un elemento geopolítico* esencial, culturalmente insoslayable.

Es una federación de veinticinco Estados con una extensión de tres millones de kilómetros cuadrados que goza de una democracia* profundamente arraigada, de una economía de mercado* estable, de una clase media de 400 millones de individuos, de normas fiscales bien establecidas, de una competencia excepcional en ciertos ámbitos —informática,* genética,* industrias agroalimentarias y espaciales— y de un sistema universitario de alto nivel.

Entre 1961 y 1996 ha triplicado su producción de cereales sin aumentar su superficie cultivada. Sus infraestructuras son ya considerables: en concreto posee la mayor red * viaria y ferroviaria de Asia. También es, sin reconocerlo, una potencia nuclear* civil y militar. Sus culturas, su música,* su literatura,* su cocina* serán apreciadas universalmente. Ciertas marcas* indias se conocerán y se explotarán en todo el mundo.

Será el primer aliado de Rusia* contra China* para la protección de Asia central y fomentará una cooperación regional con los países del Océano Índico.

Pero se trata aún de un país económicamente frágil al que puede destruir una grave crisis. El 70 % de sus 980 millones de habitantes son aún agricultores, con una densidad de las más elevadas del mundo. Su población queda cada año al borde de la crisis alimentaria. Las inversiones extranjeras son aún escasas y tímidas. Las dos terceras partes de los ingenieros, pagados diez veces menos que en Estados Unidos,* han abandonado el país.

En el 2025 la India contará con 1.400 millones de habitantes, es decir, tantos como China, a quien terminará sobrepasando. Su necesidad de inversiones, valoradas en 350.000 millones de dólares de aquí al 2006, en modo alguno podrían ser autofinanciadas en el estado actual de su economía. En concreto, para formar sus decenas de millones de jóvenes cada año debería encontrar una forma de generalizar la formación a distancia, sobre todo en lo que se refiere a la enseñanza agrícola, mediante la instalación de satélites* bastante costosos, pero probablemente no tendrá los medios de hacerlo. De ahí que corra el riesgo de que el analfabetismo gane terreno y haga retroceder al país.

No queda excluido que el país se divida entonces en trozos. La clase político-administrativa habla cada vez menos el inglés.* Todas las instituciones de la Unión se desmoronan. Los *chief ministers* de cada Estado se hacen la competencia para atraer las inversiones indias o extranjeras. Los Estados más ricos (el Gujarat, el Maharashtra, el Punjab, el Haryana) podrían rechazar su solidaridad* fiscal con los más desheredados (el Bihar, el Tripura, el Kerala y el Orisa). Entonces la India se convertiría de nuevo en lo que era al pricipio del siglo XIX: un mosaico de provincias frondosas a las que el avance de los fundamentalismos religiosos corre el peligro de destruir a sangre y fuego.

INDIVIDUALISMO

Base de la civilización* occidental, del mercado* y de la democracia,* que hará que el poder pase de las manos de los ciudadanos a las de los consumidores que reivindican el derecho a la satisfacción egoísta de sus deseos* inmediatos y a la reversibilidad* de sus elecciones económicas, políticas, sentimentales: una dictadura* del capricho o una democracia de la irresponsabilidad, en la elección.

Al cabo de poco se le imputarán la precariedad,* las desigualdades,* la contaminación,* etc., hasta que la fraternidad, que es a la vez su contrario y su doble, llegue para imponer una nueva utopía.*

INDONESIA

Gran potencia demográfica y geopolítica del siglo XXI que alcanzará los 280 millones de habitantes hacia el 2030. Seguirá adelante con su extraordinario desarrollo para convertirse en la segunda potencia de Asia del este, después de China* y antes de Japón.*

Mientras que en 1960 su PIB por habitante era más bajo que el de Nigeria,* el de la India* y el de Bangladesh, en 1998 era el doble que el de Nigeria, el triple que el de Bangladesh y un tercio más elevado que el de la India. En ese mismo tiempo el número de pobres descendía en 40 milllones mientras que la población aumentaba en 60 millones.

Este país, primer productor mundial de aceite de palma, segundo de caucho, repleto de recursos potenciales —petróleo, minerales— no es menos rico en promesas en el ámbito agrícola.

Cuando Indonesia haya reemplazado la actual casta que la está gangrenando por una auténtica clase media, cuando haya reorganizado su desarrollo,* hará una alianza con la India para protegerse de China, y recíprocamente, preservando su independencia y su papel en la zona gracias a su capacidad de colocar a los unos contra los otros, de inventar, gracias a sus intrincados mestizajes, un islam de Asia y una Asia del islam.

Puede escindirse en trozos si el país es incapaz de reemplazar la actual oligarquía que lo posee por una clase media legítima. En ese caso, las islas ricas, como Bali, abandonarán a Java; las grandes islas pobres, como Sumatra, serán las víctimas del desorden.

INDUSTRIA

A pesar del enorme desarrollo de los servicios,* seguirá siendo el alma
de la producción de riquezas, y muchos de los servicios actuales (la
medicina,* la educación,* la distracción,* el transporte,* los viajes*)
se convertirán en industrias. Se irá hacia la producción «a medida».
El trabajo industrial estará cada vez más diseminado, será cada vez
más nómada.* Las fábricas de bienes de consumo se convertirán en
sociedades de servicios que explotarán la fama de las marcas* y de las
redes de distribución y dejarán a subcontratistas el trabajo de concebir y de producir nuevos productos. La localización de las industrias,
cada vez más volátil y caprichosa, dependerá de la capacidad de los
países para atraer y mantener las inversiones y sobre todo los recursos
intelectuales necesarios.

Los sectores más dinámicos serán la microelectrónica, las biotecnologías, los nuevos materiales,* las telecomunicaciones,* la construcción aeronáutica civil, las máquinas-herramienta, los robots,* la
informática,* el espacial y las nanotecnologías.*

INFANCIA

El cuidado que hay que dedicar a la infancia debería ser la más importante de las exigencias; ésa será la gran apuesta de futuras revoluciones.*
En el Norte* se privará de infancia cada vez a más niños debido al aumento constante de la precariedad* de las familias y porque se reclamará la
mayoría de edad cada vez más pronto. Aquí y allá, el derecho de voto
pasará de los 16 a los 14 años. Aumentará la soledad* de los niños. En
Estados Unidos actualmente menos de dos niños de cada tres pasan su
infancia con los dos padres; de aquí a treinta años serán menos de uno de
cada dos. Las consecuencias psicológicas, culturales y morales de esta
situación serán inmensas y poco previsibles, por más que la mayoría de
los niños del Norte estén protegidos hasta los 16 años.

En el Sur* su situación es y seguirá siendo menos envidiable: la mortalidad infantil es de 70, incluso de 100 por mil en ciertos países, en vez de 5 por mil en el Norte. 40.000 niños aún mueren de hambre cada día en el mundo; 160 millones están mal nutridos; 110 millones no van a la escuela; 250.000, de los que algunos no han cumplido aún ocho años, quedan enrolados en los ejércitos de más de treinta países. Desde hace diez años, más de dos millones han muerto en la guerra.* Trescientos millones de niños se ven privados de infancia, explotados por empresas,* maltratados por adolescentes, martirizados por los adultos; se calcula que en treinta años, si nada cambia, serán más de 700 millones los que se encuentren en esta situación.

Así pues, tanto los niños del Norte como los del Sur deberán hacer frente a este abandono por parte de los adultos. Reclamarán* derechos puesto que afrontarán responsabilidades.* De este modo se verá aparecer una reivindicación del derecho de los niños a asumir las responsabilidades de los adultos.

Pero muy pronto esta reivindicación cambiará de signo y se convertirá en aspiración a la infancia, no ya al derecho de ser tratado como adulto, sino al de vivir en el seno de una familia, sea ésta natural o no; el derecho de cada ser humano, hasta los doce años al menos, de ser alimentado, cuidado, vestido, dotado de una morada y de tener unos padres que le protejan, que le cuenten cosas, que rían y que le hagan reír, que garanticen y preserven lo que hay en él de despreocupación, de sueño,* de libertad,* de impunidad, de gratuidad.* Si este privilegio logra transformarse en derecho se podrá prohibir con mayor eficacia el trabajo* de los niños y su explotación sexual, organizar las ciudades* y el derecho social en torno a esta exigencia radical, auténticamente revolucionaria. Desde ese momento, el derecho a la infancia definirá un deber* de los adultos: el deber de amor.

INFLACIÓN

Volverá tras un largo período de estabilidad de los precios que acompaña al progreso técnico, a la globalización* de la economía de mercado* y al envejecimiento demográfico.

Deseada por los jóvenes (los que piden préstamos) y temida por los viejos (los prestamistas), reaparecerá no sólo donde el poder pase a manos de los jóvenes, sino también donde se quiera atraerlos, sobre todo a quienes posean alguna titulación.

Será quien mantenga el crecimiento mientras la especulación no sea más rentable que la producción.

Se vivirá mejor que ahora de manera sostenible con una inflación de casi dos cifras. De hecho, la inflación utiliza la deuda; la inflación es al cosumidor endeudado lo que la remisión de los pecados es al fiel: una razón para no abandonarse a la desesperanza, a veces una invitación a recaer...

INFORMACIÓN

Bien gratuito por naturaleza, ya que se puede dar sin perderlo. Se lo hará raro artificialmente, mediante patentes* o criptaje,* para que adquiera un valor mercantil, con lo que se convertirá en el primer motor de la economía.

La información será la materia prima de las industrias de la comunicación,* de la distracción,* de la informática,* de la genética, es decir, de todos los sectores clave de la economía. Su valor de uso radicará en su creación, su manifestación y su puesta en marcha o en contexto; su valor de cambio, por el contrario, radicará en su rareza.

La multitud de modos de comunicación, la avalancha de imágenes* y de datos, signos infinitamente más variados y complejos que la simple moneda,* harán del saber el bien capital, la fuente principal de la legitimidad del poder en la empresa, un medio de controlar el capital, de dominar una estructura, de imponer una norma.

La hiperclase* controlará la información lo mismo que la burguesía controlaba hasta hace poco el capital.

INGLÉS

Hasta el primer tercio del siglo, la primera lengua del comercio, de la cultura, de la diplomacia, de Internet* y de los medios de comunicación; la segunda lengua hablada; la cuarta lengua materna. Se dividirá en idiomas autónomos según los continentes donde se utilice. Después, las diversas formas del chino tratarán de hacerle la competencia como lengua comercial. Un poco más tarde aún, las traductoras,* máquinas de traducción automática, reducirán su importancia en los medios informativos y en la cultura.

INGRESOS

Quizás un día toda persona tenga derecho a unos ingresos decentes pagados por el Estado* independientemente de cualquier actividad:* los ingresos generales.

Para garantizar tales ingresos a cualquier ser humano sería menester dedicar unos recursos que hoy en día no se pueden reunir. Por ejemplo, un impuesto del uno por mil a todas las transacciones financieras constituiría el capital suficiente para doblar los ingresos de los mil millones de seres que viven actualmente con menos de un dólar diario.

Naturalmente, la aplicación de tal impuesto pertenece, de momento, al campo de la utopía; exigiría una burocracia inmensa tanto para su recaudación como para su distribución. Pero esa utopía no sería mayor que la que suponía el salario mínimo cuando se discutió por vez primera en Inglaterra, dos siglos antes de entrar en vigor en algunos países de Europa.

INJERENCIA

Aún no constituye un derecho.* Se convertirá en un deber.*

En un mundo globalizado, conectado, cada cual tendrá interés en que su vecino no quede sumergido en la barbarie.* De este modo, a largo plazo, si un pueblo está seriamente amenazado por una masacre, las instituciones* internacionales públicas o privadas tenderán a hacer caso omiso de la negativa de las autoridades de ese pueblo a recibir ayuda internacional. Así se irán estableciendo las bases de una democracia* sin fronteras.*

INMIGRACIÓN

Tendrá un ritmo creciente. Del Sur* hacia el Norte* y dentro mismo del Norte y del Sur. Hoy en día, dos personas de cada cien se han visto obligadas a abandonar su país por razones económicas, políticas o militares. Siete de cada ocho de esos emigrantes se encuentran en situación legal en sus países de acogida.

La inmigración es ante todo un fenómeno interno del Sur. 35 millones de africanos (el 10 % de la población del continente) viven fuera de su país, en general en otro país africano. Por ejemplo, la mitad de los habitantes de Gabón y de la Costa de Marfil han nacido en otra parte.

La inmigración en el Norte no es un fenómeno reciente. Desde 1821 hasta 1924, 55 millones de europeos han emigrado hacia otro país desarrollado, de los que 34 millones lo han hecho a Estados Unidos.

La inmigración del Sur hacia el Norte se ha visto acelerada en el curso de los treinta últimos años. Mientras que en los años cincuenta los dos tercios de los inmigrantes venían aún de Europa,* una tercera parte viene hoy en día de Asia,* el 45 % de América Latina* y sólo el 15 % de Europa; del sur de Estados Unidos han llegado 2,5 millones de personas en la década de los cincuenta, 3,3 millones en la década de los sesenta, 4,5 en la década de los setenta y 5,8 en la de los ochenta (e incluso 7 millones si se incluyen los ilegales legalizados). En total, junto a los 20 millones de inmigrantes de primera generación, un americano de cada seis es hijo o nieto de inmigrado.

En Europa no son tantos como en Estados Unidos los inmigrados llegados del Sur. Son 18 millones y representan el 4 % de la población activa.

En el futuro, centenas de millones de personas cambiarán aún de país.

Los habitantes del Norte cambiarán cada vez más entre países del Norte durante algunos meses o durante años.

Los refugiados del Sur continuarán yendo ante todo hacia otros países del Sur: de la India* hacia Pakistán, de China* hacia Siberia,* de Nigeria* hacia el África austral, de Indonesia hacia Australia.

El Norte continuará enviando sus empresarios al Sur y recibiendo su mano de obra. En el primer decenio del siglo, más de 10 millones de recién llegados afluirán del Sur a Estados Unidos y otros tantos a los demás países desarrollados. En Europa el número de refugiados políticos se triplicará en el espacio de diez años. La emigración magrebí disminuirá, pero quedará reemplazada por la del África* subsahariana.

Frente a esta afluencia, todos los países del Norte mantendrán cuotas. Para completarlas, se echarán a suerte los beneficiarios. Ciertos países pondrán a subasta permisos de residencia o pasaportes* para reservarlos a los más ricos o a los mejor formados. Aparecerán diásporas* por doquier e irán adquiriendo poder.

Estos movimientos podrían quedar ralentizados por tres tendencias:
• por una parte, las nuevas tecnologías permitirán a las empresas del Norte dar trabajo al Sur, por pantalla,* a inmigrados virtuales* en trabajos de manipulación de la información (contabilidad, recogida de datos). El crecimiento del Sur reduciría a la vez el atractivo por el Norte;
• por otra parte, se considerará al inmigrado cada vez más como a un enemigo, como al que viene a ocupar los puestos de trabajo* y

a minar la solidaridad.* En Europa, el miedo a la africanización sucederá al de la islamización. En Asia,* el miedo de lo chino reemplazará al de lo japonés. Por doquier arreciará el miedo a las diásporas;
• por último, y sobre todo, se atribuirán explícitamente a los viajes nuevas epidemias* y se levantarán barreras para contener a los extranjeros, lo mismo que en la época de la peste negra.

Por el contrario, ciertos países del Norte se verán constreñidos a abrirse de par en par a los inmigrantes, incluso a competir por atraerlos, y eso por tres razones:
• para evitar la competencia de los inmigrantes virtuales, con los que el país pierde no sólo el empleo,* sino las cuotas fiscales del trabajador y las cuotas económicas del consumidor;
• para evitar que se maltrate a sus propias diásporas como represalia a su negativa de acoger inmigrantes;
• para compensar su hundimiento demográfico y evitar tener que aumentar las cotizaciones, disminuir las pensiones o retrasar drásticamente la edad de la jubilación.*

Sobre todo Europa y Estados Unidos competirán por atraer a jóvenes diplomados del Sur y mantener sus propios jóvenes, tentados desde el exterior por mejores condiciones de vida y de ideales. El inmigrante mimado gozará entonces de casi todos los derechos* y deberes* del ciudadano,* en concreto del derecho al voto y del deber del impuesto.*

INMORTALIDAD

Si mantienen sus locas promesas, un día la clonación* de cuerpos y la reproducción exacta de memorias* permitirán a ciertos hombres alcanzar una especie de eternidad: virtual en el hiperespacio* donde se instalarán sus clonimagos,* real en el mundo vivo donde cada cual se codeará con sus propios clones,* más tarde receptáculos de conciencias transferidas de sí mismo.

Pero los clonimagos y los clones también son mortales: se programarán clonimagos para que destruyan a otros y habrá virus que impidan la transferencia de memoria de un clon a otro.

Se intentará ocultar clones y clonimagos para protegerlos de los asesinos. Batallas de inmortales.

INMOVILIDAD

Lujo del nómada.* Vía de acceso a la contemplación,* punto de partida de cualquier viaje* exterior. Exigencia paradójica de la estética, desde la arquitectura a la literatura,* desde la escultura* al cine;* para soñar, hay que pararse antes; para encontrarse, hay que salir del mundo previamente. La inmovilidad supondrá nuevas cartas de nobleza al arte del mimo.

INSTITUCIONES INTERNACIONALES

Pasará mucho tiempo antes de que tengan un mandato acorde con las necesidades de una organización mundial. Ninguna dispondrá de los medios para decidir las acciones que, a veces, saben que deberían llevar a cabo: como organismos demasiado centralizados, demasiado burocráticos, como simples campos cerrados de los intereses de los Estados* miembros, su misma naturaleza les impide con frecuencia actuar.

El fin de la guerra fría habría podido ser la ocasión de replantearlas como sucede después de cada cambio importante de orden mundial. Pero no se hizo nada y nada permite esperar que después de la próxima gran crisis se vaya a hacer. Y menos aún avanzar en la creación de un gobierno mundial.

Así pues se irá, de remiendo en remiendo, hacia un mayor deterioro del sistema actual, mientras las grandes potencias refuerzan su dominio sobre las instituciones cada vez más carentes de sentido.

Las únicas instituciones poderosas serán las que se encarguen de hacer que se respeten, en los mercados, los derechos de las empresas* contra los Estados.* El mercado irá barriendo poco a poco las instituciones de supuesta ayuda a los países del Sur,* como los bancos* de desarrollo, o se irán privatizando para convertirse en simples mercenarios de empresas* o de naciones que paguen por sus servicios.

Si un buen día se pudiera establecer un programa global, éste debería ante todo reforzar la autoridad de aquéllas, comenzando por la de la ONU,* al menos en ocho direcciones: la lucha contra la pobreza* y en pro de la democracia,* la protección del clima,* la reglamentación de los mercados* financieros y de moneda,* el control de la ciencia,* la prevención de los conflictos,* la lucha contra la criminalidad* y la protección del medio marino.

• La lucha contra la pobreza exigirá que se dote a las instituciones financieras internacionales de nuevos medios. Toda financiación hecha por esas instituciones se someterá a un doble condicionamiento, democrático y social, para demostrar que el proyecto está al servicio de los intereses de las capas más desfavorecidas, incluso si es preciso, para establecer unas cuotas de acceso.

• La protección del clima exigirá que se establezcan cuotas de contaminación* máxima aceptable, que se midan los desvíos que se produzcan con respecto a esas cuotas y que se facilite a los países pobres el acceso a las tecnologías. Un organismo debería conceder condicionalmente «derechos de contaminar» y reducir con autoridad el uso del carbón.*

• La reglamentación de los mercados financieros supondrá la instalación de mecanismos de limitación de los créditos a corto plazo y de vigilancia de todas las inversiones especulativas. La de la moneda* podría conducir un día a la aparición de un patrón monetario universal, de una moneda mundial similar al euro.*

• La protección contra las desviaciones de la ciencia requiere la puesta en marcha de instrumentos de análisis y de evaluación para preservar sobre todo la integridad de la persona humana.

• La prevención de los conflictos y de las guerras* implicará que una autoridad mundial establezca un inventario de los peligros y amenazas, alerte a las instituciones financieras, supervise las negociaciones entre países, controle la aplicación de los acuerdos y aplique sanciones en caso de violación.

• La protección contra la criminalidad* requerirá que se excluya de la comunidad financiera internacional cualquier institución que permita blanquear el dinero del crimen y de la droga,* que se ofrezca un apoyo a los países con voluntad de convertir su economía y que se los respalde en la lucha contra los traficantes.

• La protección de las riquezas del mar* llevará a hacer una reserva de agua* y de alimentos protegida por una policía internacional de los mares.

Sólo se aceptará la creación de tales instituciones o la revalorización de las ya existentes cuando se tenga conciencia del peligro. Así nació Europa.* A falta de marcianos amenazadores, habrá que apostar ante todo —¡ilusión ingenua!— por la lucidez de los poderosos. O, más probablemente, ante su fracaso, por el pánico de unos y la sublevación de otros.

INTELECTUAL

Observador libre de las locuras del mundo, ansioso de comprender más que de convencer, de seducir más que de dominar. Libre de cualquier conformismo, vigilante, chivo expiatorio de las verdades ciegas.

Reaparecerá bajo la antigua forma de «intelectual orgánico» para poner su retórica al servicio de las instituciones, de los Estados,* de las empresas,* de las sectas,* etc. Este trabajo, en sus funciones de representación o de servicio, lo harán muy pronto los clonimagos.*

INTERACTIVIDAD

Forma superficial de puesta en red* de la televisión antes de la fusión del ordenador,* del televisor* y del teléfono en el ordetevé.*

INTERNET[1]

Vía de acceso al hipermundo.*

Este protocolo de interconexión, creado para paliar las necesidades militares, opera prácticamente en cualquier red* física, incluidas las telefónicas* y las eléctricas. Lazo virtual entre máquinas, carece de estructura fija y constituye un conjunto de laberintos,* una maraña de caminos y de callejones sin salida, de bibliotecas y de cafés.

Abrirá a un mundo virtual un hipermundo donde tendrá cabida todo lo que existe en el mundo real, pero sin las trabas de la materialidad: bibliotecas primero, después almacenes, muy pronto fábricas, agencias de publicidad,* periódicos, estudios de cine,* hospitales, jueces, policías, hoteles, clubs de vacaciones,* astrólogos, lugares de placer. Se creará en él un gigantesco comercio* entre los agentes virtuales de una economía de mercado* pura y perfecta, sin intermediarios, sin impuestos, sin Estado,* sin cargas sociales, sin partidos políticos, sin sindicatos,* sin huelgas,* sin fiscalizaciones sociales. Con monedas* nuevas creadas por ciertas empresas.

1. Puesto que a lo largo de este diccionario se aludirá con frecuencia a las redes electrónicas como medio supremo de comunicación en el siglo XXI, se impone una aclaración, aclaración que haremos tomando las palabras de dos autores americanos J. Hagel III y A. G. Armstrong en su libro *Net gain*, en curso de publicación en Paidós: «Este libro aborda el crecimiento de las comunidades virtuales en todas las redes electrónicas. Internet es probablemente la más conocida de ellas, pero no es, ni mucho menos, la única red electrónica que funciona en la actualidad. [...] Como Internet sirve cada día más de medio de conexión para enlazar las demás redes, nos referiremos a Internet como a una plataforma de red genérica, a menos que se especifique otra cosa».

Internet se convertirá, en el imaginario del hombre, en lo que representó América en 1492: un lugar sin carencias, un espacio protegido contra toda herencia, un paraíso de libre cambio donde, al fin, se podrá construir un consumidor insomne, un trabajador infatigable, un hombre nuevo, limpio, libre de todo lo que ensucia y limita.

La fascinación de este nuevo Eldorado para los inversores llegados del mundo concreto será inmensa. También contará con la visita de turistas reales que irán a cazar, explorar, esquiar y consumir.

¿Se convertirá en una tierra común a todos o quedará acaparado por sus descubridores? Se dará una primera respuesta cuando se decida qué institución va a otorgar las direcciones, activo de considerable magnitud con un valor que no hará sino incrementar con la congestión* del hipermundo. Los americanos quieren que esta responsabilidad se confíe a una empresa privada con fines no lucrativos (de hecho, bajo control de su gobierno federal), mientras que los europeos quieren que sea una institución realmente supranacional quien conceda las direcciones de forma equitativa entre todos los solicitantes. El futuro del hipermundo dependerá durante algún tiempo de la elección que se haga a este respecto.

Las Américas han terminado por escapar —sólo por cierto tiempo— de sus descubridores.

INTRANET

Red* de comunicación privada, interna a un organismo, una empresa,* una tribu,* una diáspora.* Romperá los sistemas jerárquicos para convertirse en un instrumento de fraternidad.*

IRREVERSIBILIDAD

Lo peor imaginable, puesto que coarta la libertad de elegir y cierra el paso a cualquier corrección de un error. Por eso será menester, por ejemplo, prohibir cualquier manipulación genética* transmisible de forma hereditaria, cualquier droga* de efectos destructores en el cerebro,* cualquier contaminación* irremediable, cualquier destrucción que lleve consigo la extinción de una especie viva.

Por el contrario, tratándose de la aventura humana, hay que reivindicar como definitivos, con el fin de protegerlos mejor, la democracia,* los derechos* humanos, la integridad de la persona.*

Algunos ámbitos se hallan «en el límite». Así un matrimonio es reversible; una maternidad, irreversible. Cada vez más, ciertos actos reversibles tendrán consecuencias irreversibles. Éste será uno de los principales problemas del siglo futuro. Por esto mismo, la frontera entre lo irreversible necesario y lo reversible aconsejable será uno de los primeros temas de reflexión para la filosofía, y uno de los principales retos de la acción.

ISLAM

Una civilización,* no un imperio.* La primera religión del mundo con al menos dos mil millones de fieles en el 2050. No tendrá ni centro ni discurso unificado, porque la comunidad de creyentes cultiva una lealtad para con el grupo, no para con un poder. No conoce la idea de nación.* Puesto que se moldea mediante las civilizaciones* donde llega con su influencia, se agrandarán las diferencias entre el islam de Europa* y los de África,* de Asia* del este, de Asia del sur, de Asia Central y del Oriente* Medio.

La hipótesis de una coalición del islam (al menos Irán y Pakistán) y de China* contra Occidente* es poco probable. Es cierto que una fracción del islam continuará criticando el ateísmo de Occidente, su concepción de la democracia* y de los derechos* de la mujer; pero sus poblaciones más jóvenes, más urbanas, más educadas, en un principio instrumentalizadas por la clerecía religiosa, no tardarán en exigir la democracia* y en hacer que prevalezcan los ideales de justicia y de fraternidad, por otra parte completamente conformes con los valores del islam.

El islam, lo mismo que el calvinismo, una vez liberado de su lastre de intolerancia, hallará de nuevo la inspiración que hizo de él una de las civilizaciones fundadoras de la ciencia, del refinamiento y de la elegancia. Se convertirá en un potente motor del desarrollo mundial. Sus valores, nacidos en el desierto, contribuirán mejor que otros a la reinvención del nomadismo.*

ISRAEL

Lugar de conflictos y tierra de esperanza.

Si un día decidiera anexionarse los territorios palestinos cuyo desarrollo demográfico* estaría a punto de sumergirle, o si se negase a reconocer su identidad nacional, podría desaparecer al provocar en sus vecinos un conflicto esta vez suicida y al quedar cortado de una parte de la diáspora.*

Si, por el contrario, logra hallar las bases para la paz con sus vecinos —ante todo reconociendo la existencia de Palestina como nación— y para contribuir a su desarrollo, el Oriente* Medio se convertirá en un lugar de cruces fecundos, puente entre Europa* y Asia* y entre los tres monoteísmos, cuna de experiencias nómadas* de quien las civilizaciones* venideras tendrán mucho que aprender.

ITALIAS

Dos provincias de Europa, pero independientes una de otra. Entre ellas pasará la frontera norte/sur. La una, al norte, la más rica del continente, creadora y organizada, tendrá en su mano todos los triunfos necesarios para el desarrollo del civiLego* y se mostrará capaz, mejor que cualquier otra en Europa, de concebir y de promover la estética* de la

fraternidad.* La otra, al sur, dominada por la mafia, poco a poco abandonada por los servicios públicos y por el Estado,* se hundirá en la
ignorancia, la pobreza* y el crimen.*

El norte, viejo y rico, se negará cada vez más a subvencionar a la
provincia meridional, joven y pobre, e incluso pensará en protegerse
de ella levantando entre ambos una barrera física para no verse invadido por los inmigrantes del este y del sur que encontrarán allí un primer refugio.

J

JAPÓN

El gran perdedor del primer tercio del siglo XXI. Una evolución demográfica catastrófica, una movilidad difícil, una innovación rara, una industria y una investigación casi nulas de la informática,* de las biotecnologías,* de la aeronáutica: sólo podrá evitar el declive abriéndose ampliamente al exterior.

Rara vez los futurólogos se han equivocado tanto como acerca del Japón: en 1975 una previsión de las tendencias de la época preconizaba que la renta per cápita del japonés sobrepasaría a la de Estados Unidos* en 1985. En la actualidad no es más que el 83 % de aquélla y, al ritmo actual, no la lacanzará, como mucho, antes del 2005 o quizá nunca.

Si los japoneses tienen hoy en día la esperanza de vida más elevada del mundo (77 años para los hombres y 83 para las mujeres), también tienen la fecundidad más baja (1,5) y la menor tasa de natalidad (10 por 1000 habitantes); el país no puede sino envejecer, quedarse desmedrado. La población no sobrepasará los 25 millones de habitantes en el 2005. Después aún descenderá si el problema de la fecundidad no se soluciona. En el 2025 no habrá más de dos cotizantes por cada jubilado,* frente a cuatro que hay en la actualidad. La financiación de las jubilaciones llegará a ser muy difícil. En el 2020 los mayores de 65 años representarán el 25 % de la población y los gastos de sanidad* sobrepasarán el 30 % del producto nacional bruto. Para mantener el nivel actual de sanidad y de jubilación las retenciones obligatorias deberían pasar del 37 % del producto nacional bruto actual a más del 50 %. Para evitar tal extremo, habría que aceptar la entrada masiva de las mujeres o de extranjeros en el mercado de trabajo.

En fin, Japón no podrá hacer que Estados Unidos financien permanentemente su superávit con el resto del mundo.

Japón, como democracia* aún superficial y ampliamente controlada por clanes corruptos, no podrá evitar el declive si no es abriéndose a las ideas, a las culturas y a las empresas* de los demás.

No obstante, aún puede jugar sus bazas. Controla algunas de las principales tecnologías del futuro, desde los minidiscos* a las nanotecnologías.* Dispone de reservas financieras considerables. Su población está bien formada y el índice demográfico podría cambiar de signo en pocas décadas.

Sea como fuere, Japón se halla ante una crisis y no podrá contar con ningún aliado en Asia para que le ayude a afrontarla. ¡Soledad del samurai! No tendrá más remedio que forzar puertas. Si Estados Unidos aún le defienden, intentará salir de la crisis con ellos y gracias a ellos. Si se retraen, intentará disponer del arma nuclear. En este caso, parece inevitable que se origine un conflicto con China.

Por lo demás, China se convertirá en su mejor aliado si los dos países logran superar su odio ancestral como lo han hecho en la segunda mitad del siglo XX Francia y Alemania. Juntos podrían hacer de Asia un continente al que nada se resistiría durante mucho tiempo.

JERUSALÉN

Origen y encuentro de, al menos, tres civilizaciones;* paroxismo de las contradicciones religiosas, políticas, nacionales, culturales, geopolíticas y económicas del próximo siglo. Será menester inventar una forma de hacer que puedan vivir en el mismo territorio gentes con derechos legítimos y contradictorios. Para eso habrá que inventar una multiciudadanía que hará de esta ciudad* la capital simultánea de varios Estados* y a la vez una ciudad internacional a la vanguardia de la multipertenencia, de la «democracia* sin fronteras».

JUBILACIÓN

A causa del envejecimiento de las poblaciones y del aumento de la esperanza de vida* (en el Sur,* sin embargo, ésta continuará siendo menor que la edad media del retiro), a uno se le considerará como activo durante más tiempo que en la actualidad. En el Norte* se será aún joven a los 50 años, maduro a los 60 y viejo a partir de los 80. Se podrá trabajar durante más tiempo y dar más valor a la experiencia mientras que el trabajo disponible para toda la humanidad será cada vez más exiguo. Los directivos, no ya asalariados sino socios* de la empresa, se negarán a aceptar la jubilación demasiado pronto en la medida en que, cada vez más, habrá que financiarla individualmente. En Estados Unidos,* este sistema permitirá a cualquier familia de nivel medio jubilarse con al menos un capital equivalente a un millón de dólares, es decir, tres veces más que lo que promete la Seguridad Social. Esto, evidentemente, será mucho menos para una familia pobre.

La jubilación se ocupará en toda suerte de actividades,* remuneradas o no. Entre los ingenieros, juristas, obreros jubilados se reclutarán los animadores de las ONG,* quienes pondrán su experiencia al servicio del Sur o de los pobres. Los jubilados serán la avanzadilla de la economía de la fraternidad.* Habrá mucha más solidaridad* en actividades voluntarias y desinteresadas y mucha menos a nivel de ingresos*...

JUDAÍSMO

Vanguadia del monoteísmo y primera diáspora.* Desmembrado en muchas tribus* y dispersado, podría desgarrarse aún más en diásporas contradictorias, atadas unas a la tierra, otras al Libro y otras al mundo. Donde se nutra del choque con la razón, su mensaje seguirá siendo el de la emancipación del hombre y participará en la invención permanente de los valores del nomadismo* de donde salió.

JUEGO

El juego, para desembarazarse del esfuerzo del trabajo,* para mantener el interés del aprendizaje, se convertirá en la máscara de cualquier actividad:* consumo, formación,* distracción,* seducción, sexualidad*... Juego de azar o de competición, de combate o de inteligencia, sobre todo de simulación, entre dos o más.

Ya ha abierto a los ordenadores* las puertas de casa. Mañana intervendrá en la educación,* en el turismo.* Se ha aprendido a jugar; ahora se jugará para aprender. Será una invitación al consumo, a participar, incluso a votar. Mediante el lucro, ofrecerá un simulacro* de movilidad social.

Muy pronto será posible penetrar, mediante el imaginario y mediante los sentidos, en los espacios de los videojuegos en tres dimensiones, jugar al ajedrez* con un campeón virtualmente sentado frente a uno, y manipulando las piezas sobre un tablero virtual, enfrentarse a clonimagos* en un partido de tenis, de bridge, de fútbol.* Después se crearán parques de atracciones virtuales donde el visitante podrá entrenarse en esquí, en tenis practicando contra clonimagos de campeones, jugar al golf en los más bellos recorridos del mundo, descender las corrientes más espectaculares, cazar animales* salvajes, visitar ciudades muertas, planetas, remontar el curso del tiempo para participar en una carrera de cuadrigas en Roma o en la batalla de Gettysburg y, sobre todo, simular todas las situaciones antes de vivirlas: repetir una escena de seducción o de ruptura y observar las reacciones del otro. Juego del amor, pero sin azar...

JUGUETES

No hay infancia sin juguetes. Los primeros son el seno de una madre, el pulgar de un padre, los restos de papilla una vez saciado el apetito, los envoltorios... Los objetos-juguete siempre serán simulacros,* imitación de dioses o de objetos* de los adultos. A modo de cachinas de los hopis, pero con coches miniatura en vez de muñecas, se encargarán de hacer descubrir a los niños lo que habrán de adorar de adultos. En tanto que instrumentos de domesticación serán, cada vez más, juegos de simulación del trabajo* en el ordenador,* de aprendizaje del consumo en el ordetevé,* clonimagos* domésticos, primero accesibles en pantalla, después en tres dimensiones para colmar el vacío de la soledad, compañeros virtuales, animales o humanos, que reemplazarán a los hermanos, a las hermanas, a la familia. Para huir de esta canalización del imaginario hacia el universo mercantil habrá que entregarse a infinitas variantes en torno al Lego:* aprendizaje del ego, de la libertad* y del otro.

JUSTICIA

Convertida en el primer poder con la ayuda de la prensa. Seducirá a la opinión pública e impondrá una nueva norma ética más severa con los crímenes de los poderosos y más indulgente para con los delitos de los más débiles. De este modo organizará la eliminación sistemática de las antiguas elites, su puesta en entredicho y su condena al fracaso cívico equivalente a una guillotina sin terror.

Después, el mercado* prevalecerá a la democracia y conducirá de una sociedad piramidal (donde la justicia es necesaria para hacer que se cumpla la ley)* a una sociedad en redes* (donde el contrato reemplaza a la ley). La ley se hace respetar ante un juez; el contrato se impugna ante un árbitro comúnmente aceptado y financiado por las partes. El juez se sentirá como si estuviera dando a luz una sociedad donde ya casi no queda sitio.

JUVENTUD

Durante la primera parte del siglo, la del Norte* será la gran perdedora en el plano económico y político. Sólo podrán salir airosos quienes logren introducirse en la hiperclase.* Los demás sufrirán la falta de trabajo* y de perspectivas. Después se rebelarán y, aunque cada vez en menor número, llevarán adelante el proyecto de la fraternidad.*

Durante este tiempo, la del Sur,* que dominará demográficamente, soñará con vivir en el Norte y efectivamente vendrá. Asociada a la rebelión de los jóvenes del Norte, volverá en su mayoría a sus países de origen donde se convertirá en el principal motor de la renovación, antes de envejecer también...

K

KAZAKISTÁN

Uno de los países más codiciados del próximo siglo. Una de las principales reservas estratégicas de gas y de petróleo para Europa* y China.* Bajo amenaza de invasión por China en el este, por Rusia* en el norte y por el fundamentalismo* en el sur, podría disgregarse en tres partes: una la recuperaría Rusia, otra quedaría invadida por China y una tercera conservaría su «independencia» bajo la onerosa tutela de compañías petroleras foráneas y controlaría las vías de comunicación que van desde los yacimientos al mar por Afganistán, Irán, China o Rusia.

KINSHASA

Una no-ciudad que a duras penas sobrevive a su propio suicidio.

L

LABERINTO

Una de las palabras clave del futuro. El microprocesador ya es un laberinto. Los videojuegos* también están sembrados de laberintos, búsquedas plagadas de trampas. Internet,* las redes de poder y de influencia, los organigramas, los cursos universitarios, las ciudades,* las carreras dentro de la empresa también lo estarán igualmente. La huella digital es un laberinto característico de la identidad de cada individuo. El cerebro es un laberinto de neuronas. Así hasta el psicoanálisis que ve el inconsciente como un monstruo agazapado en el fondo de un laberinto e intenta comprender los sueños en los que el durmiente se enfrenta a la elección de un camino que debe tomar en un dédalo de prohibiciones.

Habrá que aprender a «pensar en laberinto». Cualidades requeridas: tesón, memoria, intuición, curiosidad. Todas ellas cualidades del navegante* o del nómada.*

LÁSER

Fuente de radiaciones ultraconcentradas que circulan por una red sólida, líquida o gaseosa, con infinitas implicaciones futuras: armamento,*

comunicación, separación isotópica del uranio, detección de contaminantes, tratamiento del bloqueo de las arterias coronarias, rejuve-
necimiento de la piel, blanqueo de los dientes, litografía, lectura y
almacenamiento óptico de datos, nanotecnología,* etc.

LEALTAD

Prenda del futuro de las civilizaciones:* una sociedad donde la lealtad ya no esté en vigor jamás podrá durar mucho. Sin embargo es una
virtud cada vez menos necesaria en el orden occidental* con la generalización de lo efímero que reduce la duración de la validez o del
respeto a los contratos y, por lo tanto, la necesidad de lealtad entre
contratantes.

LEGO

El gran juego que caracterizará todo el siglo XXI: ensambladura a medida, para sí mismo, de civilizaciones,* de culturas, de obras de arte,*
de vestidos,* de cocinas,* de sustitutos del amor, etc.

Juego solitario, narcisista: el Lego, el ego...

LENGUA

Ninguna se impondrá como universal, más bien se subdividirán todas
ellas en hablas diversas. La primera lengua utilizada en el mundo será
el chino, o más bien el conjunto *de lenguas* chinas. El hindi, el español, el portugués, el bengalí pasarán delante del inglés que, bajo sus
mil variantes (desde el americano hasta el *hinglish*), será, durante al
menos medio siglo, la lengua de la diplomacia, del comercio,* de la
banca* y de Internet.*

Después, la presión uniformadora desaparecerá. Los bienes culturales estarán disponibles en todas las lenguas de los consumidores. Las cadenas de telelvisión crearán filiales en todas las lenguas locales.

Sin embargo, muy pronto la traducción automática —primero escrita y después oral— llevará de nuevo a las lenguas primeras. Se leerá en una lengua lo que se escriba o se diga en otra. Se llegará incluso a modificar el movimiento de los labios de los actores mediante el morfismo virtual para evitar el doblaje.

Se establecerá una babelización liberadora. La influencia de una lengua no dependerá ya del número de sus hablantes, sino del número y de la reputación de sus obras maestras.

LENTITUD

Anemia del tiempo de los pobres, buscada y cultivada por los muy ricos. Estética del dominio de sí mismo en la hiperclase.*

LEY

Necesaria para el funcionamiento de una colectividad si se puede aplicar y castigar a quienes no la tienen en cuenta.

Mañana, el debilitamiento del Estado* y la dominación del mercado* harán que sea con frecuencia inaplicable. Quedará reemplazada por un contrato que vincule a los individuos o a las personas morales por medio de normas dictadas por comités de ética,* y, donde sea posible, por convenciones internacionales o por reglamentos continentales. Quizás un día, si se llega a una democracia* sin fronteras,* la ley tome la delantera al derecho.*

LHASA

Capital del Tíbet, lugar de enfrentamiento internacional lo mismo que Jerusalén.* Sin solución que no pase, también aquí, por la multipertenencia.

LIBERALISMO

Sistema social donde la libertad no queda limitada más que por el mal hecho a otro. Durante mucho tiempo aún será el pedestal común de la democracia* y del mercado,* la base de la civilización* occidental.

Cada vez será más difícil definirlo: ¿qué es el mal?, ¿quién es el otro?, ¿quién lo decide?, ¿quién le controla?, etc.

Es fácil comprender que no pueda conducir a un ideal colectivo excepto en una sociedad teórica compuesta de individuos racionales. Y que a la sociedad actual le falta mucho trecho para llegar a ese estadio. Esta utopía* que se vanagloria tanto de no serlo, quedará reemplazada poco a poco por la fraternidad.*

LIBERTAD

Ante todo el derecho de comer hasta hartarse, de aprender, de ir y de venir, de cambiar de opinión, de liberarse de la influencia de los demás, de elegir su camino y sus propias etapas.

Después, de pararse cuando le plazca, de aislarse del mundo, de abandonar la caravana, de desengancharse. El derecho a la soledad.*

En fin, el derecho a la simultaneidad* de elecciones contradictorias.

LIBRO

Primer objeto nómada.*

Hoy en día, más de mil millones de individuos han leído al menos una obra literaria en su vida. Dentro de cincuenta años serán al menos tres mil millones. Por eso, el libro continuará siendo un objeto* irreemplazable. Su cómoda lectura, la posibilidad de consultarlo, la calidad y la luminosidad del papel* continuarán siendo durante mucho tiempo ventajas sin rival. Su coste descenderá radicalmente.

De aquí a una o dos décadas habrá mini-imprentas para lectores sedentarios que permitirán imprimir a domicilio y a bajo precio un libro elegido en Internet. Una vez leído se podrá borrar y utilizar de nuevo el mismo soporte para otro.

El editor quedará como aquél que selecciona los manuscritos, como el generador de proyectos, compañero de camino de los creadores y promotor de obras. El librero seguirá siendo el irreemplazable consejero de un lector que navega en un catálogo, un almacén o un centro de préstamo de libros.

LÍMITES

Dará la impresión de que desaparecen en la infinita variación de los signos, en el descubrimiento constantemente renovado de reservas de materias primas, en la abundancia de informaciones, en la equivalencia generalizada de los valores, etc. Sin embargo, habrá que imponer otros nuevos, voluntarios esta vez, para circunscribir el uso de los saberes y de los recursos, para delimitar la era de los caprichos y para dominar la violencia.

Habrá que señalar fonteras* para no permitir que el hombre, cada vez más ilimitado, se autodestruya.

LITERATURA

Como reflejo de su siglo, dará testimonio del nomadismo* y ofrecerá al nómada el espectáculo de una sedentariedad virtual.

Desde su invención, la epopeya y después la novela* han permitido al sedentario superar su inmovilidad forzada mediante un viaje vicario o por poderes con la *Odisea*, las canciones de gesta, *Don Quijote, Robinson Crusoe* o *Moby Dick*. Mañana, por el contrario, la novela ofrecerá al nuevo nómada el espectáculo de un enraizamiento olvidado. Se explorará y se exaltará la literatura de la inmovilidad, el vocabulario de la fijación, el discurso de introspección, de contemplación, de meditación: Proust fue el primer escritor para lectores nómadas, el que anunció un siglo aún futuro. Desde entonces, el viaje se efectúa a buen precio en escenarios donde algunos escritores vienen a pedir al tiempo que suspenda su vuelo con el fin de saborear un primer sorbo de la nada: ¡eternidad en grado ínfimo!

LONDRES

Segundo centro financiero del mundo después de Nueva York* y antes que Tokio,* a la que sigue Singapur* y después Pudong.* Primera ciudad cultural de Europa.*

LOS ÁNGELES

La ciudad del civiLego* por excelencia, yuxtaposición de doscientas nacionalidades y de otros tantos grupos étnicos, condenada a la precariedad,* a lo nuevo, al nomadismo,* por la permanente amenaza de destrucción como consecuencia de un terremoto. La mayor metáfora de Occidente:* condenada a avanzar cada vez con mayor rapidez porque puede desaparecer en cualquier instante, pero tan fascinante que, a pesar de la amenaza, nadie piensa en abandonarla.

Lujo

Ya no consistirá en la acumulación de objetos,* sino en la libertad para utilizar el tiempo,* en la posibilidad de huir de los demás, de las congestiones,* de la promiscuidad. Privilegio de estar solo, desconectado, desenganchado, de tener acceso a lo real, a la experiencia, a lo íntegro, a lo auténtico, a lo verdadero, a lo hecho a medida.

En adelante se manifestará sobre todo en los servicios, en los lugares de vacaciones, de cuidados, de educación,* de degustación, de distracción.*

M

MADRE

Cualquier mujer que haya elegido dar a luz es la garante de la ternura debida a un niño, de su derecho* a tener una infancia* y la mejor ayuda para su educación. Enseñar a leer a una futura madre es enseñar a leer a muchas generaciones.

MAFIA

Para dominar una sociedad, la economía criminal tiene necesidad de dos condiciones: la existencia de fuentes ilegales de beneficios y una población víctima de la violencia cultural.

Por lo tanto, la mafia comenzará por amenazar con tomar el poder en Rusia* y en un gran número de países tanto de Europa* del este, empezando por Rumania, como de África* occidental.

En la generación siguiente, los dueños de la economía criminal se introducirán en la economía legal, en el comercio y en la industria de lo virtual, en el espectáculo,* para ofrecer a través de él clonimagos* eróticos, viajes* de éxtasis, juegos* en el hipermundo,* además de productos escasos que se prestan al tráfico: pasaportes, órganos, agua, etc.

No se podrá combatir si no es mediante la eliminación de los beneficios y, por lo tanto, mediante la legalización de la mayoría de las actividades que la mantienen, y mediante la elevación, por otro lado, del nivel cultural de las poblaciones víctimas.

Mago

Un oficio* como otro cualquiera con el descubrimiento de saberes tradicionales —prácticas de vudú, hechizos, transmisión del pensamiento, etc.— y el desarrollo de sus simulacros* virtuales.

Magreb

Cuatro países que unidos saldrán adelante, pero que divididos se ahogarán en sangre.

Potencia demográfica que en 1950 contaba con la mitad de la población de Francia y que en el año 2050 tendrá el triple. Dispondrá de recursos agrícolas, turísticos, industriales y energéticos considerables. Formará el conjunto más joven del mundo. Los menores de quince años gozarán de una amplia mayoría, tendrán un buen nivel escolar y a veces incluso un alto nivel técnico.

Esta juventud, permanentemente en el paro, se verá tentada primero por el fundamentalismo.* Después girará hacia la democracia,* el individualismo* y el mercado.* Intentará venir a Europa, y después, sobre todo bajo la presión de las mujeres, imponer la occidentalización de la región. Si lo consigue, se convertirá en un lugar de crecimiento excepcional, organizado en un mercado común, socio de la Unión Europea y primer anfitrión turístico del mundo.

Si fracasa o no se rebela a tiempo, la región se hundirá por mucho tiempo en el fundamentalismo a la vez que creará a las puertas de Europa un universo hostil y agresivo. Olas de refugiados políticos buscarán a cualquier precio atravesar el Mediterráneo. Europa tendrá que pensar en defenderse.

MAR

Amenazado de muerte por los vertidos de los transportes* marítimos, por las inmersiones voluntarias de residuos* nucleares* o por los efectos de la contaminación* urbana, el mar es y seguirá siendo más que nunca necesario para la supervivencia de la humanidad.

Tendrá que seguir absorbiendo una parte importante del «efecto invernadero» para ralentizar el recalentamiento terrestre, regular el clima* y evitar que, por un aumento de su nivel, queden anegadas las capas freáticas y las tierras de sus riberas donde viven cientos de millones de personas.

Deberá alimentar a una parte importante de la humanidad. Para eso será menester reglamentar seriamente la pesca, proteger las especies amenazadas de desaparición y desarrollar la acuicultura. También habrá que proteger y revalorizar las centenas de millones de especies marinas, animales y vegetales, aún desconocidas. El hombre se servirá de él para concebir y fabricar medicamentos* anticancerígenos, antivirales, estimulantes cardíacos, analgésicos, etc.

Deberá servir para transportar icebergs y proporcionar, por medio de la desalinización, una cantidad importante de agua* potable absolutamente vital.

Tendrá que proporcionar materiales* que podrían llegar a ser raros en el plazo de un siglo, como el titanio y el cadmio.

Tendrá que transportar grandes cantidades de mercancías que no podrían viajar de otro modo, a bordo de naves de gran tamaño propulsadas por energía nuclear.*

Puesto que es más necesario que nunca para la supervivencia de la humanidad, habrá que revisar los tratados que lo protejen y reforzarlos confiriendo a una institución internacional* un poder de control en pleno mar, declarado propiedad común de la humanidad, y crear una policía internacional del mar encargada de hacer respetar en él los derechos* de las generaciones futuras.

MARCA

El activo más importante de una empresa* con sus patentes* y el personal que la componen: la condición y la justificación de su perennidad. A largo plazo, las empresas de bienes de consumo tendrán como principal objetivo gestionar una marca, hacerla vivir, dotarla de más valor y encomendar su producción propiamente dicha a subcontratistas.

Las marcas más duraderas serán las que consigan encarnar una visión del mundo con la que los cosumidores quieran identificarse de forma sostenida. Al consumir sus productos tendrán la sensación, como en el antiguo canibalismo,* de apropiarse de las virtudes específicas de la víctima.

Las principales marcas serán, en lo esencial, americanas: Cocacola (juventud), IBM (competencia), Nike (superación), McDonald's (felicidad), Microsoft (inteligencia); pero otras vendrán de Europa: Danone (salud), Hermes y Vuitron (lujo); o de Asia: Sony (movilidad), etc. Más tarde surgirán otras nuevas para encarnar la seducción, la evasión, la soledad, la autenticidad, el amor... Procederán de otras partes del mundo, sobre todo de América Latina y de África. La constelación de las marcas constituirá la dimensión comercial del civiLego.*

MARTE

El hombre llegará a Marte hacia el año 2040, después de un viaje de dos años. Hacia el 2100 probablemente se instale allí el primer habitáculo humano con lo que el planeta rojo servirá de enlace para las exploraciones fuera del sistema solar.

MARXISMO

Los tiempos modernos no habrán producido más que dos grandes retratistas de la historia: Shakespeare y Marx. Volverá a crecer el interés por ambos. Se reconocerá al marxismo como una de las formas más pertinentes de análisis y de previsión de la evolución de las sociedades humanas, representada como una acumulación de conflictos que no podían terminar más que con la victoria del uno o del otro de los protagonistas. Se comprenderá por qué esta teoría ha podido a la vez conducir a algunas de las mayores masacres del siglo XX y predecir con lucidez lo que será del capitalismo cuando se haya apoderado de todo el planeta.

MATEMÁTICAS

Ocuparán un lugar mucho menos importante en la enseñanza para difuminarse ante las ciencias experimentales, la historia y la filosofía.

Después se constatará que las matemáticas son la única materia común a todas las enseñanzas del mundo, en todas las civilizaciones,* y que constituyen (con la música,* disciplina muy vinculada con ellas) la única lengua* común a todos los hombres. También se llegará a la convicción de que no puede haber progreso en las teorías de la materia sin un progreso paralelo en matemáticas.

Mucho más tarde, cuando la ciencia haya hecho numerosos progresos, quizá se pueda explicar por qué las matemáticas, inventadas por el hombre, dan cuenta con una precisión tan asombrosa de las leyes de la naturaleza a las que tanto los hombres como las cosas están sometidos.

MATERIALES

Una de las mutaciones más importantes y más difíciles de prever que experimentarán los objetos* y su modo de producción procederá de la aparición de materiales nuevos. Éstos serán el resultado, sobre todo, de las investigaciones en torno a la cerámica, los plásticos, el aluminio. Estos materiales modificarán la estética* de los objetos, la naturaleza de los vestidos,* de los muebles y de los vehículos.

Más tarde se inventarán materiales con las cualidades propias de la piel; los objetos se parecerán entonces más que nunca a sus dueños.

Mucho más tarde, gracias a las nanotecnologías,* se podrán producir materiales a medida partiendo de elementos elegidos explícitamente y reunidos a capricho: «materiales Lego».*

MATERNIDAD

De sujeto de trabajo* se convertirá en objeto* de consumo.*

Cada mujer querrá poder tener niños a su capricho, con quien quiera, incluso sola, como quien compra un objeto:* se dará a luz no ya como se produce, sino como se consume. La maternidad se convertirá en un acto solitario, narcisista —llevado al límite, incluso onanista.

Ya hoy en día se pueden corregir la mayoría de los casos de esterilidad. Sólo queda permitir que las mujeres* que hayan sobrepasado la edad de la menopausia tengan un niño, algo que será muy buscado en las sociedades donde las mujeres alcanzarán fácilmente el siglo de vida. También queda el que se permita a las mujeres tener niños sin la colaboración del hombre, constatando de antemano su buen estado genético, e incluso elegir algunas de las características de su progenie. Todo esto será a la vez posible y estará autorizado, ante todo por razones terapéuticas y después como nueva forma de afirmación de la libertad...

Una mujer decidirá guardar sus óvulos para hacer un niño más tarde, con el esperma de un donante conocido o anónimo, o entregarlos a una mujer «portadora» o a una matriz artificial; también podrá procrear sin que un espermatozoide anónimo no haga más que desempeñar un papel de activador, retirando el núcleo del óvulo inmediatamente después de la fecundación. De esta forma una mujer podrá llevar en su vientre un embrión de su propio clon y convertirse en la hermana gemela de su hija, que no tendría padre. También podría ser la portadora de un embrión del clon de un hombre, con lo cual su hijo sería hermano de su padre. Finalmente, podría hacer que se implantase en el útero de una madre portadora un embrión hecho con un ovocito de otra mujer al que se habrían inyectado las células de una tercera, o de un hombre; el niño sería entonces hermano de su madre y de otra persona, hombre o mujer, a la vez que nacería de otra madre. Las mujeres podrán entonces, igual que los hombres lo han hecho siempre, distinguir radicalmente entre sexualidad* y procreación.

Del mismo modo, un hombre podrá convertirse en madre, es decir, dar él solo la vida a un niño haciendo colocar el núcleo de uno de sus espermatozoides en el óvulo fecundado de una mujer anónima, colocando después el embrión en su propio vientre o haciendo que se implante en un útero no humano, por ejemplo en una incubadora o en el útero de una hembra de orangután. De este modo se convertiría a la vez en padre, en madre y en hermano de su hijo. Así pues, el hombre también tendrá derecho a la maternidad, forma de acceso a la eternidad hasta ahora reservada exclusivamente a las mujeres.

Entonces habrá que asociar al derecho a la maternidad un deber* de ternura, de educación,* de cuidados, de transmisión.* Se podría pensar que si los niños se desean de este modo, elegidos, la maternidad será naturalmente más tierna y más llena de atenciones. Nada más lejos de eso: si se hace fácil y casi abstracto tener niños, se les tratará como a objetos* de consumo o animales de compañía de los que uno se cansa tan fácilmente que se los abandona en centros especializados o al borde del camino antes de salir de vacaciones...

Del mismo modo, cuando la maternidad se convierta de verdad en un acto realmente consciente y lúcido, habrá que crear una especie de deber* o una especie de contrato de maternidad que no otorgará el derecho* de tener niños más que a quien se comprometa a respetar el derecho de su hijo de tener realmente una infancia;* a menos que el número de quienes estén dispuestos a firmar tal compromiso sea tan escaso que se vea amenazada la capacidad de la especie humana para reproducirse.

MATRICERO

Uno de los principales oficios* del mañana: creador de matrices.*

MATRIMONIO

Trivialización de matrimonios sucesivos, inicio de matrimonios simultáneos.

Al ser el individualismo* el valor supremo, cada cual se convertirá ante todo en consumidor de sentimientos. El matrimonio se hará cada vez más precario. Ya desde el comienzo, desde su conclusión, se aceptará como provisional, como algo que no compromete por más tiempo del que los consortes decidan. El compromiso será menos solemne y la lealtad ya no será de recibo. El divorcio será más sencillo: ni traumatizante, ni culpabilizador. Ya no será un fracaso, sino un acto libre. Los hijos tendrán la libertad de elegir con qué progenitor viven permanente o alternativamente.

Después, la apología de la autenticidad llevará a la desaparición de la fidelidad como deber y de la infidelidad como delito. Se le reconocerá a cada uno el derecho a enamorarse de varias personas a la vez, de forma abierta y transparente. Cada cual tendrá derecho a formar simultaneamente diversas parejas. La poligamia y la poliandria serán la regla.

Naturalmente, será menester mucho más tiempo hasta que esta evolución de las costumbres quede ratificada por el derecho.

MATRIZ

Soporte lógico (*software*), forma,* programa, molde, texto, código, obra de arte. Cualquier invento inmaterial reproducible en serie.

MECENAZGO

Se impondrá, con el debilitamiento del Estado,* como modo de financiación del arte y también de las instituciones* sociales e internacionales. Los más ricos de la hiperclase,* desvinculándose del ideal burgués de eternidad,* ya no legarán lo esencial de su fortuna* a sus hijos, sino que lo cederán en forma de fundaciones. De este modo se podrá asistir a la vuelta de la caridad del siglo XIX, pero ahora a escala mundial: primera etapa de su institucionalización hasta desembocar en la fraternidad.*

MEDICAMENTO

Las nuevas moléculas se encargarán sobre todo de bloquear los genes vulnerables a tal o cual enfermedad.* Serán unas moléculas personalizadas, a la medida de la estructura genética de cada enfermo. Se fabricarán a partir de los mamíferos clonados. No se tratarán las enfermedades salvo en el momento preciso en que el medicamento produce el máximo efecto, teniendo en cuenta los ritmos biológicos propios del paciente. Para hacerlas penetrar hasta el lugar correspondiente del cuerpo* se utilizarán liposomas, nanopartículas, nanoesferas y nanocápsulas. Con la multiplicación de las moléculas específicas para el tratamiento de los problemas mentales desaparecerá la distinción entre droga* y medicamento.

MEDICINA

Modificada por la electrónica y después totalmente trastocada por la genética, la medicina se ocupará al menos tanto de los sanos como de los enfermos.

Ante todo se intentará establecer un *perfil de vida normal* —estatura, peso, criterios bioquímicos de normalidad—, y se señalarán normas de comportamiento que cada uno se esforzará por respetar so pena de perder el beneficio de los múltiples seguros* que se haya visto obligado a suscribir.

Se generalizará el *telediagnóstico* y el *teletratamiento*. Un cirujano elegido de entre una lista mundial podrá asistir a distancia a un colega, e incluso, mucho más tarde, estar presente en tanto que clonimago* en la operación, haciendo él mismo virtualmente los gestos sobre el enfermo.

Después se irá hacia el *autodiagnóstico*. Ciertos instrumentos de autovigilancia que se podrán llevar en la muñeca (biorrelojes*) permitirán a cada uno controlar su conformidad con respecto a normas simples (presión sanguínea, nivel de colesterol, temperatura, ritmo cardíaco y cerebral, niveles de endorfina...).

De ahí se pasará al *autotratamiento*, por no decir a la *automedicación*. Habrá prótesis biónicas* que distribuirán medicamentos,* por ejemplo la insulina a los diabéticos. Se ensamblarán un electrocardiógrafo y un regulador del ritmo cardíaco. La biónica* permitirá después la implantación de microprocesadores hechos de metales tolerables para garantizar los equilibrios químicos fundamentales.

La genética* trastocará después la medicina. Primero se desarrollará el *diagnóstico* genético: se descifrará desde su nacimiento la estructura genética de un individuo y así se conocerá su vulnerabilidad a todas las enfermedades;* cada uno llevará consigo un carnet de identidad* genética con las indicaciones pertinentes respecto de sus fragilidades específicas que le indicarán lo que deberá comer, beber, hacer si quiere que las compañías de seguros carguen con el coste de sus cuidados (prevención* a medida).

Después llegará la farmacogenómica* mediante la cual los medicamentos se adaptarán a la especificidad genética de cada enfermo (terapia a medida).

Más tarde la *terapia genética* permitirá reemplazar un gen defectuoso por uno normal producido artificialmente en las células somáticas, es decir en las células especializadas. A largo plazo, cada individuo podrá proveerse de genes, de tejidos específicos, de órganos extraídos de sus propios clones o de clones animales —bancos genéticos, objetos de diagnóstico y de experimentos.

A un plazo aún mayor se puede imaginar una *prevención genética* que elimine, ya desde el análisis genético del embrión, los defectos genéticos en las células germinales. Naturalmente, esa prevención no podrá por menos de ser parcial, ya que siempre habrá errores imputables al azar.

Al mismo tiempo se irá hacia una visión global de la persona humana partiendo de la interacción del cerebro y del cuerpo, gracias a un conocimiento más amplio de la red* de comunicación entre células. Las medicinas orientales aportarán en esta materia saberes esenciales y se terminará pudiendo explicar por las redes celulares la circulación de la energía que describen los veintiocho «pulsos» de la medicina china.

La economía de la salud estará cada vez menos sometida a las leyes del mercado puesto que cada vez menos consumidores pagarán los costos. Los médicos serán los empleados de quienes les paguen: organismos de Seguridad Social o compañías de seguros privados. Serán cada vez más numerosos los países donde las empresas privadas tomarán el relevo de los sistemas públicos, a veces con la obligación de mantener una calidad mínima de servicio sea cual fuere el grado de solvencia de los individuos.

Una reivindicación capital de la utopía* de la fraternidad* será la gratuidad* absoluta e ilimitada de los cuidados a escala mundial, sobre todo y en particular en lo que atañe a los niños.

MEDITERRÁNEO

El Mediterráneo, hogar de muchas civilizaciones y de todos los monoteísmos, campo de batalla de los veinte últimos siglos, continuará siendo una frontera Norte/Sur y uno de los principales polos de atracción
turística del planeta.

Si los problemas del Oriente Medio* continúan siendo acucian-
tes y si el Magreb* se hunde en el caos, será el teatro de terribles enfrentamientos y de emigraciones en masa. Se verán patrullar las marinas
del norte* para impedir que lo atraviesen las olas de inmigrantes del
sur.* El norte hará todo lo que pueda para situar holgadamente su frontera de barricadas.

Pero si el Magreb consigue construir su unidad y el Oriente Medio
supera sus traumatismos, las orillas norte y sur, unidas por nuevos
medios de trasporte* rápido, se organizarán en un mercado único de
mil millones de habitantes para poner en común el agua,* la energía,*
las telecomunicaciones.* El Mediterráneo podrá convertirse de este
modo en el lugar de mayor desarrollo del planeta. Difícilmente la suerte de una región bendecida por los dioses dependerá tanto de la cor-
dura y del sentido común de sus habitantes.

MEMORIA

Identidad y bagaje del nómada,* su lujo* y su arma, cuando la precariedad* y la amnesia* se generalicen.

MERCADO

El comienzo del siglo garantizará el triunfo de este dios infalible.
Después habrá agnósticos que pretenderán decir que no existe. En fin,
se desatarán guerras* de religión económica cuando comiencen a aparecer nuevas formas de organización de los intercambios.

El mercado extenderá primero su imperio por todo el planeta donde las privatizaciones acabarán reduciendo a la nada los sectores públicos. Permitirá que se reparta la escasez de los bienes más diversos sin tener que recurrir a la arbitrariedad de una burocracia corruptible. Después se extenderá a ámbitos donde hoy está prohibido o sería impensable: educación,* sanidad,* justicia,* policía, ciudadanía,* identidad,* aire,* agua,* sangre, órganos* para trasplante (también tendrán su precio correspondiente). El ciudadano, el enfermo, la madre, el padre se convertirán en consumidores, es decir, que no aceptarán someter sus deseos personales —si poseen los medios económicos para satisfacerlos— al juicio de una mayoría que podría no compartirlos.

El mercado será el juez de todo; su decisión quedará determinada por el precio de las cosas, dato abstracto del que nadie podrá predecir anticipadamente cuál va a ser y que cada quien se verá obligado a interpretar como si fueran las divagaciones de una pitonisa. Dará a cada uno no lo que necesita o merece, sino el equivalente enigmático de los servicios que se considera que presta a otro. Juzgará de manera inmediata, cambiará de opinión tan pronto como haya modificación en los beneficios, constantemente dispuesto a enjuagar los efectos de un pánico* violento. Nadie podrá sobrevivir si no tiene algo que vender.

A pesar de su aire de infalibilidad y a despecho de todas las promesas de sus sacerdotes, el mercado no garantizará ni la justicia, ni la equidad, ni la dignidad, ni la educación,* ni el alimento, ni el bienestar de todos. Tampoco garantizará el pleno empleo.* ¡Jamás! Porque no necesita a los hombres más que como consumidores y no le importan ni su futuro, ni su pasado, ni la naturaleza, ni las ideas —excepto para venderlas.

Quizá llegue un día en que se vea claramente que es absurdo reducir las cosas y la gente a un precio.

Poco a poco, paralelamente al mercado, surgirán otros rituales de intercambio: don por don, sentido* por sentido, forma* por forma, reciprocidades de la fraternidad.* Se apoderarán primero de la esfera lúdica, de forma marginal, como lo hizo el mercado en sus inicios.

MERCOSUR

Unión económica y después política del conjunto de los países de América Latina.* Tendrá un día su propia moneda* y, más tarde, su gobierno federal. Se convertirá muy pronto en una de las primeras potencias del Sur* al reagrupar a cerca de mil millones de habitantes en torno a Brasil.* Tendrá que gestionar sus relaciones con América Central, sobre todo con México,* muy integrado a la sombra de Estados Unidos en la Alena, organización de América del norte. México querrá formar parte de una organización y de otra. Estados Unidos querrán controlar el Mercosur, de quien se sentirán económicamente cercanos, pero preferirán permanecer culturalmente cerca de Europa.* No se pueden excluir fricciones, incluso conflictos, en la frontera* de los dos subcontinentes.

METEORITO

La amenaza de una extinción total de la especie humana se tomará más en serio el día en que se tengan los medios para prevenirla. Se instalará una red* completa de satélites* en misión de vigilancia. Se estará preparado para enviar al espacio* armas nucleares* o neutrónicas destinadas a destruir cualquier cuerpo celeste amenazante. La humanidad permanecerá de este modo al acecho, nómada* amenazada que escruta los espacios infinitos para detectar a tiempo la muerte en forma de una trayectoria azarosa.

MÉXICO

País donde Norte y Sur se mezclan, herencia de una mujer india y de un soldado español, lugar donde el peligro de que se desencadene la violencia es mayor. En el 2025 contará con 150 millones de habitantes en vez de los 90 con que cuenta hoy en día. Si consigue mantener su unidad será un ejemplo manifiesto del civiLego, gran potencia que reinará en el mundo hispanófono y ejercerá una influencia cada vez mayor, tanto económica como política, en el sur de Estados Unidos que lo alejará del nordeste.

MÉXICO D.C.

La mayor ciudad* de las Américas; tendrá que ser evacuada por culpa de la contaminación.*

MICROCRÉDITO

La mejor oportunidad de la humanidad de salir de la pobreza.* La principal forma de asistencia a los dos mil millones de pobres desde el éxito del Grameen Bank a finales del siglo XX. Se multiplicarán las instituciones en todo el mundo para ayudar a los pobres a autoemplearse. Concederán a cada uno los medios para crear riqueza a tenor de sus habilidades y de sus dones y también para demostrar su creatividad. Garantizarán créditos a la vivienda,* al trabajo* individual, a las redes de comunicación.

Sin esperar a que el mercado* lo solucione él solo (el régimen de salarios no eliminará la pobreza), ni a que la ayuda internacional ponga un remedio (serían necesarios medios en los que nadie podría soñar), el microcrédito alcanzará, hacia el 2020, a diez, y después a cien, millones de familias* de entre los más pobres. Les permitirá salir de la extrema pobreza para lograr unos ingresos de tres dólares diarios. Internet* acelerará considerablemente la entrega de los créditos.

MIGRACIÓN

Decenas de millones de individuos cambiarán de país cada año para sobrevivir.

Lo esencial de las migraciones tendrá lugar en el interior del continente africano, después se hará en cascada: de África* hacia Europa,* de América del Sur hacia México,* de México hacia Estados Unidos,* de Asia Central hacia Rusia,* de Rusia hacia Polonia,* de Polonia hacia Alemania*...

Habrá poblaciones de emigrantes que se instalarán en espacios recientemente habilitados para el cultivo (Amazonia, África Central, Siberia,* Escandinavia, Canadá).*

Para dominar estos movimientos será menester conciliar nomadismo* y democracia* y otorgar a los emigrantes* derechos y deberes de cuasi ciudadanos.*

MILICIAS

Grupos de ciudadanos* armados con material de guerra,* decididos a protegerse con sus propios medios contra la invasión del Estado,* de las multinacionales* o del extranjero.* Ya son poderosas en Estados Unidos* y pronto lo serán en otras partes. Fuerza armada del repliegue, de las crispaciones por la identidad, de la defensa del sedentario* contra el mercado,* la globalización* y el que la encarna, el nómada,* ya sea rico o pobre, inversor o invasor.

MINAS

Uno de los más terribles legados del siglo XX. Se necesitarían 100.000 millones de dólares para eliminar los 110 millones de minas antipersona colocadas en sesenta y ocho países. Ese dinero no sólo no estará disponible, sino que costará cien veces menos seguir colocando otras. Si no es gracias a cambios tecnológicos espectaculares o a recursos disponibles de la noche a la mañana, esas minas seguirán matando aún al menos a diez millones de personas. ¡Guerra* más allá de la paz, sin fronteras* espaciales ni temporales!

MINIDISCO

Invención japonesa que podría, a largo término, reemplazar la radio, el disco e incluso la televisión* y el cine* al permitir que cada cual, desde su propia casa, grabe, borre y vuelva a grabar hasta el infinito música,* imágenes, datos al conectarse a un alimentador óptico, conectado a su vez, por medio de un descodificador numérico, al cable o a la antena parabólica. La industria se desarrollará entonces en vistas al establecimiento de bancos de datos numéricos que venderán sus servicios mediante el pago de un canon.

MINORÍAS

Reinarán como si fueran soberanas. De acuerdo con los principios del individualismo* que hacen de cada ciudadano* un consumidor* de política,* las minorías se negarán a someter sus intereses personales a los de las mayorías y abandonarán las colectividades que quieran imponerles sus decisiones, impedirles obtener lo que ellas pueden adquirir con sus medios y reducir sus privilegios. Proclamarán su secesión o, cuando eso no sea posible, se marcharán uno a uno: la huida de las elites de una democracia* pondrá de manifiesto la rebelión de las minorías contra las decisiones de una mayoría. Una vez más, la democracia sólo quedará a salvo si la fraternidad* se convierte en un valor tan alto dentro de la jerarquía individual que sea capaz de compensar la frustración de ciertos egoísmos.

MÍSTICA

Siglo místico, por el hecho de ser nómada.*

El nómada es creador y «vehículo» de Dios. Tiene necesidad de Él, su punto de unión, que le consuela y le guía. En los desiertos de mañana, la soledad* volverá a crear una necesidad de solidaridad,* de ayuda mutua, de pertenencia, de espiritualidad, de fraternidad.* El nómada volverá a tener necesidad de colocar la trascendencia sobre sus hombros, de llevar a su Dios consigo. Cada cual será el tabernáculo móvil de un dios nómada. Este nomadismo místico es una anticruzada: ¡se acabaron los lugares santos que hay que liberar, porque esos lugares están encerrados en uno mismo! Y como el «sí mismo» cambia a lo ancho del mundo, he aquí al eremita aislado o al monje enclaustrado en medio de la multitud, he aquí conciliados lo regular y lo secular.

MODELO

Un modelo es a la vez lo que se imita y lo que imita:
• artistas, deportistas, jugadores de ajedrez* estarán entre aquellos a quienes se imita. Hasta que cada uno se convierta en creador de su propio modelo para triunfar;
• los modelos en ciencias sociales, que imitan lo real, se convertirán en universos virtuales,* simulacros,* maquetas hiperrealistas en las que se simulará las consecuencias de las decisiones que se piensa tomar.

MODELO ESTÁNDAR

Teoría física que quizá un día unifique las leyes que rigen la materia. Y que tratará de unificar las cuatro formas de energía hoy irreductibles en una invariable y única.

MODERNIDAD

Pasada de moda para siempre.

MONEDA

El dólar* y el euro* serán las dos monedas internacionales más importantes. El ren min bi chino y la rupia india serán las dos monedas principales domésticas.

En las ciudades* la moneda electrónica reducirá aún más el lugar de la esfera privada. Más tarde, para pagar sólo se podrán utilizar tarjetas de crédito con foto, después con huellas dactilares u oculares.

Habrá monedas emitidas por empresas* y por marcas* conocidas, como Microsoft o Wintel.* Éstas comenzarán abriendo galerías de comercio* electrónico y ofrecerán a sus asalariados, a sus proveedores y a sus clientes la oportunidad de comprar en ellas los productos de la vida cotidiana con una moneda específica para estos intercambios. Esta moneda será después intercambiable con otras. Muy pronto será más fuerte que la moneda de la mayoría de las naciones* que, con ello, perderán el último atributo de su soberanía.

A mediados del siglo, lo mismo que se pasó del mercado común a la moneda única, se comenzará a hablar de un patrón monetario universal y después de una moneda mundial única. Esa moneda, a semejanza del euro,* se constituirá a partir de las principales monedas del momento de las que previamente se habrá comprobado su estabilidad relativa.

Todo esto, por supuesto, a menos que el mercado no logre imponer una multitud infinita de divisas.

MORAL

El Occidente* iniciará un aparente repliegue hacia una moral* de la familia,* de la virtud y de la fidelidad. ¡Ilusiones! de hecho se pondrán los cimientos de una nueva moral basada principalmente en la sinceridad.* Ésta llevará a admitir la múltiple pertenencia y las relaciones no exclusivas. En contrapartida aparecerán nuevos deberes,* sobre todo respecto de las generaciones siguientes y de la naturaleza.

MOSCÚ

Capital de uno de los feudos de la antigua Rusia* descompuesta que busca obstinadamente la reconstrucción del imperio.

MUERTE

Lo mismo que el hombre tendrá varias vidas, así tendrá también varias muertes. Todo sucederá a semejanza de un coche que muere por primera vez cuando se le envía al desguace, por segunda vez cuando cesa la producción de su modelo y por tercera vez cuando se olvida hasta su forma y ninguna otra se parece ya a ella. Del mismo modo el hombre morirá tres veces.

La primera cuando su cuerpo,* soporte de objetos nómadas,* de prótesis,* se derrumbará por el uso del fenotipo: *muerte menor*. Para resistir todo lo posible a esta muerte, el hombre procurará tener una reserva de órganos y de «tickets de vida». Para tener éxito en su muerte, preferirá elegirla. Comprará «derechos de muerte», formas de suicidio, y derechos de homicidio (eutanasia*). Perderá la propiedad de su cuerpo y las exequias se convertirán en un ritual sin relación con el destino del cadáver. Se aceptará la muerte como indispensable haciendo de toda la vida una obra de arte,* sin pensar ya en la inmortalidad mediante el almacenamiento de objetos* y de obras de arte. Los valores asociados a la vida serán la precariedad,* la sinceridad,* la intensidad.

Pero cada uno se prolongará en sus clones:* primero clonimagos,* después clones genéticos que podrán clonarse unos a otros sucesivamente. Al cabo de cierto tiempo, el genotipo, repetido de clon en clon, se degradará como un molde, por desgaste de la codificación, por error o por el azar. Ésta será la segunda muerte o *muerte mayor*.

Más tarde tendrá lugar una tercera muerte, aún más radical, la del recuerdo del genoma en la memoria* de los vivos y en el código de todos los demás genomas con los que él haya podido procrear. Nadie tendrá ya el más mínimo parecido con un niño o con una quimera* salida de él. Ésta será la *muerte absoluta*.

Más allá estará la muerte de la especie: ¡olvido último de todo ser que haya existido!

MUJER

El siglo XXI, lo mismo que el XVIII, será femenino. En el Norte,* porque los valores femeninos gozarán de preeminencia. En el Sur,* porque el estatuto de las mujeres se habrá hecho tan intolerable y su papel socioeconómico tan determinante que esta contradicción explosiva será caldo de cultivo de una revolución.

Tanto en el Norte como en el Sur, mientras los hombres continuarán lanzándose indefinidamente a aventuras abocadas al fracaso para olvidar la muerte al tiempo que la provocan, las mujeres protegerán la llama de la vida al continuar ocupándose de los niños mejor y durante más tiempo que los padres y al asumir alarmantemente solas la responsabilidad de sus cuidados y de su educación. En el Norte* dejarán de reivindicar la igualdad de derechos* con los hombres para reclamar la inclusión de sus propios valores en los mercados,* en la cultura, en política.* La igualdad de género ya no será un objetivo; se admitirá y se reivindicará las diferencias; que se reconozca a cada uno, hombre o mujer, el derecho a expresar su feminidad. Cuando el mundo tienda a hacerse nómada,* también tenderá a hacerse femenino, y este encuentro engendrará un nomadismo nuevo que no tendrá absolutamente nada que ver con el de antaño.

En el Sur,* por el contrario, la situación de las mujeres empeorará. La mortalidad* relacionada con el parto, hoy en día quince veces mayor que la del Norte, continuará siendo trágica; la pobreza* será cada vez más el ajuar de las mujeres. Durante cierto tiempo continuarán teniendo menos acceso que los hombres a la tierra, a los créditos. Las mujeres analfabetas seguirán siendo dos veces más que los hombres. (En China,* más del 80 % de los alumnos que abandonan los bancos de la escuela primaria en edad escolar son chicas.) El salario femenino bajará aún más relativamente con respecto al de los hombres: en 1980 era por término medio un 80 % del de aquéllos; veinticinco años más tarde sólo será un 55 % de aquél. La debilidad se nutre en la debilidad...

Pero la mejora de la condición de la mujer aparecerá como el factor clave del progreso social. Son ellas quienes tienen las llaves de la educación,* de la protección social, del reparto del agua.* La educación de las hijas tendrá un impacto a largo plazo mucho más importante que la de los hijos. La diferencia de fecundidad entre China (2) y la India (3,6) se explica por una diferencia en la alfabetización de las mujeres (dos veces mayor en China que en la India), en su esperanza de vida (diez años más) y en el lugar que ocupan en el mercado del trabajo (superior en tres cuartos).

Esta contradicción entre la influencia cada vez mayor de las mujeres en el Norte y su opresión creciente en el Sur precipitará el reconocimiento del deber de injerencia,* a petición de las mujeres del Norte, para venir en ayuda de las del Sur: será una especie de nomadismo* de fraternidad.* El resultado será una forma de revolución,* al aliarse las mujeres del Norte con las del Sur para ayudarles a tomar el poder o, al menos, a derrocar el que las continúa manteniendo en su condición de inferioridad, dependiente y miserable.

MULTINACIONAL

Cualquier empresa, incluso minúscula, tendrá que hacerse internacional para poder sobrevivir, al menos en lo que atañe a su clientela. Y la multinacionalidad no será necesariamente un signo de poder.

MULTIPERTENENCIA

Cada uno tendrá el derecho de pertenecer a multiples tribus* hasta ahora antagónicas, de ser ambiguo, de situarse en el punto de unión de dos mundos, en fin, de ser «marrano» por naturaleza. Se podrá ser a la vez ciudadano alemán y francés, adepto del budismo* y del judaísmo,* miembro de varias asociaciones,* de varios partidos políticos a la vez. Incluso se podrá ser miembro de varias familias*... Se tomarán elementos de diversas culturas y cada uno se servirá de ellos para formar la suya propia a partir de los retazos de las demás. Se estará obligado a ser tolerante tras la experiencia de verdades contradictorias antes de que llegue la hora en que un nuevo derecho* se implante como regla de las nuevas civilizaciones.*

MUNDIALIZACIÓN

Dimensión espacial de la globalización* caracterizada por la extensión de los intercambios a todo el mundo bajo la presión del mercado.* Hacia el 2010, si nada la interrumpe, sobrepasará por vez primera el nivel que alcanzaba a comienzos del siglo XX.

La toma de conciencia de pertenecer a un poblado mundial se acelerará por la ruptura del vínculo entre coste y distancia de las comunicaciones. Pero se ralentizará por la inestabilidad de las finanzas* mundiales, por las migraciones* y por la amenaza de epidemias,* aspectos todos que invitarán a establecer nuevas barreras.

Para ser duradera tendrá que establecer códigos de buena conducta y normas éticas de circulación. Una red* compleja de convenciones internacionales unirá entre sí los Estados mediante el derecho* y no mediante la ley.* Más tarde, tras el establecimiento de instituciones* continentales, aparecerá quizá la urgente necesidad de un gobierno mundial. Lo mismo que en la Unión Europea, esta evolución comenzará por la instauración de un libre cambio mundial, por la libre circulación de los capitales que hará necesaria una moneda* mundial, que no podrá ser eficaz sin una institución mundial capaz de amparar a las regiones* más desheredadas.

MÚSICA

Nuevos ruidos y nuevos ritmos arrollarán a todo lo que se oye hoy en día. No se tratará de una vuelta al ritual o al espectáculo.* Tampoco a la música culta. Por el contrario, será una avanzadilla de la improvisación.

Los nómadas* urbanos crearán nuevos instrumentos —electrónicos o de artesanía— para una música instantánea, colectiva, accesible a todos, una música que romperá la barrera del aprendizaje, que será una mezcla de culturas* distantes, un mestizaje de instrumentos y de armonías.

El civiLego* musical dará vida a los objetos* cotidianos haciendo oír sus ruidos, dándoles un sentido, haciéndolos hablar y cantar. La música reencontrará su origen sagrado y su función profética: hacer vivir, comunicar con la trascendencia, consolar; recordar a los hombres, mediante la experiencia y la emoción, que son mucho más que máquinas de producir y de consumir, y sin ningún género de dudas, mucho más que futuros muertos.

N

NACIMIENTO

Seguirá siendo la dicha por excelencia para la mayoría de los hombres y mujeres que cada año engendran 140 millones de niños en el mundo. Para algunos se convertirá en un objetivo puramente egoísta, cada vez menos dependiente de la sexualidad,* lo que trastornará la comunicación entre generaciones.

En cierto modo ya lo es, con la posibilidad de la concepción *in vitro*. Pero lo será aún más con la concepción extrauterina. Y más aún con las matrices animales o artificiales. Y, mucho más tarde aún, con la clonación.* Incluso se llegará a ver, después de todo eso, una forma de concepción partiendo de un banco de genes y no ya a partir de la copia de un genoma.

Cualquier humano se convertirá entonces en un ser sin padre ni madre, sin predecesores ni descendientes, sin raíces ni posteridad, nómada* absoluto.

NACIONES

Su número aumentará a la vez que el concepto irá perdiendo sentido. Si en 1850 sólo había 44 naciones reconocidas, en 1938 había 60, en

1963, 108, en 1983, 144 y en 1998, 193. A pesar de la explosión demográfica, la población media de cada nación ha bajado de 39 millones en 1946 a 29 millones a finales del siglo XX. Treinta y cinco naciones reconocidas por la comunidad internacional cuentan con menos de 500.000 habitantes.

En el futuro la división de las naciones aumentará a iniciativa de las minorías que rechazarán los dictados de las mayorías.

Mientras que en el siglo XX los pobres se liberaron de los ricos mediante la descolonización, en el siglo XXI serán los ricos quienes se desharán de los pobres negándose a ser solidarios con ellos o siéndolo sólo con grupos étnicos muy claramente definidos. Estos nuevos países ricos —de Asia* y de África*— serán muy atractivos para los inversores internacionales a cuyos ojos, en términos económicos, la magnitud de los mercados interiores ya no es un factor determinante.

Al mismo tiempo aumentará el número de naciones pobres. Ya actualmente, 26 de las 45 naciones creadas hace veinticinco años se consideran como «muy pobres», según los criterios de la banca mundial. Ciertas regiones abandonadas de entre las más pobres de África central carecerán incluso de los medios para construir un aparato de Estado mínimo y se convertirán en zonas sin ley. Sus vecinos ricos se verán obligados a tomarlas bajo su tutela para no ser invadidos por los refugiados y vivir bajo la constante amenaza de la violencia.

De este modo, mientras que las naciones antiguas y estables del Norte,* de Asia* del este y de América Latina* se agruparán en conjuntos cuasi federales de dimensión continental, a semejanza de lo que ocurre en Europa, las nuevas naciones ricas de África y de Asia del sur, para defenderse, deberán constituir cuasi imperios, o cuando menos establecer protectorados.

NANOBIOLOGÍA

Cuando se descubra cómo los ARN mensajeros manipulan los átomos para producir las proteínas y cómo éstas se reproducen, se podrán construir artificialmente proteínas átomo a átomo, como se construye hoy en día artificialmente los nanomotores; en tanto que ensamblajes moleculares capaces de utilizar energía para desplazarse (bajo la forma de ATP,* moneda* de cambio universal en el interior de la célula), se podrán utilizar como nanorrobots biológicos, incluso para reproducir células y atajar el envejecimiento.

NANOMADISMO

Cultura poscapitalista, base del civiLego,* centrada en torno a dos valores dominantes de la hiperclase:* las nanotecnologías,* que darán forma a los materiales* y a los oficios,* y el nanomadismo,* que moldeará el modo de vida.

La utopía de la cultura nanómada será la fraternidad,* que hará posible la democracia* mundial haciéndola por fin plenamente compatible con el mercado.*

NANOMEDICINA

Cuando las nanotecnologías* estén disponibles se podrán construir robots* o cámaras minúsculas dirigidas a distancia por mandos a escala humana para desplazar una sola célula del cuerpo,* manipularla genéticamente, o para hacer que un nanomotor entre en un poro para efectuar un examen o para reparar una lesión.

NANOTECNOLOGÍA

Matrimonio entre la física y la informática* que permitirá poder soñar en el ensamblaje de los átomos, uno a uno, para reconstruir moléculas, un material, incluso un objeto* partiendo de un programa de ensamblaje. Las previsiones más optimistas permiten pensar que las primeras bases de la nanotecnología comenzarán a ser operativas hacia el año 2020. Los primeros nanoproductos serán nanomotores artificiales, después nanotubos, captores microscópicos que se podrán introducir en la sangre para medir permanentemente los datos, después nanoordenadores* y, más tarde, autorreproductores, es decir, máquinas capaces de clonarse ellas mismas.

Los cambios económicos, sociales y políticos que implicarán tales inventos provocan vértigo: cualquier material, cualquier objeto se hallará reducido por esos inventos a un conjunto de informaciones y de átomos simples y gratuitos. La nanotecnología, clonación de lo inerte, terminará convergiendo con la clonación de lo vivo.

NARCISISMO

Forma extrema del placer en la ética* individualista. Valor fundacional de la hiperclase* que lo rechazará finalmente en favor de la fraternidad.*

NATALIDAD

De momento disminuye por el predominio de los valores masculinos y la falta de confianza en el futuro. La tasa media anual de crecimiento mundial está aún en un 26 por mil; en Italia,* en España, en Alemania,* en Grecia y en Japón* no es más que del 10 por mil, pero en Gaza es del 56 por mil. Debería convergir, a mediados del siglo futuro, hacia una tasa media del 25 por mil y estabilizarse en ella. Todo dependerá del grado de supremacía de los valores femeninos y del color del horizonte próximo y lejano.

Naturaleza

Dejará de ser vista como el enemigo inmemorial e irreductible del hombre. Incluso llegará un tiempo de cooperación entre la naturaleza y el hombre en ciertos frentes, mientras que la lucha continuará en todos los demás.

Navegación

Técnica de circulación por las redes* reales y virtuales (Internet, los multimedia, el hipermundo,* la célula, la ciudad,* la red* viaria, la genealogía, la empresa*) que exigirá sentido de la orientación, memoria,* intuición, constancia, arte de la deriva de escala en escala, sentido de la asociación de ideas, de la errancia en estado de alerta. Será una de las principales competencias de la hiperclase,* el saber básico del nomadismo.* La fabricación de instrumentos de navegación y de mapas para todas esas redes constituirá el sustrato de grandes oficios* del futuro.

Nigeria

Su futuro determinará el del África* subsahariana.

Si es capaz de organizarse en economía de mercado* y en democracia,* hacia la mitad del siglo será, con sus 250 millones de habitantes, la superpotencia del continente, el corazón de un imperio* que controlará toda el África central y organizará su desarrollo.*

Si, por el contrario, no consigue estabilizarse, si los yorubas, los ibos, los hausas y los demás pueblos que la componen continúan desgarrándose mutuamente, se convertirá en el teatro de una nueva guerra* civil, esta vez terminal, y a la vez en una de las zonas de ruptura entre el islam* y Occidente.* El África central continuará entonces hundiéndose en el caos, impidiendo que el continente organice un mercado común liberador.

Nómada

Arquetipo humano del siglo próximo. Sus valores,* sus ideas, sus deseos* dominarán la sociedad. El mercado* hará todo lo posible para satisfacerlo, para permitirle que lleve su casa consigo y para que esté conectado con los principales oasis.

Desde hace treinta años, el 5 % de la humanidad se ha hecho nómada: trabajadores emigrantes, refugiados políticos, campesinos* expulsados de su tierra, además de no pocos miembros de la hiperclase.* En Estados Unidos un hogar de cada cinco cambia de domicilio todos los años, en Europa,* uno de cada diez. Dentro de treinta años, al menos la décima parte de la humanidad será nómada —de lujo o de miseria—. Cada vez más, se será a la vez urbano y desarraigado en tanto que ciudadano,* consumidor, consorte, trabajador.

Habrá tres clases de nómadas: de lujo (los miembros de la hiperclase*); de miseria, que tendrán que desplazarse de por vida para poder subsistir; y los nómadas virtuales,* la inmensa mayoría, que vivirán sedentarios,* en el cocooning,* a la vez con la esperanza de tener un día los medios del nomadismo de lujo y con el temor de caer en el de miseria. Todos tendrán que descubrir las condiciones de la navegación* en tribu,* las verdades vagabundas válidas para todos los nómadas, sea cual fuere su clase.

Todo nómada tendrá que ser ligero, libre, hospitalario, vigilante, conectado y fraternal.

• Ligero: las riquezas materiales le estorbarían en sus desplazamientos; sólo podrá acumular ideas, experiencias, saberes y relaciones.

• Libre: creativo, concentrado en cosas esenciales; su identidad no se define por un territorio que hubiera que defender, sino por una cultura, una ideología o un dios que lleva consigo y por su tribu a la que tiene que defender incluso si, para hacerlo, se ve obligado a levar anclas. En el mar,* tendrá que cambiar constantemente de singladura para adaptarse al viento sin olvidar nunca el próximo puerto.

• Hospitalario: cortés, abierto a los demás, atento a los regalos que hay que hacer. Sabe que su propia subsistencia dependerá de la acogida que reciba como reconocimiento a su *savoir-faire*. Si no ha dejado una imagen amable, si ha destruido todo tras su último paso, le quedará prohibido el acceso a la fuente. En contra de la leyenda, no hay ser más pacífico que el nómada: no muere por defender una tierra, sino por defender el derecho de abandonarla.

• Vigilante: su campo es frágil, sin trampas ni murallas. Incluso si, para plantar su tienda, ha elegido un lugar despejado, incluso si se muestra hospitalario, el enemigo puede aparecer de improviso, de cualquier sitio, en cualquier momento. Estará pues dispuesto en todo momento a recoger velas o a enfrentarse a ese enemigo surgido del desierto o del oscuro bosque. Como diestro navegante, estará al acecho de escollos y de tormentas.

• Conectado: para subsistir, permanecerá conectado con toda la tribu y, si fuera posible, con el próximo oasis. Por eso siempre llevará consigo los medios para transmitir.

• Fraternal: *nómada* viene de una palabra griega que significa «compartir». No podrá subsistir si no sabe compartir sus campos de vagabundeo con las demás tribus. En este sentido, la exclusión significa la muerte.* No hay vida nómada sin vigilancia, lo mismo que no hay vigilancia sin turnos de guardia, es decir, sin organización de una fraternidad.*

NOMADISMO

Las civilizaciones,* que terminaron haciéndose todas sedentarias* hace diez mil años, se organizarán muy pronto, una tras otra, en torno al nomadismo. Todo será móvil por la sencilla razón de que todo será precario: los hombres,* los objetos,* las instituciones,* las empresas,* las informaciones,* por supuesto, pero incluso las distracciones* en el turismo* y en las máscaras, los laberintos* y las drogas* del hipermundo.*

La historia del nomadismo muestra que de sus filas pueden surgir artistas excepcionales, especialistas de obras ligeras, portátiles: música,* alhajas, estatuillas, cuadros, literatura oral, etc.

Los valores del nomadismo serán los de las sociedades constantemente en la brecha y a caballo entre dos mundos, necesariamente respetuosos con los valores de las civilizaciones sedentarias* que les acogen o les toleran. Después se organizará la simultaneidad* de nomadismos plurales, la promiscuidad de tribus* diferentes, la fraternidad* de los compadres.

Entonces será menester inventar un derecho* muy particular, distinto al derecho sedentario: porque sin ley* no hay nomadismo. Por lo demás, el primer objeto nómada fue la Ley misma, palabra recibida en el desierto en forma de tablas de piedra transportadas en el Tabernáculo, objeto sagrado nómada por excelencia.

NORTE

Como metáfora de la riqueza, constituye hoy en día un grupo muy cerrado que tiene sus clubes (el G8, el G10, la OCDE) y su estrategia. Podría bunkerizarse para defender sus privilegios en torno a Occidente* y a la OTAN.* Los principales conflictos se originarían en este caso en sus fronteras con el Sur.*

Más probablemente, se mezclará con el Sur,* metáfora de la pobreza, y desaparecerá en cuanto entidad geográfica: de ese modo lo habría de Norte a Sur y de Sur a Norte...

En esta hipótesis no habrá conflictos mayores entre naciones del Norte y del Sur, sino entre nómadas y sedentarios* y entre nómadas de lujo y nómadas de miseria.

NOVELA

Para distraer al nómada,* cansado de su vida errante, habrá que ofrecerle una literatura inmóvil cuyo objetivo no sea ya la evasión tan ansiada por el sedentario,* sino la contemplación,* el viaje interior. Un género de literatura más cercano de Proust que de Cervantes o de Conrad. Le gustará leer para aislarse, para crear sus propias imágenes mentales, para encontrarse consigo mismo. Todo lo que le ayude a recorrer los laberintos* del espíritu lo aceptará con los brazos abiertos.

Después, la novela intentará ofrecer al lector los medios para una libertad mayor mediante la elección de diferentes versiones y al permitirle tender puentes entre la historia y el simulacro, entre lo escrito y lo virtual. El primero de esos puentes, por lo demás, ya existe en los juegos de rol, que permiten vivir aventuras inspiradas en las grandes ficciones, encarnar sus personajes y decidir en su lugar.

Después, como se hace ya en ciertos juegos de simulación en las pantallas del ordenador, el lector mismo podrá entrar en un universo virtual en dos, y después en tres dimensiones, y tomar decisiones distintas de las que tomaron Cervantes o Stendhal en *Don Quijote* o en *Le Rouge et le Noir*, para experimentar alternativas y vivir aventuras diferentes, al tiempo que los demás personajes modifican su comportamiento en función de la decisión tomada por el lector/actor/autor...

Pregunta: ¿quién será el gran novelista, el que deje el máximo margen posible a lo aleatorio o a la interacción, o el que, como dueño y señor de su obra, cierre todas las salidas posibles e impida por lo mismo cualquier lectura creadora?

NUCLEAR

El arma nuclear seguirá siendo la panacea legal de cinco potencias y, como instrumento de disuasión,* la última garantía de supervivencia de sus dueños. El número de ogivas siguirá en descenso. Aumentarán su precisión, su estabilidad y su manejabilidad. Unos cuarenta países y algunas entidades criminales no estatales se hallarán cerca de la posesión del arma, aunque de pequeño tamaño en general, pero con todas las tecnologías y todos los materiales* necesarios, sin violar los tratados de no proliferación, lo que les permitiría proceder a su ensamblaje en unos meses y tenerlas listas en caso de crisis. Con este fin, montarán centrales nucleares, fábricas de tratamiento de combustibles irradiados y de reutilización del plutonio.* Entre los primeros países estarán la India, Pakistán, Irán, Israel,* Japón* y Alemania.* La única garantía contra la no proliferación estaría en la prohibición de la energía nuclear misma, o al menos en un control rigurosísimo de su producción, y eso queda excluido.

El uso civil de la energía nuclear apenas se desarrollará más, a no ser que se descubra algo eficaz para la eliminación de los residuos,* cosa que pudiera suceder dentro de medio siglo. Con ella se producirá menos del 20 % de la electricidad mundial (ciento nueve centrales en Estados Unidos producen el 22 % de la electricidad del país; el 75 % se produce en Francia mediante cincuenta y seis reactores). De hecho, a no ser por una grave crisis petrolera, sólo construirán nuevas centrales nucleares los países que quieran utilizarlas para dotarse de una competencia nuclear militar so pretexto de querer producir energía eléctrica.

Para construir centrales nucleares «no contaminantes», es decir, que en sus residuos* no contengan uranio enriquecido o plutonio,* se puede pensar, por ejemplo, en la utilización del torio 232 como combustible (y no del uranio enriquecido); aquél, al no ser fisible, sólo puede producir reacciones en cadena mediante un acelerador de partículas que, al liberar protones de gran energía, produciría haces de neutrones capaces de formar reacciones nucleares, pero controlables. Semejante reactor en actividad liberaría calor que se transportaría mediante plomo fundido.

A finales del siglo, la energía de *fusión* podría abrir un camino que hoy en día parece poco verosímil.

Nueva York

Una de las capitales financieras del mundo. Su capital cultural. Vista cada vez más como sospechosa por el resto de los Estados Unidos quienes verán en ella una ciudad europea y africana, no lo suficientemente hispánica ni china, y que será el símbolo de la antigua América, superada y detestada. Sin ningún género de dudas, después de un período de desconcierto, reaccionará atrayendo a las elites de las dos comunidades tenidas por infrarrepresentadas hasta entonces.

El envejecimiento de ciertos rascacielos planteará delicados problemas de demolición y de evacuación de los escombros por culpa de la saturación arquitectónica, sobre todo en Manhattan.

Numérico

Modo de transmisión universal de las informaciones,* de los datos, de las imágenes y de las curas a la espera de que la lógica floue* abra y acondicione otros caminos. Se podrá transmitir de forma numérica casi todo, incluso los olores,* los sabores,* el tacto,* incluso las emociones* y los sentimientos.*

NUTRACÉTICA

Alimentación* que incluye una función terapéutica procedente de plantas (ginseng, ginkgo), de medicamentos* o de de vacunas.* Se desarrollará cada vez más, sobre todo para luchar contra la obesidad* y para la alimentación de los niños.

O

O

Como expresión de la elección, y por lo tanto de la libertad,* quedará superada cuando ésta incluya el derecho a no elegir. El y* terminará entonces por suplantar al o.

OBJETOS

Cada vez más serán una imitación del cuerpo: automóviles, lavadoras, neveras, relojes, gafas, ordenadores* que se ponen a escuchar, a ver, a hablar, a sentir, etc. Tendrán miedo, calor, frío; estarán tristes o contentos. Percibirán el gusto,* los olores,* la textura, la temperatura, etc. Se parecerán cada vez más a los seres humanos por su configuración y sus funciones y evolucionarán, con el uso, para adaptarse cada vez mejor a la personalidad de quien los utiliza, aprendiendo a conocer sus particularidades e incluso sus manías.

Desempeñarán un gran número de servicios* que hoy desempeñan las personas y permitirán vigilarse, cuidarse, distraerse, formarse, viajar. Como prótesis físicas y mentales y como órganos biónicos* se convertirán con el tiempo en verdaderos señuelos para el hombre: clonimagos,* después clones.*

OBJETOS NÓMADAS

Objetos portátiles que permitirán al nómada* mantenerse en conexión. Todo lo que permita, de uno u otro modo, permanecer en activo y móvil, es decir, estar conectado, vivo, no excluido.

Entre los primeros objetos nómadas estarán el libro,* el anillo,* las gafas y después el reloj.* Luego vendrá el automóvil,* los walkman, el teléfono* móvil, el ordenador* portátil y después de bolsillo. Vendrán después la televisión* a escala, las gafas pantalla, la ropa y las prótesis biónicas.* De este modo el hombre mismo tenderá a convertirse en un objeto nómada compuesto de un conjunto cada vez más complejo y ligero de objetos nómadas.

OCCIDENTE

Concepto tan vago que hoy en día es imposible predecirle un destino. Hoy ya no es ni geográfico (¿forma el Japón parte de él?, ¿y Australia?, ¿y África del Sur?), ni cultural (¿se caracteriza por el individualismo,* por la razón, por el arte,* por el progreso*?), ni religioso (todas las religiones del mundo están representadas en él), ni ideológico (ha dado lugar a todas las concepciones políticas contemporáneas, desde la democracia* al fascismo y al comunismo*). El concepto más realista se limita a identificarlo con un espacio geográfico homogéneo que agruparía a Europa y a América del Norte en torno a valores de progreso y de individualismo y a sus consecuencias: el mercado* y la democracia.*

En 1492 comenzó a tomar la delantera al Oriente y a colonizar África* y América. Su progresión fue lenta: en 1820 no representaba aún más que el 15 % de la población y el 25 % de la riqueza mundial, mientras que el 60 % se producía aún en Asia.* El cambio profundo tuvo lugar a mediados del siglo XIX. Pero en 1900 Occidente no representaba aún más que el 30 % de la población mundial y no producía más que la tercera parte de sus riquezas, la mitad de cada lado del Atlántico.

El apogeo de Occidente se sitúa en 1950, ampliamente dominado en esa época por Estados Unidos:* por entonces, Occidente produce el 56 % de las riquezas del mundo con sólo el 15 % de su población; controla y explota mediante sus colonias lo esencial del planeta. Asia no produce por entonces más que el 20 % de la riqueza mundial, mientras cuenta con las dos terceras partes de la población.

Desde entonces, Occidente pierde valor relativo. Hoy en día produce aún el 45 % de la riqueza mundial —también repartida a partes iguales entre Europa y Estados Unidos—, siempre con un poco menos del 15 % de la población mundial. Aún es la primera potencia tecnológica, bancaria, cultural, industrial y controla el 55 % de la potencia militar del mundo.

Occidente continuará su declive al menos relativo. Dentro de treinta años, con el 10 % de la población mundial —repartida a partes iguales a cada lado del Atlántico— no producirá más que el 30 % de la riqueza del mundo mientras que seguirá controlando el 20 % de sus territorios, con el 40 % de la potencia militar y el 70 % de la nuclear* para defenderse. Continuará siendo un islote de riqueza en un océano de desorden, frente a las demás civilizaciones.* Seguirá controlando todas las instituciones* internacionales y las principales empresas* petroleras y de telecomunicaciones,* los medios informativos, los bancos y los fondos de pensiones.

Todo parece incluso encajar para garantizar una victoria irreversible de sus valores, economía de mercado* y democracia,* que dan la impresión de apoyarse mutuamente. En efecto, el mercado exige la propiedad privada, el espíritu de empresa y de innovación, tres elementos que no pueden desarrollarse sin libertad de pensamiento, de palabra y de desplazamiento; la democracia supone la posibilidad de elegir el lugar donde se quiere habitar, la forma de trabajar, de economizar y de consumir.

De hecho, esos dos valores serán a largo plazo tremendamente contradictorios y Occidente se verá menos amenazado por una alianza entre Asia* y el islam* que por el choque de esos valores en que se funda.

Porque el mercado destruye las fronteras* que la democracia necesita, alienta a las minorías* solventes a rechazar la dictadura* de las mayorías, favorece el corto plazo y hace apología de la precariedad.*

Esas contradicciones llevarán consigo el que se ponga en entredicho el dominio ideológico de Occidente sobre el resto del planeta. A éste se le considerará entonces injustamente rico.

Para defender sus privilegios, amenazados por las reivindicaciones de los verdaderos pobres y de los nuevos ricos, quizá decida formar un solo rebaño bajo el cayado americano. La OTAN* sería el instrumento idóneo de esa reunión de asediados, a menos que —lo que es más verosímil— Europa se establezca como potencia autónoma y decida proteger ella misma su propio modo de vida y la diversidad de sus culturas. En ese caso, los Estados Unidos y la Unión Europea se disputarán la supremacía sobre ese conjunto tan dispar llamado aún «Occidente», guardián de las ideas que ha legado al mundo y que se convertirán en un tesoro común a toda la humanidad.

Ocio

Ocupación principal de los habitantes del Norte;* comprende la distracción,* la diversión,* el deporte,* el juego,* el espectáculo,* el turismo.* Al margen de las formas clásicas, el ocio se organizará en torno al nomadismo* virtual. Se vivirán simulacros* de viajes* en parques de atracciones donde uno podrá enfrentarse a los animales salvajes o revivir cuentos de hadas y después explorar virtualmente todos los lugares inaccesibles del turismo más avanzado. Se irá a los parques urbanos a jugar al golf con los grandes campeones, a descender los rápidos fluviales, a visitar todos los museos posibles e imaginables. Ya se pueden pasar algunas horas de vacaciones tropicales dentro de «burbujas» climatizadas en pleno centro de la ciudad; estos equipamientos se multiplicarán para el uso de los nómadas urbanos.

Más tarde se podrá, en compañía de clonimagos,* viajar y vivir en cualquier época y en cualquier lugar del pasado y del futuro. Las perspectivas de la simulación son infinitas: cada cual, desde su inmovilidad, podrá efectuar los más largos viajes.

OFICIOS

La mayoría de los oficios del próximo siglo no existen aún. También es cierto que sólo siete de entre los treinta primeros oficios de 1900 figuran entre los treinta primeros de hoy. Por ejemplo, en 1900, de cada cien americanos, treinta y cinco trabajaban para alimentar a la población y hoy sólo lo hacen dos.

Los oficios continuarán diversificándose cada vez más (los treinta primeros no ocupan hoy en día más que a la mitad de los americanos, en vez de a las tres cuartas partes en 1900), a pesar de que para casi todos será necesario un profundo conocimiento de informática.

Ciertos oficios antiguos quedarán revalorizados manteniendo sus propios nombres o bajo otras denominaciones: jardinero, mujer de servicio, ayudante de enfermera, masajista, reeducador, enseñante, psicoterapeuta, manicura, actor, escenógrafo, vendedor al por menor, cocinero, artesanos diversos...

Otros, más recientes, serán muy solicitados: microcirujano, abogado de negocios, reparador de ordenadores,* especialista en legislación de patentes,* ingeniero de comunicación numérica,* controlador de los derechos de autor para los soportes lógicos de juegos,* publicista de Internet,* experto en tecnologías de Internet, localizador, diseñador, infografista, gestor de empresa de alta tecnología, asegurador de riesgos de la innovación...

Aparecerán otras especialidades vinculadas a tecnologías de un futuro aún incierto: genomicista, ingeniero esteticista, fabricante de instrumentos de navegación* de todo género, cartógrafo, arquitecto de redes,* especialista en nanotecnología,* en farmacogenómica,* especialista en clonimagos,* en clonaciones animales y humanas, matriceros...*

La mayoría de estos oficios exigirán, además de una competencia técnica, el conocimiento y la práctica de culturas extranjeras: serán necesarios especialistas en *marketing* y en árabe, ingenieros nucleares que hablen chino, ingenieros civiles que posean un buen conocimiento del tagalo, etc. Cualquier oficio futuro, para ser creador,* tendrá que situarse en el punto de inserción de otros dos o más.

Oído

Primer sentido que captará informaciones perfectamente convertibles en números, reproducibles y transmisibles a distancia.

Cuando se haya comprendido perfectamente la relación entre la oreja y el cerebro* se podrá crear un oído totalmente sintético, capaz de franquear el acceso a sonidos hoy en día imperceptibles, ampliando la banda de las frecuencias accesibles al hombre y resolviendo el problema de la sordera que afecta actualmente a más de un individuo de cada treinta.

También llegará un día en que ya no será necesario hablar «a la oreja» para garantizar la discreción de una conversación: entre dos interlocutores, lo no pronunciado se entenderá sin necesidad de despegar la boca.

Olfato

El nómada urbano podría perder poco a poco un olfato cada vez menos utilizado. Incluso podría querer perderlo para no tener que enfrentarse a los hedores de un mundo contaminado y contentarse, en el hipermundo,* primero con la detección artificial de olores y después con la detección de olores artificiales.

Pero el olfato interviene en todas las actividades humanas: la sexualidad,* la alimentación, las relaciones sociales, el poder. El olor es una de las propiedades del hombre que es menester respetar.

El olfato señalará la gran diferencia que hay entre lo real y lo virtual. Lo virtual es limitado, sin olor. El hombre real incrementará esta diferencia mediante la experiencia del perfume. Se crearán aromas a medida, como elementos constitutivos de la identidad. Cada cual podrá inventar *su* perfume o modificar una mezcla según su capricho.

El hombre puede distinguir hasta cuarenta mil olores diferentes. Hay millones de receptores olfativos en la nariz que transmiten un mensaje eléctrico al paleocórtex, al hipocampo y a las amígdalas (órganos clave para el aprendizaje y la memoria) y también al sistema límbico (órgano de las emociones). Desde ahí se puede llegar hasta los genes que producen los receptores protéicos de los olores.

A largo plazo, el conocimiento de los mecanismos del olfato podría permitir la reproducción de los receptores olfativos y crear olores virtuales, vincular olfato y moléculas olorosas. Se comenzará por crear modelos de los receptores de la nariz. Estos logros científicos tendrán su aplicación en la reinvención de explosivos, en la medición del contenido alcohólico, en el control automático de los perfumes de la alimentación, en el establecimiento de un diagnóstico médico, etc.

Si el olfato se puede traducir un día a informaciones numéricas,* se transmitirán olores virtuales que se integrarán en los espectáculos;* incluso se podrán utilizar los olores para provocar sentimientos y para desencadenar reacciones colectivas de aprobación o de rechazo. Cuando el clonimago* sea capaz de transmitir olores, lo virtual terminará por alcanzar a lo real.

Aún está muy lejos el día en que se pueda teledirigir una muchedumbre actuando virtualmente sobre su olfato, pero ese día llegará.

Onanismo

Producirse placer, encontrarse bien consigo mismo, gozar de sí: rasgos esenciales del individualismo,* de la hiperclase,* pero también valor implícito de la cultura nómada* (o nanómada,* u onanómada...).

ONG

Asociaciones no estatales y no capitalistas, precarias y voluntarias, que se hacen cargo de los problemas sociales y crean riquezas no mercantiles; principales transmisoras de los valores de la civilización nanómada.* Formarán el núcleo de la fuerza política ascendente del primer tercio del siglo y estarán presentes en todos los sectores de la vida pública reagrupando gentes que no se fían ni de los partidos ni de los Estados* para solucionar los principales problemas de la época: la pobreza,* la contaminación,* la falta de respeto hacia los derechos de la persona. Se las encontrará haciéndose cargo de cualquier problema social. Crearán nuevos oficios* y ocuparán a un número importante de trabajadores. Al ser financiadas por la caridad, establecerán los prolegómenos de una economía de la fraternidad.* Vendrán a ser como el primer instrumento informal del derecho de la democracia* sin fronteras,* el embrión de futuros organismos internacionales. Mediante ellas se experimentarán los nuevos derechos* y los nuevos deberes* individuales y colectivos de la humanidad del mañana.

ONU

Institución* cada vez menos legítima, aunque esporádicamente eficaz; quizá mañana constituya el embrión de un gobierno mundial.

Hoy en día ya no es más que un lugar de arbitraje de ciertos conflictos, una pantalla tras la cual se esconden las grandes potencias cuando quieren decidir algo conforme a sus intereses sin hallarse en primera línea. Su representatividad es cada vez menos creíble: el Consejo de Seguridad excluye a la mitad y muy pronto a los dos tercios de la humanidad. Occidente* ocupa en ella tres, y a veces cuatro, de las cinco sedes permanentes, mientras que no cuenta más que con la décima parte de la población mundial.

El futuro puede depararle una de estas cuatro soluciones: desaparición, privatización, consolidación o mundialización;

• si no es posible reorganizarla, ni siquiera salvarla de la bancarrota podría, por falta de medios, quedar paralizada y desaparecer. En este caso se iría hacia un mundo carente de una estructura de arbitraje en los conflictos y, por lo tanto, muy peligroso;

• privatizándola poco a poco, podría convertirse en una institución de mercado.* Cualquier país, mediante el pago de una prima, podría quedar asegurado en ella contra la invasión de sus vecinos y obtener de forma preventiva la garantía de que, en caso de necesidad, contaría con la asistencia de un tribunal de arbitraje o de una fuerza internacional;

• También podría suceder que el Norte* tuviera interés en reforzarla y en hacer de ella su instrumento de defensa. En ese caso, el Consejo de Seguridad se uniría al G 8 para dirigir al mismo tiempo las instituciones financieras internacionales. Cuando la unidad europea se haya consolidado se podría pensar en que tanto Gran Bretaña* como Francia* cederían sus sedes permanentes en el Consejo de Seguridad a la Unión Europea. La ONU se convertiría en el lugar desde el cual Occidente extendería su dominación sobre el mundo y la OTAN* sería su brazo armado;

• también podría convertirse en una verdadera institución mundial que representara con equidad a todos los continentes y dispusiera de medios concretos para actuar en las grandes cuestiones económicas, políticas y culturales. Marcaría las reglas de las instituciones especializadas y contaría con un tribunal de lo criminal y un comité de ética internacionales. Dispondría de medios financieros autónomos gracias a un impuesto sobre la energía nuclear o sobre las transacciones financieras internacionales. Tendría tropas especiales, medio fuerzas de policía y medio asistentes sociales. De este modo se establecería lo que en el siglo siguiente podría parecerse a un gobierno mundial.

El fin de la guerra fría no ha llevado consigo la reforma de las organizaciones internacionales y de momento no se ve qué crisis podría impulsarla. Durante los primeros decenios del siglo, lo más probable es que la ONU quede paralizada por culpa de sus problemas financieros. Después, los mismos agentes del mercado* se darán cuenta de que tienen necesidad de una institución mundial que canalice las disputas geopolíticas* entre naciones* y evite que degeneren en conflictos armados.

ORDENADORES

Máquinas de calcular a una velocidad cada vez mayor; pronto serán mil millones los que estarán interconectados. Hay muchos otros que están integrados en los más variados objetos,* desde el automóvil* a las máquinas domésticas, desde el reloj* de pulsera a los juguetes* y mañana a los vestidos.* Cambiará radicalmente de aspecto: primero, fundido con el teléfono* y la televisión* para formar un ordetevé,* perderá el teclado* puesto que los mandos serán vocales. Después desaparecerá su pantalla, que se podrá consultar virtualmente por medio de un proyector conectado a unas gafas y después directamente al nervio óptico. Se podrán dar instrucciones guiñando el ojo en un punto de la pantalla virtual, es decir, dando órdenes como si fuera por telepatía.*

Los ordenadores constituirán a la vez las primeras bases rudimentarias de una futura inteligencia artificial universal y los instrumentos de una autonomía y de una creatividad creciente de cada individuo o, en cualquier caso, de quienes tengan los medios para disponer de ellos. Quizás un día —pero mucho más tarde— se convertirán verdaderamente en seres inteligentes —o sólo casi inteligentes.

ORDETEVÉ

Resultado de la fusión del ordenador,* del teléfono* y de la televisión* en un solo objeto provisto de un teclado* sin cable y de una pantalla* lisa, fácilmente legible de cerca o de lejos.

El ordetevé será uno de los principales objetos de consumo del primer tercio del siglo. Tendrá todas o parte de las actuales funciones de los tres medios de comunicación que hemos indicado. Permitirá una interactividad* inmediata y será de fácil funcionamiento, incluso para quien haya olvidado aprender a leer.

Hoy en día existen mil millones de televisores, cien millones de ordenadores* y diez millones de teléfonos* móviles, pero esa distancia se reducirá a grandes pasos entre los tres objetos. Muy pronto se venderán más teléfonos y ordenadores que televisores. En 1996 se vendieron 100 millones de televisores, 100 millones de ordenadores portátiles y 50 millones de teléfonos móviles; en el 2000 se venderán 200 millones de teléfonos móviles, 150 millones de ordenadores y sólo 120 millones de televisores.

El ordetevé representará hacia el 2020 un mercado de muchos centenares de millones de aparatos. Se utilizará para la distracción,* el trabajo,* las compras, el correo, la educación.* Será portátil o se instalará en el domicilio: instrumento de nómada* y a la vez del cocooning.*

Quienes lo lancen y desarrollen no serán ni los fabricantes de teléfonos ni los de ordenadores, sino nuevos constructores capaces de aportar un valor añadido: sin lugar a dudas, fabricantes de soportes lógicos que emplearán a técnicos de los otros tres ramos como subcontratistas.

El ordetevé entrará en competencia con la grabadora minidisco* con la que será posible grabar todos los programas y todos los datos por simple conexión a los satélites. Poco después, ordetevé y minidisco se fusionarán también bajo los dictámenes de la lógica del almacenamiento* y de la simultaneidad.*

ORIENTE MEDIO

Principal lugar de conflictos al menos durante el primer tercio del siglo. Allí seguirán enfrentándose aún israelíes y palestinos, turcos y kurdos, iraquíes e iraníes. Crecerá la oposición entre civilizaciones,* religiones* y pueblos en busca de tierras y de agua.*

La paz no será posible si no es mediante el reconocimiento mutuo, no mediante fronteras* herméticamente cerradas, es decir, no mediante una bunkerización. Esa paz tendrá que desembocar en una primera experiencia de democracia* sin fronteras,* de soberanía simultánea sobre ciertos lugares y territorios.

Una vez garantizado este reconocimiento mutuo, la región* tendrá que afrontar su falta de agua, de infraestructruras de transporte,* de telecomunicaciones,* de servicios de sanidad* y de educación.* A largo plazo se podría crear un mercado común y transformar la zona en una área de progreso.

Una institución financiera específica podría constituir el centro de la coordinación entre países donantes y países asistidos de la región. Esa institución tendría que disponer de cinco categorías de recursos financieros necesarios para su misión: créditos a largo plazo por coeficiente de mercado para la financiación de las inversiones del sector privado y del sector público rentable; créditos bonificados para la financiación de proyectos poco rentables pero esenciales (la educación,* la sanidad,* el entorno); créditos a corto plazo para la financiación del comercio exterior; subvenciones para el establecimiento de estructuras institucionales y administrativas; en fin, recursos presupuestarios para la financiación de los déficit corrientes.

Dicha institución tendría dos prioridades:
• las inversiones públicas ordenadas a unir entre sí los países, ante todo en cuestión de transportes* y de agua;*
• una red bancaria sin la cual no podría haber sector privado durable y eficaz.

En el futuro se podría pensar en la creación de un mercado común desde Ankara a Teherán, desde Jerusalén a Riad, desde el Cairo a Kabul, que haría de esta región un polo de atracción para los capitales y una zona de riqueza al disponer en abundancia de materias primas y de talentos.

OTAN

Si Europa* no se provee de sus propios medios de defensa, la OTAN puede convertirse en la primera institución* de la civilización occidental* que garantice su unidad, bajo control americano, contra el resto del mundo. La Alianza tendrá que revisar entonces su papel estratégico y presentarse no ya contra Rusia,* que será un miembro más, sino contra todos los enemigos potenciales de una civilización occidental privilegiada que querrá continuar siéndolo.

En primer lugar, contra el mundo de la pobreza* y sus nuevas estrategias de revuelta.* Para ello tendrá que proveerse de medios contra el terrorismo* y apoyarse en la soberanía de cada nación.* En nombre de lo que se convertirá en un deber de injerencia,* la OTAN podría convertirse poco a poco en un instrumento de ocupación policial en Europa* por parte de los Estados Unidos.*

Es poco probable que ni los europeos lo acepten ni que los americanos lo deseen. Los habitantes del Viejo Mundo, comprendiendo que su seguridad exterior ya no se puede separar de su seguridad interior, se proveerán más bien, por medio de la Unión Europea Occidental, de un instrumento autónomo de cooperación militar.

OZONO

Elemento esencial para la supervivencia de la humanidad, presente en pequeñas dosis en lo más alto de la atmósfera, y que seguirá siendo aún durante cierto tiempo un enigma científico.

Desde 1970, la capa de ozono disminuye por encima del Antártico,*
hasta los 45º de latitud sur, por el uso de clorofluorocarbonos (CFC)
contenidos en los aerosoles y en los líquidos de refrigeración.
Consecuencias de esta disminución: parece probado que los cánceres*
de piel, con o sin melanoma, se duplicarán de aquí al 2030.

La convención de Viena y el protocolo firmado en Montreal en
1987 por ciento cincuenta países tendría que llevar progresivamente
a un abandono completo de los CFC hacia el 2010. Un fondo multi-
lateral de la ONU* ayudará a los países en vías de desarrollo a adoptar tecnologías más limpias pero más caras.

A pesar de todo esto, parece ser que la capa de ozono continuará
degradándose hasta el 2010, fecha en que alcanzará su máxima vulnerabilidad. Después, la situación podría mejorar, lo que sería el primer ejemplo de la capacidad de la humanidad para transformar sus
tecnologías con el fin de respetar y salvaguardar su entorno.

P

PÁNICO

Como motor del mercado* y de la democracia,* y en el origen mismo de la civilización* occidental, el pánico tendrá, con la generalización del nomadismo,* efectos cada vez más devastadores.

El pánico, movimiento borreguil mediante el cual cada uno imita al otro por miedo a quedar marginado, dejado de lado, no es una alteración de la civilización occidental, sino su esencia misma, que desempeñará un papel cada vez más importante.

Por pánico, por miedo a quedar fuera de juego, el trabajador se aferra a un trabajo mal pagado; por miedo a no «estar al día», bajo el imperio del efecto de la imitación o de la dictadura del consenso, el consumidor se lanza sobre el objeto de moda; por miedo de perderse un «buen» negocio el ahorrador se lanza hacia los productos que le recomiendan. De este modo el pánico fija el valor de las cosas y de la gente en función del número de personas que las compran o las aprueban: el *hitparade* es el baremo del valor.

El pánico se autoalimenta: es una de sus características más alarmantes. Su fuerza está en sí mismo. Acusa a los que ceden y castiga a quienes se resisten, por lo que se nutre de sus resultados y no encuentra límite, lo mismo que un incendio, más que en la combustión de todas las materias inflamables, en la liquidación de todos los beneficios.

El pánico llega con el error. Afecta a quienes se dejan engañar por previsiones erróneas, por consejos poco inteligentes, por modas extremas; y para quienes, una vez admitidos los errores, tienen prisa por hacer como los demás, pero esta vez en sentido contrario.

El pánico aumentará con la globalización* y la liberalización de los intercambios, de las inversiones y de los movimientos financieros que favorecerán los movimientos de masas. Las nuevas tecnologías, que fomentan la conectividad* de los acontecimientos y la velocidad de transmisión de las informaciones contribuirán también a aumentar el pánico al uniformar las valoraciones por el uso universal de bancos de datos informáticos y de móviles de búsqueda en Internet.* En fin, el crecimiento sin trabas de los mercados financieros, cuyo valor será quinientas veces mayor que el de la economía real, proporcionará el combustible de la euforia y del desastre.

Aparecerán nuevos pánicos vinculados a las futuras amenazas de catástrofes* naturales o del mercado.* Habrá que aprender a vivir con ellos, vigilando las liberalizaciones irreflexivas de los intercambios; controlando los mercados más volátiles, sobre todo los de divisas; repartiendo más equitativamente los riesgos,* sobre todo garantizando a los organismos internacionales recursos propios que les permitan hacer que financien los riesgos quienes tienen interés en que se reduzcan; creando contrapánicos, es decir, iniciando movimientos económicos de sentido contrario, mediante inversiones públicas internacionales que hagan nacer la confianza de la colectividad mundial en su futuro a largo plazo.

Ése es el sentido profundo de lo que Keynes preconizaba antaño para un solo país y que pronto será necesario a escala mundial.

PANTALLA

Ya no será la terminación de un tubo, sino plana, después cilíndrica, después flexible y después tan fina y plegable como el papel. En fin, se hará virtual, situada a buena distancia del ojo por microcámaras incorporadas a gafas y focalizadas sobre el iris.

Papel

Material* siempre en vanguardia que ofrece una comodidad de lectura que ninguna pantalla* podrá ofrecer al menos durante mucho tiempo.

Su uso aumentará con la aparición de nuevos objetos* de comunicación: después del fax y las impresoras, las microencuadernadoras automáticas harán posible la fabricación a domicilio de libros elegidos en el hiperespacio.*

El agotamiento de los bosques* llevará a la creación de nuevas plantaciones expresamente reservadas para los fabricantes de pasta de papel y a modificar genéticamente los árboles destinados a este fin. Se inventará incluso un papel borrable que se pueda volver a utilizar para los fax y las impresoras.

El papel tradicional, por así llamarlo, se convertirá en un soporte de lujo para la impresión especialmente solicitado.

París

Principal ciudad * cultural de Europa y principal destino turístico del mundo. Llegará un día en que tendrá que soportar la violencia de sus barrios periféricos que podrían crear la inseguridad mediante incursiones reiteradas en sus barrios de lujo.

Paro

Cerca de 1.000 millones de seres humanos buscan hoy un trabajo;* en el año 2020 podrían ser 2.000 millones.

La solución no se hallará en una simple ampliación o prolongación de los mecanismos actuales: la economía de mercado no tiene necesidad de que todos los hombres trabajen, pero sí que tiene necesidad de que todos los hombres dispongan de unos ingresos.

Por eso, en los países del Norte se cambiará de arriba abajo el concepto de actividad* para aplicarlo a otros empleos* distintos de los que ofrece el trabajo. Sólo se considerarán paradas las personas «inempleables». Ésos sólo dispondrán de unos ingresos* generales. Los demás estarán empleados en nuevos oficios o tendrán una actividad de formación remunerada como cualquier trabajo.

En el Sur,* donde la transformación de la actividad llegará mucho más tarde, el paro seguirá siendo la gran preocupación. Allí sólo se atenuará mediante un desarrollo socialmente más armonioso, fomentado por la puesta en marcha de inmensos trabajos a escala de cada continente o subcontinente.

PARTIDO

Primero reunión de ciudadanos en torno a un proyecto,* convertido luego en asamblea de militantes en torno a un programa, después reunión de partidarios en torno a un candidato. No tendrá ya ninguna utilidad para la democracia* cuando ésta se haya desplazado desde la jerarquía a la red.* Aparecerán otros modos de canalizar los deseos individuales hacia ambiciones colectivas.

PASAPORTE

Título de propiedad asociado a la ciudadanía;* se convertirá en mercancía.*

El pasaporte es hoy en día un bien escaso que sólo los Estados* tienen derecho a distribuir entre sus súbditos y entre los extranjeros* nacionalizados según leyes muy rigurosas en función de criterios muy diversos: proximidad cultural, nivel escolar, capacidad de integración, etc. Ahora bien, la demanda de ciertos pasaportes será cada vez mayor que la oferta. Si hubiera que elegir entre gentes con los mismos méritos, los pasaportes de ciertos países se asignarían por sorteo, cosa que ya hacen los Estados Unidos* para conceder permisos de entrada y de trabajo.

No existe ningún caso en la historia* en que un bien escaso se haya concedido durante mucho tiempo sin que el dinero no haya terminado desempeñando un papel importante en su concesión. En ciertos países ya desempeña un papel legal en la concesión de pasaportes y de permisos de residencia. En Estados Unidos,* la *green card* se concede oficialmente a quien va a instalarse allí con un millón de dólares; a cambio de la promesa de contratar a nueve americanos en los cinco años siguientes se obtiene incluso la nacionalización. Ése es también el caso de Canadá, o incluso de Australia, donde se recibe tanto mejor a los ciudadanos de Hong Kong cuanto mayor sea su cuenta bancaria. Existen otros países en los que se puede comprar el pasaporte ya sea con dinero, o bien con la reputación de la que será beneficiario el país de acogida. En este sentido, Suiza y Mónaco son el mejor ejemplo al acoger a financieros, estrellas,* escritores o deportistas famosos.

Se irá incluso más lejos. Para evitar que se les acuse de corrupción o de discriminación racial, los países cuya nacionalidad esté entre las más solicitadas, pondrán sus pasaportes a subasta pública, garantizando de este modo sustanciales ingresos al Estado.*

Después se establecerá el mercado.* El pasaporte se convertirá en un bien privado, capaz de ser cedido por su propietario sin que el Estado pueda intervenir. Se podrán comprar pasaportes de todas las nacionalidades en Wall Street y en otras partes. Su cotización será el indicador del valor del país en cuanto a seguridad, fiscalidad, futuro para los niños, según unos criterios parecidos a los que se utilizan hoy en día para fijar la cotización de los bonos del Estado o de las divisas. También ellos tendrán su cotización a determinados plazos, sus opciones, etc. Los más ricos acumularán diversos pasaportes y se convertirán en coleccionistas de nacionalidades. Habrá especialistas que se dedicarán a asesorar a los ricos con vistas a la elección de la ciudadanía más favorable a sus necesidades del momento, lo mismo que hay asesores financieros para los depósitos bancarios. En fin, habrá pobres de los países ricos cuya necesidad será tal que venderán su nacionalidad como se vende la sangre o los órganos.* Desde ese momento vendrán a ser como unos apátridas, quizá sólo con los medios suficientes para adquirir un pasaporte menos preciado que el que han vendido.

Más tarde, quizá se puedan vender incluso otros elementos constitutivos de la identidad,* como el apellido, las huellas dactilares, el clonimago,* el clon...*

PATENTE

Principal fuente de riqueza del próximo siglo; instrumento de la propiedad de la información.*

Se desarrollarán numerosas carreras para hacer que se respeten: juristas, controladores, expertos en autenticidad. Los poseedores de patentes reivindicarán, además del pago de los recibos, un poder dentro de la empresa que la explote, sin implicarse por ello en su gestión. Quienes posean patentes de soportes lógicos de ordenador controlarán las empresas informáticas; las empresas genómicas controlarán los laboratorios farmacéuticos y agroalimentarios, etc.

El campo de las patentes se extenderá a cualquier actividad. De desliz en desliz, el mercado podría llegar un día a organizar la producción y la venta de especies vegetales y animales con características solicitadas de antemano (una vida más o menos larga, una especificidad física, exigencias estéticas). En un plazo más lejano, si la tecnología lo permite, es posible imaginar que se patentarán variedades de la especie humana más robustas, más duraderas, conformes a ciertos cánones estéticos. Se pueden incluso concebir, mucho más tarde, fabricaciones aún más exageradas en las que se mezclen hombres* y animales* para formar quimeras* industriales.

Es cierto que todo esto no es para mañana, ni siquiera para pasado mañana, pero si el hombre no quiere dejarse obligar moralmente por la ciencia* y por el mercado,* debe establecer desde ahora la frontera* entre lo que puede convertirse en objeto de propiedad y lo que debe permanecer como sujeto libre.

PATERNIDAD

Si la naturaleza hace las madres, la sociedad hace los padres. ¡Y, cada vez más, los deshace!

Cuando las familias* se rompen, es el padre quien, de ordinario, deja de ejercer sus responsabilidades. Sin embargo, la presencia de un padre es absolutamente necesaria para la formación del niño.* Sin ella, éste no puede desarrollar una relación coherente con el mundo, con la experiencia,* con el poder o con la autoridad. Esta relación, cada vez más fugaz, se convertirá en un deber* internacionalmente reconocido, y no sólo en los países más ricos. Ya nadie podrá reivindicar el derecho* de tener un niño si no se compromete a asumir la responsabilidad* del mismo al menos durante catorce años; sobre todo, transmitir un mínimo del saber humano será un deber que se podrá exigir jurídicamente. La forma de cumplir tal deber se deberá establecer con sumo cuidado con el fin de no incrementar la crisis demográfica.

De este modo se llegará al encuentro de un nuevo derecho (a tener una infancia*) con un nuevo deber, la paternidad. Como compensación, los padres tendrán también ciertos derechos: como sucede ya en el caso de la madre, el oficio* de padre será un oficio remunerado por la sociedad.

PAZ

El siglo XXI tendría que ser en principio más pacífico que el siglo XX, porque la mundialización* hará que la guerra* sea suicida al hacer que las fronteras* carezcan de sentido. Las armas* serán tan eficaces que correrán el peligro de destruir el planeta a las primeras de cambio.

Sin embargo, las causas de guerra —geopolíticas,* económicas y técnicas— no faltarán. Ninguna superpotencia, ninguna alianza, ningún organismo regional o mundial poseerá los medios jurídicos, financieros y militares para impedir la propagación de tales incendios una vez iniciados. La paz, por lo tanto, jamás será otra cosa que un estado pasajero entre dos conflictos.

La única forma de mantenerla de forma duradera sería adelantarse cada vez a los acontecimientos para organizar el diálogo, el compromiso y la cooperación entre vecinos, y limar los antagonismos antes de que sea demasiado tarde.

Con las primeras discusiones en torno a la instauración de un gobierno mundial se comenzará a entrever la posibilidad de un organismo para la paz universal.

PEAJE

Muchas redes* dejarán de ser gratuitas. Primero las redes viarias urbanas cuyo uso habrá que pagar para controlar y reducir la congestión.* Un chip en cada vehículo hará que se eviten los embotellamientos en los peajes.

Del mismo modo se instalará un peaje en todas las redes que corran el peligro de quedar congestionadas (como Internet*) y por doquier donde la gratuidad haya desaparecido (agua,* transmisión de imágenes, etc.).

PEKÍN

Capital de la China popular, después de China y más tarde de la China del norte.

PENAS

La jerarquía de las penas criminales quedará transformada sin lugar a dudas, y en todo caso en las democracias avanzadas, para endurecer las sanciones por los crímenes y delitos financieros y por la corrupción, y para aligerar las que se refieren a ciertos delitos cometidos por los más pobres. Si la pena de muerte quedara proscrita a finales de siglo, sería una prueba manifiesta del progreso de la civilización.

PERSONA

La frontera* que la separa del artefacto se hará insignificante. Habrá que defenderla.

La persona humana ha comenzado a producirse como artefacto desde que ha intervenido y ha interferido en el proceso natural de la procreación. Muy pronto se elegirá el sexo, se eliminarán los defectos genéticos* y se adaptará incluso la persona humana al entorno, al no poder restaurarlo. ¿Se estará entonces ante un ser humano o ante un artefacto?

Será menester definir más exactamente lo propio del hombre, determinar *cuándo* y *dónde* comienza y acaba.

Cuándo: ¿se estará moralmente autorizado a modificar las células germinales o sólo el embrión algunos días más tarde, cuando la división celular haya hecho imposible cualquier manipulación genética irreversible?

Dónde: habrá que determinar también qué caracteres son modificables. Un hombre fabricado explícitamente como menos inestable, menos nervioso, sigue siendo, sin lugar a dudas, un hombre; pero, ¿lo seguirá siendo si se le hace artificialmente menos creativo o menos insolente?

Uno de los deberes* de la humanidad consistirá en negarse a producir la persona como un objeto* o como una quimera* y a reivindicar el derecho a la imperfección, al capricho y al azar.

Pescado

Se convertirá en un producto escaso y de lujo antes de que la genética* tenga tiempo de revolucionar la acuicultura y el equilibrio del mar.*

Hoy en día es la principal fuente de proteínas animales de mil millones de personas, sobre todo en Asia,* donde se efectúan más de la mitad de las capturas con las que se satisface más de la mitad del consumo mundial.

Entre 1950 y finales del siglo xx, las capturas se multiplicaron por cinco, para alcanzar la cifra de 100 millones de toneladas. Para mantener el consumo en su nivel actual (17,9 kg por habitante y por año) habría que pescar 16 millones de toneladas más en el 2010.

Eso será imposible: para el 90 % de las especies que se consumen (bacalao de Terranova, arenque del Báltico, salmón del Pacífico), las capturas son ya cuatro veces superiores al nivel máximo que permite la reproducción de la fauna. Además, el 70 % de las reservas mundiales se han agotado o están a punto de agotarse. De los diecisiete grandes caladeros del mundo, nueve están en franco declive. Por último, los vertidos al mar de millones de toneladas de compuestos nitrogenados y fosforados fomentan el crecimiento de algas y absorben el oxígeno necesario para los peces.

La oferta, por lo tanto, se reducirá. Los conflictos por el control de las zonas de pesca se muntiplicarán entre Japón, China* y Rusia,* entre

España, Grecia e Italia, entre la Unión Europea, Marruecos y Senegal. La pesca ilegal crecerá en Malaisia, en Vietnam y en Indonesia.*

Para evitar la aceleración del desastre habría que establecer una gestión mucho más racional de las reservas, suspender inmediatamente la captura de todas las especies amenazadas y fijar cupos de pesca y cupos de licencias de acceso a los caladeros.

La producción asignada a cada habitante no tendrá más remedio que disminuir —de 17,9 kg actualmente a 9,5 kg en el 2020— cuando justamente el crecimiento* del nivel de vida hará que la demanda aumente. Se va hacia un distanciamiento cada vez mayor entre la oferta y la demanda y, por lo tanto, hacia un alza continuada de los precios del pescado.

Sólo se podrá modificar esta situación si la acuicultura logra ofrecer la mitad de las capturas de pescado en el 2020. ¡Pero eso nadie puede garantizarlo!

PESIMISMO

Higiene mental de la acción, veneno de la imaginación.

PETRÓLEO

En 1950 sólo había reservas para veinte años de consumo. Hoy en día son de un trillón de barriles (oficialmente de 2,2 trillones, pero los países productores tienen interés en sobrevalorar sus hallazgos), es decir, para cincuenta años más de consumo al ritmo actual. Además, las reservas que se descubren se duplican cada veinte años y mientras que hoy en día sólo se logra extraer la tercera parte del petróleo de un yacimiento, se podría llegar un día a duplicar ese rendimiento y de este modo duplicar las reservas actuales y a tener suficiente para el próximo siglo. Después ya se podrá decir que las reservas están en vías de agotamiento y el precio no podrá hacer otra cosa que aumentar, desde el momento en que se tome conciencia de esta limitación real.

Al menos durante el próximo medio siglo, el petróleo será una forma de energía insoslayable, por más que sea enormemente contaminante para la atmósfera. En primer lugar, porque alimenta a los seiscientos millones de vehículos que existen en el mundo; después, porque hay pocas probabilidades de encontrar nuevas fuentes de energía adaptadas a las exigencias del transporte individual privado y del transporte aéreo; tanto más cuanto que las emisiones del motor de explosión se han reducido notablemente desde hace diez años hasta ahora.

Finalmente, el gas líquido y los esquistos bituminosos quizá permitan que llegue la hora en que lo nuclear llegue a ser «inofensivo».

PINTURA

Se inventarán medios para hacer pintura artística sin soporte, sobre una pantalla* virtual, o con pintura virtual sobre telas reales. Después se crearán cuadros virtuales en hiperespacios de tres dimensiones, logrando con ello la convergencia de la pintura, de la escultura* y de la arquitectura,* e incluso más tarde, del cine,* del teatro* y de la novela:* en el momento en que sea posible poblar universos virtuales con poblaciones imaginarias a quienes se hará vivir aventuras en las que el espectador podrá intervenir directamente o por medio de un doble virtual, un clonimago.*

PIÓN[1]

Partícula fundamental que une las fuerzas nucleares fuertes, de donde saldrá la energía de mañana.

1. Véase la nota de la Introducción.

PIRATA

Criminal que navega en las redes* del hipermundo.* Puede entrar en un lugar violentando un código y modificar el destino de una solicitud de préstamo, robar un soporte lógico, desvelar el estado de negociaciones secretas, apoderarse de un secreto* industrial, del diseño de un arma, etc. El Pentágono es objeto de cerca de doscientas mil incursiones cada año, de las cuales la mitad se realizan con éxito.

Surgirán «corsarios», especialistas privados pagados por los propietarios de redes y por quienes deseen una protección contra los piratas que los espían. Después, una policía de las redes, con acceso a todos los códigos, podría hacerse cargo del trabajo de los «corsarios», pero por cuenta de los Estados.*

En los mares* repletos de refugiados o de emigrantes continuará habiendo piratas reales a sueldo.

PLUTONIO

Quizá pueda salvar a la humanidad en el siglo XXII gracias a la gran cantidad de energía que encierra y que podrá tomar el relevo de la energía fósil, pero en el siglo XXI seguirá siendo un instrumento de muerte.

Hay en la actualidad cerca de mil trescientas toneladas de plutonio, la mitad mezclado con los combustibles irradiados y la otra mitad en estado puro, militar o civil, con el que se pueden fabricar armas nucleares* rudimentarias.

Pronto se podrá disponer de una parte del plutonio militar procedente de la reducción de los arsenales. Para evitar cualquier riesgo de tráfico, la solución menos peligrosa y la menos cara consistiría en dejarlo en las armas. También se podría satelizar enviándolo al espacio, o transformarlo en producto inerte en un acelerador de partículas. Al no ser claramente satisfactoria, de momento, ninguna de estas soluciones, se preferirá transformarlo en plutonio degradado, civil.

Para eliminar el plutonio civil procedente del ámbito militar o contenido en los combustibles irradiados en las centrales nucleares, una solución consistiría en separarlo de los demás residuos* y en utilizarlo de nuevo como combustible para las mismas centrales volviendo a mezclarlo con uranio débilmente enriquecido, combinación que recibe el nombre de MOX. Otra solución sería almacenarlo directamente en forma de combustible irradiado. Y, según una tercera, se podría mezclar de nuevo con residuos después de haber separado el uranio y almacenarlo así.

Cada vez más países adoptarán la solución del MOX pero, al volver a irradiarlo después en las centrales nucleares con el resto del combustible, eso no hace sino retrasar la elección de la forma definitiva de almacenamiento o de eliminación del plutonio. Tres países que no poseen armas nucleares (Bélgica, Alemania* y Japón*) pueden producir plutonio para la fabricación de MOX. De este modo producirán muchas toneladas de plutonio civil que se podrían utilizar en la fabricación de armas nucleares rudimentarias.

Un nuevo tratado debería prohibir la producción de plutonio civil, y por lo tanto de MOX, fuera de las cinco potencias nucleares militares actualmente autorizadas. El plutonio militar que hay en la actualidad se debería degradar para convertirlo en plutonio civil y almacenarlo, con los demás residuos* nucleares,* en silos de máxima seguridad a la espera de poder encontrarle otra utilidad.

POBREZA

Principal desafío político del siglo XXI. En el momento en que el crecimiento económico mundial es el más elevado de la historia humana, cabe suponer que, de aquí al año 2030, el número de quienes tendrán que vivir con menos de un dólar diario va a ser el doble que en la actualidad. La pobreza alcanzará a un tercio de la población del Sur,* sobre todo en el África subsahariana* y en Asia.* También afectará al

Norte* a causa de las migraciones. Por lo demás, los más pobres seguirán siendo las principales víctimas de los múltiples aspectos no directamente financieros de la miseria: la falta de educación,* de sanidad y de higiene, de vivienda,* de trabajo,* de agua* potable les afectará siempre antes y en mayor medida que a los demás; ellos continuarán siendo las primeras víctimas del sida,* de la contaminación,* del trabajo obligado y del abuso sexual.

La pobreza es un concepto relativo. Hoy en día, 1.300 millones de seres humanos viven con menos de un dólar diario, de los que la mitad se encuentran en el Sahel, en la América andina y al pie del Himalaya; 2.800 millones de personas disponen de menos de 2 dólares diarios. En la Europa del este y en la CEI, 120 millones viven por debajo de un umbral de pobreza establecido en 4 dólares diarios. En los países más industrializados, 100 millones de personas viven con menos de la mitad de la renta individual media. En Estados Unidos, una de cada cuatro personas vive por debajo del umbral de pobreza. En total, 840 millones de adultos y 160 millones de niños están mal alimentados; 1.200 millones de personas carecen de agua potable; 13 millones de seres mueren de hambre o de desnutrición cada año; las dos terceras parte de los seres humanos carecen de la más mínima proteción social.

La situación no ha hecho más que empeorar en términos absolutos, e incluso relativos, desde que se han comenzado a hacer valoraciones: el número de personas que viven con menos de un dólar diario ha aumentado en cien millones entre 1987 y 1993. Sólo un continente, Asia del este, ha logrado reducir la pobreza durante un tiempo al menos: el número de personas que viven con menos de un dólar diario ha pasado allí de 700 a 350 millones en veinte años, y sólo una décima parte de la población de Asia del este vive por debajo del umbral de pobreza, en vez de la tercera parte en 1970. Pero este número corre el riesgo de volver a aumentar después de la crisis de 1998.

El mercado* no reducirá la pobreza; al contrario, aumentará las desigualdades* y provocará exclusiones radicales, fuentes de pobreza irreversible. Por sí mismo no garantizará *ni justicia ni equidad*.

En el futuro, si la tendencia actual continúa, el número de pobres que vivirán en el Sahel y a los pies del Himalaya pasará de 500 a 800 millones hacia el 2020; 3.000 millones de personas vivirán con menos de un dólar diario hacia el 2050. El pobre será cada vez menos un labriego de Asia, y cada vez más un parado urbano de África o de América Latina, terreno abonado para cualquier clase de violencia y para cualquier arrebato de desesperación. Todos ellos serán las principales víctimas de la degradación de los recursos naturales.

La eliminación de la pobreza significaría permitir que cada hombre dispusiera de unos medios de vida que estuvieran por encima de un umbral de dignidad internacionalmente determinado. No se puede esperar que cada Estado* del Sur lo consiga por medio de una nueva distribución de sus riquezas nacionales. Las naciones pobres jamás podrían solucionar por sí mismas el problema de sus marginados. Y eso tanto menos cuanto que el mercado impulsará a las minorías ricas a negar su solidaridad a las mayorías pobres.

Para llegar a una solución sería menester poder efectuar cambios gigantescos, complejos y a escala mundial, en cinco frentes:
• llevar a cabo una nueva revolución* verde para permitir el desarrollo de la silvicultura y de los rebaños;
• instaurar en cada lugar una democracia* responsable que permita a los pobres ser responsables de sí mismos;
• poner a cada persona en situación de crear riqueza ofreciéndole los medios de microcrédito* necesarios;
• trabajar para que todos tengan acceso a los servicios sociales básicos (educación primaria, comida, sanidad*) para reducir la mortalidad infantil y materna;
• crear instrumentos mundiales de trasvase de recursos como ya existen a escala internacional: la mundialización del mercado debería ir acompañada de la de los instrumentos de corrección de los desvíos del mercado. Eso significaría, a largo plazo y de forma idealista, crear un ingreso* mínimo mundial explícito y no, como es el caso

de hoy en día, como resultado o residuo implícito de la acción del mercado. Tal ingreso sería la contrapartida de un contrato en cuyos términos quedara constancia de que quien lo recibiera se comprometería a ofrecer unos servicios proporcionales a sus medios. Para financiar a los mil millones de entre los más pobres los medios para doblar sus ingresos,* habría que disponer de cerca de 400.000 millones de dólares anuales. Eso está fuera del alcance de la mano, a no ser que se estableciera un impuesto a las transacciones especulativas: tal impuesto, en la proporción del uno por mil, proporcionaría exactamente la cantidad necesaria para ello. Pero este tipo de retención sería hoy en día imposible de imponer.

Tales medidas no podrán salir de los pobres mismos, al menos durante cierto tiempo. La miseria engendra resignación colectiva y ambiciones personales, escepticismo político y cinismo individual. Más tarde, sin embargo, hará que aparezca una amenaza revolucionaria suficientemente creíble como para inquietar a las elites del Norte* y hacer que revisen sus prioridades.

POLÍTICA

Lo mismo que en tiempos de los egipcios y de los griegos, tendrá tres funciones: religiosa, militar y económica. No será legítima si no produce en los hombres la sensación de pertenecer a un conjunto eterno, si no es capaz de proteger un territorio y si no establece las reglas de juego de la acumulación material.

Pero eso ya no podrá hacerlo. La organización de las relaciones con la eternidad (de donde surgen las nostalgias fundamentalistas) ya no será de su incumbencia; tampoco podrá garantizar la defensa de un territorio cuando los países estarán inmersos en sistemas de alianzas y cuando el mercado* eliminará toda frontera,* impondrá las tecnologías en red,* eliminará el consenso colectivo en torno al impuesto y organizará la producción.

Sin embargo, el político seguirá desempeñando papeles fundamentales que sólo a él atañen: organizar la vida en común, distribuir los ingresos,* determinar las reglas del juego económico y social, encarnar la nación,* negociar las alianzas de soberanía, gestionar las relaciones de fuerza, proponer un proyecto, dar sentido al esfuerzo. No faltarán retos políticos cada vez más complejos, lo que quizá falte serán hombres para afrontarlos con éxito.

POLO

Deporte de ricos tanto hoy como mañana, espectáculo de masas pasado mañana; y eso porque vendrá a ser como el transmisor —al amparo de reglas parecidas a las del deporte más popular, el fútbol—de los valores del lujo más ansiado.

POSMODERNISMO

Palabra comodín que se utiliza para designar el futuro sin correr el riesgo de aventurar un pronóstico.

PRECARIEDAD

Característica general de las situaciones, de los objetos,* de la vivienda,* de las empresas,* de los empleos,* de las relaciones sociales, de las parejas, de las carreras, de las celebridades, de los libros,* de las obras de arte,* de las bases de datos, de la memoria,* de las culturas,* de las naciones.* ¡Y también de las definiciones!

PRENSA

Los periódicos, tal como se les conoce hoy en día, se completarán primero y después se reemplazarán por otros editados en la red,* imprimibles a domicilio, compuestos según las preferencias, gustos e intereses de cada lector, periódicos Lego,* a medida, que imitarán para quien así lo desee el papel* y la tipografía de las antiguas impresiones. Durante cierto tiempo no se encontrará en el kiosco más que una edición estándar que representará una parte muy pequeña de las ventas.

Se podrá imprimir el propio periódico a cualquier hora: se mantendrá al día permanentemente y se compondrá a medida. Lo esencial de su valor añadido consistirá, más que nunca, en su calidad editorial, su capacidad para elegir, para dar una jerarquía a la inmensidad de informaciones proporcionadas por las agencias. Las universidades,* mejor aún que las redacciones habituales, podrán reunir las competencias necesarias y de este modo dar prestigio a sus centros (Harvard, la Sorbona...), como garantes de calidad y de seriedad. Éstas encontrarán ahí nuevas salidas para sus profesores y para sus alumnos. Las que sean capaces de establecer este tipo de servicio encontrarán ahí una importante fuente de ingresos.

PREVENCIÓN

El principal riesgo contra el que cada cual querrá prevenirse seguirá siendo el de la enfermedad.* Pero la idea que se tiene de ella quedará completamente modificada cuando se comiencen a conocer las predisposiciones genéticas* de cada individuo y, por lo tanto, a poder identificar en cada uno los genes que le predisponen a la violencia, a la homosexualidad, a la obesidad,* etc. También se podrá prevenir los ataques cardíacos con diez años de antelación al detectar los depósitos calcáreos en las arterias.

Cada cual, sobre todo entre los ricos, querrá conocer el mapa genético de su futuro vástago ya desde el estado de embrión y podrá rechazar el nacimiento de un bebé que no sea genéticamente «perfecto» o «correcto».

Si tal evolución se lleva a término, desde ese momento sólo nacerán niños más raros y más frágiles, por el hecho de ser menos adaptables; y eso tanto más cuanto que la propensión a una enfermedad puede significar la protección contra otra.

La prevención se apoderará de toda la existencia. Todos querrán ajustarse a un perfil de vida sin riesgos.* El derecho a correr riesgos se pondrá en entredicho, incluso si esa actitud no perjudica a nadie más que a sí mismo.

La prevención supone un conocimiento relativo de los riesgos, es decir, una cierta lucidez. A veces incluso, esa lucidez será el único medio de evitar un riesgo (por ejemplo el sida).*

El lujo,* bajo los rasgos de lo auténtico y de lo natural, determinará el riesgo asumido.

PRIÓN

Uno de los principales enigmas patológicos de los próximos decenios: nuevo enemigo de la especie humana, proteína ambivalente, ni virus ni microbio, sin programa genético,* protector y adversario a la vez del sistema nervioso según la forma que adquiera, forma que determina la señal que envía a su entorno.

Su forma* será su sentido, por lo que no se podrá proteger de ella como se protege de un virus o de un microbio: no hay vacunas contra una forma...

PRISIÓN

Institución obsoleta, bárbara, cara e ineficaz que produce más delincuentes de los que recibe. Primeramente se multiplicarán las prisiones «abiertas» que ofrecerán a los detenidos la posibilidad de aprender un oficio.* Después quedarán reemplazadas, cuando se trate de pequeños delitos, por una vigilancia electrónica y por la privación de cierto número de derechos.* Para los crímenes mayores, asociados al estado patológico de su autor, las sesiones de quimioterapia reducirán la necesidad del encierro carcelario en casos extremos.

PRIVACIDAD

Cada uno dejará una huella detectable en cualquier red* donde haya entrado para divertirse, consumir, trabajar, cuidarse, etc. El código es la huella. Sobre todo el dinero* electrónico impedirá a quienquiera que sea escapar a la vigilancia general.

Los partidos* políticos, los gobiernos, las administraciones fiscales, las empresas,* las compañías de seguros* querrán saberlo todo acerca de sus clientes potenciales. Los ficheros con las indiscreciones de los ciudadanos,* los contribuyentes, los consumidores, los enfermos, se venderán cada vez más caros.

Pero, en cambio, la protección de la vida privada será más que nunca necesaria para el funcionamiento mismo de la democracia* y del mercado.* La democracia deberá garantizar el respeto a la privacidad del ciudadano so pena de ver cómo se abstiene de votar para que no se le identifique. También el mercado tendrá que garantizar la privacidad* de las transacciones en el hipermundo* so pena de ver cómo el consumidor se abstiene de comprar para no correr el peligro de desvelar informaciones sobre sí mismo que quiere mantener en secreto.

Se establecerán convenios mundiales que garanticen la privacidad, autorizando para ello el uso de sistemas de criptaje.* Seguirá un desarrollo furioso de la economía criminal en la red* hasta que la policía obtenga el derecho* de forzar los criptajes. Sólo queda por saber qué policía, de qué Estado* y con qué garantías para los ciudadanos llevará a cabo tal cometido.

PRIVILEGIO

Dejará de ser esencialmente de carácter financiero para convertirse más que nunca en cultural. «Tener una infancia*» será el primero de esos privilegios. Para crear una verdadera justicia social será menester que ese privilegio se convierta en un derecho.*

PROLIFERACIÓN

Ya no se distinguirá a los países según tengan o no el arma nuclear,* sino que se catalogarán según los meses o años que les separan de su puesta en servicio.

Dentro de cincuenta años, sin violar ningún tratado, unos cuarenta países necesitarán menos de seis meses para disponer de un arma nuclear rudimentaria y estarán dispuestos a franquear la última etapa si la situación geopolítica* de su entorno lo exigiera.

Para ello, incrementarán todo lo posible su competencia en la energía nuclear civil y acumularán plutonio* procedente de los combustibles irradiados y puestos fuera de servicio.

Para evitar tal proliferación, habría que prohibir la producción de plutonio civil y militar, intensificar los controles internacionales a la circulación del plutonio ya existente y establecer reglas mucho más estrictas para el uso de la energía nuclear civil. Sobre todo, no se debería construir ninguna central nuclear más mientras no se pueda garantizar que los subproductos que genera no se utilizarán con fines militares.

La proliferación también podrá tener como objetivo las armas biológicas y bacteriológicas. De hecho, podría ser obra de entidades criminales no estatales.

PROPIEDAD

El hombre corre el riesgo de quedar poseído —mucho más de lo que lo está en la actualidad— por aquello que ha logrado adquirir, a no ser que logre hacer de la fraternidad* un medio de huir del imperio de sus propios bienes.

Las propiedades serán, más que nunca, un medio de conjurar la muerte: se amontonan libros, discos, colecciones,* se coleccionan obras para demostrarse a sí mismo que no se puede morir sin haberlas disfrutado, que no se puede desaparecer antes que esas obras maestras de las que uno se ha rodeado. Ése será, al menos durante un cierto tiempo, el motor fundamental de la propiedad: durar.

Con la generalización de la precariedad,* la búsqueda de eternidad* no consistirá sólo en la acumulación de bienes, sino, para la hiperclase,* en la huella que se deje en las redes* (clonimagos* y clones).* La principal propiedad del hombre será el hombre mismo a través de sus imágenes y de sus dobles.

PROYECTO

No habrá nación* que pueda sobrevivir sin un proyecto, sin una idea clara de su papel en la historia.* Lo propio de una civilización* es crear ese proyecto; el papel de las elites de un país, en una época determinada, es manifestar ese proyecto y conducir a la nación de donde ellas proceden en la dirección en que las probabilidades de supervivencia son mayores. Cuando los sacrificios se hacen por motivos reconocidos como legítimos, cuando los esfuerzos tienen un sentido, entonces el ciudadano* ahorra, invierte, aprende, trabaja, construye, inventa, se divierte y sonríe; los extranjeros* vienen a contribuir con sus divisas y su experiencia; la lógica del desarrollo* está en marcha. Cuando, por el contrario, no tiene más que una vaga idea de lo que será de él al cabo de dos generaciones, cuando confunde los fines y los medios, entonces se deja llevar, no cuida su patrimonio, no deja ninguna herencia a sus hijos, entra en declive, se divide, se diluye y se olvida. Cuando un pueblo descubre que sus elites ya no son capaces de ayudarle a definir y a llevar a cabo un proyecto, se resigna y se refugia en sucedáneos de los que no es el menos importante la contemplación enfermiza de su propia decadencia, eso si no se revuelve contra sus elites para acusarlas de ser la única causa de lo que no han sabido ni anunciar ni denunciar.

Publicidad

Como pretexto para el humor y para el exceso, encontrará nuevos soportes y nuevos lenguajes para hacerse oír. Ya no dirá su nombre, sino que mostrará una tendencia clara a confundirse con la diversión* y con la educación.* Invadirá cada instante, se aferrará a cualquier soporte, se hará oír sin dar la cara.

Su papel seguirá consistiendo en dirigirse a la gente para incitarla a comprar un producto que, *a priori*, no necesita y para hacer que se sigan conociendo las marcas,* uno de los principales activos de las empresas.*

El ansia* de libertad llevará a los espectadores a rechazarla, a hacer *zapping*. Tanto en los periódicos como en los demás medios informativos será efectivamente posible asistir a un programa sin tener que soportar la publicidad. Por lo tanto, ésta tendrá que hallar sin descanso nuevas formas de interesar, de sorprender, de maravillar y, para eso, inventar nuevas formas de expresión, nuevos soportes; o bien tendrá que arreglárselas para que se la admita como una parte integrante y legítima del espectáculo;* o incluso tendrá que deslizarse, enmascarada, casi clandestinamente, en los lugares más habituales de la vida cotidiana.

Se infiltrará en todas las dimensiones del nomadismo.* Por ejemplo, el nómada,* en ciertos momentos, es un cautivo de su medio de transporte.* La publicidad descubrirá que un viajero en un tren, un avión, un automóvil o un viaje virtual por el hipermundo* puede ser una audiencia cautiva en potencia que apenas se ha explotado aún. Se llegará un día incluso a financiar casi en su totalidad los viajes aéreos gracias a su poder publicitario. Hacia el 2010, las inversiones publicitarias en la red sobrepasarán las de la televisión.

La educación* abrirá un nuevo yacimiento a la publicidad. En los países más liberales, la escuela, que será privada, será financiada en parte por el mecenazgo de antiguos alumnos convertidos en patronos de empresas* y por la publicidad dentro de las aulas, en los libros y en los programas audiovisuales. La enseñanza misma será financiada por esas empresas que pedirán a cambio que se utilicen o se recomienden discretamente sus productos en la escuela.

La actualidad política internacional, convertida en un espectáculo mercantil como cualquier otro, se convertirá a su vez en soporte de la publicidad, como lo es actualmente el deporte.* Quizá un día se lleguen a ver los «Médicos del Mundo» llevando logotipos de marcas, o a los «cascos azules» de la ONU* con dorsales publicitarios más o menos discretos. Se podrá incluso organizar de este modo la financiación legal de las campañas electorales logrando que se haga cargo de ella el *sponsor* de una marca o un grupo de fabricantes.

La publicidad se hallará en el centro de las fiestas* periódicas de las ciudades* y de las empresas.*

Se introducirá en los filmes, cuyo personaje principal será un objeto* de consumo —como la célebre «Mariquita» de Walt Disney— y se disimularán objetos o personajes asociados a una marca en los videojuegos,* por ejemplo un nuevo modelo de coche que el niño aconsejará después a su padre.

La publicidad será cada vez más clandestina y a medida. Utilizará el «de boca a oído», enviando actores a representar de forma anónima el papel de personas normales en lugares habituales (tren, metro, café, peluquería), para recomendar productos o servicios.*

Más tarde aparecerán clonimagos* publicitarios, de forma inesperada y sin haberlos pedido, en los videojuegos, en un filme alquilado, en un programa educativo. Participarán en la acción como pará- sitos que se deslizan ante el estupor y la rabia del consumidor, algo así como esos representantes de cualquier casa o de cualquier marca que llaman a la puerta cuando menos se los espera.

En fin, con el desarrollo del comercio* electrónico, el espectáculo publicitario recordará al del charlatán de las antiguas ferias que, a la vez que presentaba, vendía no a veinte, ni a diez, ni a cinco, ni a dos... La distinción entre publicidad y venta desparecerá. Quizá se termine ahí el reinado de la publicidad, en la realización de su mayor fantasma: en fin de cuentas, no servir más que para promocionarse a sí misma.

PUDONG

Ciudad hermanada con Shanghai que se convertirá, tras haber sobre- pasado a Tokio y a Hong Kong, en el primer centro financiero de Asia.*

PUERTO

Hoy como siempre, las mejores ciudades del mundo. Son ellas las que determinan el desarrollo del interior. Su futuro dependerá de sus medios de comunicación con los grandes mercados interiores y de la rapidez del desembarco de los contenedores. La informática desempeñará un papel decisivo.

En América,* Long Beach;* en Europa, Rotterdam;* en Asia, Hong Kong y después Singapur* serán las que dominen a los demás. Singapur se convertirá en el principal puerto del mundo. Esta clasificación podría quedar trastocada por una elevación del nivel del mar* provocada por la modificación del clima.*

Q

QUIMERAS

La genética* permitirá implantar células de una especie en otra, primero vegetal, después animal. En la actualidad permite hacer ya que un macho eyacule, durante una relación sexual con una hembra de la misma especie, el esperma de otra especie. Investigadores de Filadelfia trabajan en la producción de ratones dotados de espermatozoides de toro. Esta técnica permite imaginar a muy largo plazo cruces —juzgados hasta ahora imposibles *a priori*— entre especies animales diferentes y permite pensar en la posibilidad de que quizá un día pueda nacer un descendiente genético de la especie de una hembra tras una relación sexual con un macho de otra especie.

En último extremo se pensará en el proyecto de mezclar hombre y animal para obtener vidas-herramienta adaptadas a las exigencias tecnológicas, capaces de trabajar en circunstancias especiales, de trepar, de poder desenvolverse en medio del fuego o de las radiaciones, incluso en el espacio, lo cual será un motivo de vanagloria: el hombre, se pensará, debe transformarse para seguir adaptado al entorno que él mismo transforma. Será menos difícil para el hombre —se dirá— adaptarse a este entorno que restaurar un entorno adaptado a lo que todavía es...

El hombre, lo mismo que se defiende ahora de la naturaleza, tendrá que defenderse de sus propias quimeras cuando éstas reclamen tener una historia, un pasado, ser alguien, soñar, rebelarse, crear para durar, no morir...

R

Rapero

Poeta de los nómadas* urbanos capaz de hacer que entrechoquen paro, literatura y huecos de escalera.

Rebelión

Seguirá siendo una de las propiedades del hombre. Prohibida por naturaleza a las máquinas, excepto en *El aprendiz de brujo*, que es en lo que puede convertirse el hombre de mañana.

Red

Todas las organizaciones políticas, económicas, militares, sociales, culturales, tecnológicas, pasarán de la jerarquía a la red, conjunto de nudos interconectados, laberintos.*

Los sistemas de comunicación, las ciudades,* los circuitos de energía* eléctrica, de agua,* la televisión,* las telecomunicaciones,* Internet* son otras tantas redes. Los organismos a su vez se establecerán apoyándose en los sistemas de comunicación de las informaciones. Ése será el caso de los puertos,* de las administraciones, de las empresas,* incluso de los ejércitos.*

Para establecerse en red, estos organismos deberán ante todo reducir sus niveles jerárquicos y multiplicar las comunicaciones transversales. Ciertas instituciones están peor preparadas que otras para conseguirlo. Por ejemplo, si el mercado* es por naturaleza una red, la democracia* en cambio es un sistema jerárquico. Ésta sólo tendrá cabida en la red si deja de ser delegación de poder y, como en cualquier otra red, nadie se encuentra en la cima o en el centro. Eso equivaldrá sobre todo a imaginársela sin fronteras, a transformar los partidos* en redes de solidaridad en vez de los instrumentos de acceso al poder que son ahora. Después, al hacerse más complejas, las redes volverán a convertirse en jerarquía, pero esta vez del saber navegar.

REGIONES

Dentro de las naciones* o más allá de las fronteras,* las regiones se organizarán en forma de entidades económicas y sociales autónomas para atraer inversores y personal dirigente y reducir sus cargas sin reivindicar responsabilidades políticas ni de soberanía: Italia del norte, el Ruhr, Lille-Bruselas, Londres, el Silicon Valley, San Diego-Tijuana, Singapur-Johor-Batam, la región de Shanghai...

REGULACIÓN

Se llegará a la convicción de que la economía de mercado* no puede funcionar durante mucho tiempo sin que instituciones* potentes creen y obliguen a aplicar reglas de competencia, sobre todo en materia de telecomunicaciones,* de redes,* de patentes,* de transportes* aéreos, de bienes culturales. De otro modo, la concentración llevará a que ciertos monopolios dominen el mercado y eliminen cualquier clase de competencia.

Entonces, para no tener que otorgar el poder a instituciones internacionales autónomas, las grandes empresas* intentarán primero hacer que la regulación la garanticen tribunales de arbitraje que intervengan en cada caso. Eso llevará al dominio del derecho* sobre la ley.*

Pero tales apremios de regulación no serán de hecho más que la prolongación de apremios norteamericanos para la obtención de una competencia supranacional más o menos disfrazada en la OCDE, la OMC o el AMI.

Más tarde se deberían crear formas más equilibradas si los europeos son capaces de organizarse aliándose con los demás continentes. Entonces la competencia tomará nuevas alas. Desde ese momento ninguna gran empresa* tendrá asegurado su futuro. En lo esencial, todas estarán igualmente condenadas a fusionarse, a quedar distorsionadas o a desaparecer.

RELIGIONES

Asamblea de tribus* voluntarias. La proporción de quienes se proclaman no religiosos o ateos —que pasará, según estadísticas aproximadas, del 2 % en 1900 al 30 % en el 2000— no aumentará de forma significativa. La parte cristiana, cercana al 30 % desde hace un siglo, se mantendrá estable. La islámica, que pasará del 10 % al 20 % en el mismo período, seguirá aumentando hasta alcanzar el 30 %. La de las demás religiones reconocidas no se modificará de forma notable. Aparecerán otras nuevas, y la distinción respecto a las sectas* será cada vez más superficial. Cada uno juntará a capricho elementos de diversas teologías para montar su propia creencia, con lo que se crearán constantemente nuevas iglesias para promover mediante ellas nuevas formas de fraternidad.*

Reloj

Segundo objeto nómada* después del libro. Tendrá otras funciones además de la de señalar la hora. Proporcionará los números de teléfono,* el grado higrométrico del aire,* la temperatura. Informará sobre la fluidez o la congestión* de la circulación vial. Estará adornado con toda una panoplia de juegos,* se conectará a un banco de datos, a Internet,* al correo electrónico. Adherido al cuerpo,* garantizará la vigilancia de ciertos datos corporales y, como prótesis,* distribuirá medicamentos.*

Renta

La escasez del suelo provocada por el crecimiento demográfico, la contaminación* del agua* y la expansión urbana hará aumentar el valor de la tierra. El control de la explotación de una innovación, o de una obra se llevará a cabo en forma de patente,* de marca,* de un derecho de autor que vendrán a ser los instrumentos de apropiación de la renta de la información. Ésta constituirá la primera riqueza de los individuos y de las empresas.* Aparecerán no pocos oficios* para protegerla: criptadores, especialistas en patentes,* recaudadores de derechos de autor, etc.

De este modo se volverá a la economía* de la renta precapitalista y feudal, pero ahora mediante la apropiación de una creación humana y no ya de un elemento de la naturaleza.

Renuncia

Una de las morales del futuro, apología del «no hacer», del rechazo de las pasiones y del deseo,* indicio del final de la búsqueda de una eternidad personal, de la ambición individualista,* del afán de acumulación. La renuncia llevará al *purusha* budista, a la perfección gracias a la cual cada ser vivo, heredero de los actos de sus encarnaciones precedentes, podrá escapar a la transmigración de vida en vida, de una prisión corpórea a otra, para llegar, una vez liberado, al goce de la nada.

REPÚBLICA

Forma de organización de la utopía* de la fraternidad.* Reunión de hombres en torno a las ideas de razón, de laicismo, de progreso,* de solidaridad.* Grecia concibió antaño la idea. Francia* estableció la práctica.

Sólo falta conservar los principios y mejorarlos, pero no sólo los derechos,* sino también los deberes;* no sólo los ciudadanos,* sino también las tribus;* no sólo una ética, sino también una moral.

Sólo queda por inventar una república sin territorio, fuera de las murallas, diaspórica. Una república nómada* a la que cada cual pueda tener derecho a pertenecer, sin que un día lejano aún se pueda incluso excluir la pertenencia a otras entidades colectivas.

RESIDUOS

El amontonamiento de los subproductos directos o indirectos de la actividad humana llevará a trastornar el modo de producción y del consumo de los objetos.*

Algunos de esos residuos se vierten al aire* y provocan el «efecto invernadero» que afecta al clima.* Otros desaparecen en las aguas* que se utilizan. Otros, en fin, se acumulan en forma de desperdicios.

Cada año la Tierra absorbe dos millones y medio de toneladas de pesticidas y el aire recibe 7.000 millones de toneladas de gas carbónico. Estas tendencias se verán aumentadas de forma exponencial. En el estado actual de la tecnología sería imposible, financiera y materialmente hablando, de recoger y eliminar los residuos producidos por 7.000 millones de individuos con el nivel y el modo de vida de los occidentales de hoy en día.

Para eliminar los residuos más peligrosos no bastará con almacenarlos. Primero porque esta solución jamás sería lo suficientemente segura. Después porque el coste sería prohibitivo. Será necesario, por lo tanto, cambiar el modo de producción o planificar un reciclaje sistemático de las materias primas que los producen. En ese caso habrá que elegir entre dos soluciones:

• o bien los consumidores y los productores pagan los costes de la recuperación de los residuos además del precio de los productos. De este modo pondrán interés en cambiar de fuente de energía* o en utilizar componentes más duraderos y en instaurar una economía menos precaria. Por ejemplo, las industrias alimentarias, pagando y haciendo pagar después el reciclaje de los embalajes perdidos, harán que se devuelvan las botellas de vidrio entregadas. Si la industria del automóvil* tuviera que afrontar el coste de la gestión de los vehículos destinados al desguace —desde su recogida hasta la eliminación de los residuos no reciclados— o de la lucha contra la contaminación* urbana vinculada a la circulación, se vería impelida a buscar materiales biodegradables y motores menos contaminantes. Los residuos recuperados se utilizarían para fabricar cemento, energía, etc. La biotecnología* valoraría los residuos agroalimentarios y crearía microbios transgénicos destinados a eliminar los residuos tóxicos;

• o bien los contribuyentes, que tienen interés en eliminar esos residuos, asumen la responsabilidad y financian su recogida, su almacenamiento y su reciclado. Ése será el caso para los desechos más tóxicos, que no podrían depender por mucho tiempo de una lógica de mercado,* sobre todo los residuos nucleares.* El ejemplo americano lo demuestra *a contrario*; al confiar su gestión al mercado, se ha llegado a un callejón sin salida: tres mil toneladas de combustible irradiado llenan a rebosar algunas piscinas dependientes de centrales eléctricas nucleares privadas, y sus propietarios carecen de medios para construir otras nuevas...

Para eliminar este tipo de residuos, los poderes públicos tendrán que financiar, de una manera u otra, una de las dos soluciones previsibles: la vitrificación de los combustibles irradiados, o su separación en tres elementos de los que dos de ellos se pueden volver a utilizar como combustible nuclear (uranio enriquecido y plutonio* mezclado con uranio bajo el nombre de MOX) y el tercero —consistente en residuos propiamente dichos— vitrificado.

En ambas soluciones se sumergerían los residuos en vidrio y después se colocarían en lugares nacionales o internacionales, en la superficie o a miles de metros de profundidad. Una convención internacional establecería normas de embalaje, de transporte, de localización, de configuración de los lugares donde se depositaran, de almacenamiento, de seguridad, de contabilidad, de transparencia y de vigilancia internacional. Los propietarios de esos almacenados perderían el derecho a revenderlos y no podrían retirarlos más que con el permiso de una autoridad internacional, la Agencia Internacional de la Energía Atómica, y sólo para llevarlos a otro lugar de almacenamiento o para darles un uso civil si una nueva tecnología permitiera un día tal empleo de esos residuos. El número de esos lugares de almacenamiento no debería ser demasiado restringido (para no complicar las cosas con transportes demasiado largos y caer en una monopolización de los residuos por parte de uno o dos países de acogida), ni demasiado elevado (para no complicar el sistema de vigilancia internacional). Tres o cuatro serían lo mejor. Los lugares de almacenamiento se financiarían mediante un impuesto mundial a la producción de electricidad nuclear y quedarían bajo la autoridad de la AIEA.

Pasada la primera mitad del siglo XXI cabe esperar que se descubra una solución definitiva que permita volver a utilizar el plutonio como fuente de energía, o neutralizar la radiactividad de los combustibles irradiados por transmutación atómica.

RESPONSABILIDAD

En economía de mercado* y en democracia,* a cada uno se le considera racional, consciente de sus propios intereses, beneficiario de sus éxitos,* responsable de sus fracasos* y más aún de sus faltas.

La responsabilidad será cada vez menos colectiva bajo el punto de vista jurídico; en cualquier organismo se buscará al responsable individual de cualquier error que se le quiera imputar a una administración, a un hospital, a una empresa,* etc.

La responsabilidad quedará determinada por una lista de deberes:* el ser responsable de sus hijos* lleva consigo el deber de la paternidad;* el ser responsable de la naturaleza, llevará consigo un deber de protección de la misma, etc.

De forma más general, cada cual tendrá el deber de ocuparse de lo que en un momento dado se le puede hacer responsable.

REVOLUCIÓN

Cuando las revueltas* tengan una traducción colectiva, cuando la miseria* y sus causas tengan su propia teoría, las fuerzas sociales serán nuevamente capaces de derrocar los regímenes incapaces. Tendrán lugar revoluciones que comenzarán por poner fin a los regímenes clánicos de Asia* y de África para instaurar la democracia* y la economía* de mercado. Indonesia, Thailandia, Malaisia y Nigeria estarán entre las primeras.

Pero ciertas democracias pueden verse a su vez amenazadas por una revolución, porque nadie puede garantizar que una democracia sea irreversible: jamás lo ha sido, en ninguna parte. En cualquier momento puede quedar reemplazada por un régimen más preocupado por el futuro y por la solidaridad, cuyos responsables intentarán explicar que la democracia es la responsable de los desastres del presente. Tanto las más débiles (como la de Rusia*), como las más sólidas (por ejemplo, la de Estados Unidos)* no se verán libres de ese peligro: en el plazo de un siglo, cualquier revolución es posible, en beneficio de regímenes autoritarios o religiosos.

REVUELTA/REBELIÓN

Las ciudades* serán los nuevos campos de batalla. Los nómadas urbanos, hambrientos y condenados a la ignorancia, llegados de los barrios* pobres o de la periferia desheredada para destruir los hermosos escaparates de las metrópolis del Sur,* vendrán a ser una amenaza inédita y dura para los poderes y para los privilegiados. Será menester montar una vigilancia en los magníficos barrios aristócratas, bunkerizarlos.

Cuando haga su aparición la escasez —primero de agua* potable—, muchos morirán en las ciudades. Se producirán catástrofes* que se podrían haber previsto y evitado. Las revueltas adquirirán entonces otro cariz: piratería desesperada, levantamientos sin objetivo, motines sin revolución,* saqueos sin distribución, demolición de ídolos. Después, todos esos gestos sin intención caerán de nuevo en la nada de la impotencia.

Se tendrán que levantar barricadas incluso hasta en la red. Al saqueo de los almacenes le seguirán los terremotos de agresiones verbales, de virus, de insectos, de clonimagos* lanzados al asalto de las magníficas tiendas virtuales.

RIESGOS

Los riesgos, cada vez más complejos, variados y de consecuencias cada vez más onerosas, serán una rémora para el desarrollo de la economía* si no se establecen seguros* lo suficientemente eficaces para cubrirlos. Cada tipo de riesgo exigirá una cobertura específica:

• los riesgos de catástrofes* naturales serán mayores a causa de las concentraciones urbanas y los cambios climáticos (terremotos en las grandes ciudades, erupciones volcánicas, inundaciones, tornados, maremotos, etc.);

• los riesgos de quedar sumido en la pobreza, es decir, de morir de hambre, de no saber leer, de falta de agua, afectarán dentro de treinta años al doble de personas que hoy en día;

• el riesgo de carecer de infancia* o de quedar privado de ciertos derechos afectará igualmente a muchas personas más;

• los riesgos tecnológicos (contaminación nuclear,* manipulaciones genéticas,* averías informáticas)* se incrementarán a causa de la conexión general con la red;*

• los riesgos de escasez de ciertas materias indispensables (como el agua*) serán mayores a causa del agotamiento de las reservas;

• los riesgos de conflictos* locales o internos, de guerras* más largas o de acciones terroristas en las que se utilicen armas químicas o bacteriológicas cambiarán la naturaleza y tendrán a la vez un carácter más difuso y brutal;

• los riesgos financieros aumentarán con la inflación de las transacciones que ya es veinte veces mayor que la producción, sin control alguno ni autoridad que lo regule;

• los riesgos de epidemias* aumentarán con el nomadismo* humano y animal;

• los riesgos del trabajo* (accidentes, paro) aumentarán con la precariedad;*

• los riesgos inherentes al consumo aumentarán donde el consumir se convierta en trabajo;*

• los riesgos de piratería de la propiedad intelectual serán una amenaza sobre todo para la economía de los servicios,* y en particular para la informática,* la comunicación,* el diseño y la genética;*

• los riesgos vinculados al ejercicio de un poder quedarán mejor definidos: toda persona que tenga una responsabilidad (desde el abogado al médico, desde el ingeniero al juez, desde el político al periodista) podrá ser llevado a los tribunales por cualquier persona que demuestre ser víctima de su nefasta actuación.

Prever todos esos riesgos, evaluarlos, calcular al máximo su probabilidad, requerirá una gran experiencia, nueva fuente de riqueza y de poder para las compañías de seguros y para los bancos.*

El hombre del próximo siglo será cada vez menos partidario de cargar con las consecuencias de los riesgos. Cada uno querrá saber qué riesgos corre de caer enfermo, incluso si no se conocen los remedios. Cada cual querrá sopesar esos riesgos e intentará prevenirlos: mediante el seguro* para no tener que pagar las consecuencias; mediante la prevención* para no tener que padecerlas.

Para protegerse, el «principio de prudencia» aconsejará eliminar los riesgos mayores, aunque sean improbables. Para los demás, el «principio de paciencia» indicará que es conveniente reducirlos si, por otra parte, vale la pena hacerlo.

Los seguros, los empleadores, los bancos querrán disponer de esta información y cada cual deberá, por ejemplo, llevar consigo un carnet de identidad genética.

Pero habrá que preservar a toda costa el derecho* a no informarse sobre el riesgo que se corre de estar afectado por una enfermedad* no contagiosa e incurable a la vez.

Un sistema jurídico cada vez más riguroso establecerá para cada uno ciertos límites en su comportamiento, diseñará un modelo de vida normal, reglamentará la construcción de viviendas,* la producción de objetos,* la actividad científica, etc.

Al mismo tiempo se dejarán desamparadas inmensas zonas sin prevención ni seguros: los riesgos de ser pobre, de no tener ni infancia ni derechos, aumentarán en la misma medida.

De hecho, el principal riesgo seguirá siendo el de nacer en mal momento y en mal lugar y, contra ese riesgo, no hay ni habrá seguros que valgan.

ROBOT

Gran fantasma de los siglos XVIII y XIX, hoy camuflado en cualquier objeto:* viene a ser una prueba de que la anticipación o la futurología no siempre se equivocan...

Serán, cada vez menos, objetos específicos que imitan la forma de los hombres y cada vez más objetos que, a partir de su papel ordinario —lavar, transportar, etc.—, tenderán a acercarse a la imagen que el hombre tiene de sí mismo, incluso del hombre en sociedad, puesto que los robots imitarán el comportamiento de grupos y de muchedumbres, de equipos de fútbol o de flotillas de vehículos en la ciudad.

Mucho más tarde vendrán a juntarse a ellos, por un camino completamente distinto, otras imágenes del hombre: las que él proyecta de sí mismo en los videojuegos,* convertidos en artefactos y después en clonimagos* en el mundo virtual, hologramas dotados de los cinco sentidos en la realidad. Robots, clonimagos y clones tenderán entonces a converger; y aunque nunca lo consigan, como es probable, el hombre siempre intentará por esos tres medios —la mecánica, lo virtual y la biología; o la energía, la información y lo vivo— convertirse en Dios.

RUIDO

Una de las contaminaciones más onerosas; uno de los primeros factores de desorden; materia prima de la música y de la armonía.

Un enorme guirigay se elevará hacia los bellos barrios del planeta.

RUSIA

El futuro del país más extenso del mundo depende de su capacidad para reconstruir un Estado.* Si en las próximas décadas consigue organizar un sistema de Estado de derecho,* recaudar impuestos,* hacer que se respete la justicia,* volverá a ser un país sólido y poderoso. Al disponer de una población bien formada, de un alto nivel tecnológico y de grandes yacimientos de materias primas, Rusia podrá convertirse en una superpotencia, en socio cualificado para la construcción europea, e incluso un día, decantarse por ser miembro de la Unión Europea que se convertiría, gracias a ella, en la primera potencia mundial.

Si la cleptocracia continúa avanzando, si los que pueden pagar los impuestos se arrogan definitivamente el derecho de no pagarlos, se hundirán los últimos restos del Estado federal, los servicios públicos continuarán degradándose, el sistema de sanidad naufragará, la esperanza de vida se reducirá aún más y la población descenderá a menos de 130 millones de habitantes hacia el 2025. Las regiones* más ricas querrán su independencia. Rusia no será más que una yuxtaposición de comarcas feudales, de las cuales algunas estarán en manos de empresas o de entidades criminales y no pocas poseerán el arma nuclear.* Siberia,* abandonada a su suerte, será una presa facil para China.*

La disgregación de Rusia corre el riesgo de ser el principal factor de guerra* en los inicios del siglo XXI. A Occidente le interesa en sumo grado hacer lo posible por evitarlo. La decisión de la Unión Europea de rechazarla o de aceptarla como uno de sus miembros será una de las elecciones geopolíticas más fundamentales del siglo XXI.

S

SABIDURÍA

Armonía e ingenuidad, infancia y feminidad estarán entre las palabras clave de la sabiduría necesaria para los viajes en el mundo y en el hipermundo.*

SANIDAD

Su coste, que sobrepasará el 15 % y después el 20 % de la riqueza de los grandes países desarrollados, no quedará definitivamente encauzado ni por la intensificación del control social del aparato sanitario, ni por su privatización.

Su organización virará hacia la competencia comunitaria, es decir, que cada vez más los ciudadanos*/consumidores*/enfermos tomarán a su cargo el sistema de cuidados, que se compondrá de hospitales y de médicos, en organizaciones específicas de las que ellos mismos serán los propietarios exigentes y los minuciosos controladores. Así la sanidad, ni estatal ni privada, será el primer laboratorio del comunitarismo.*

SATÉLITE

El núcleo de las informaciones,* de las imágenes,* de los datos, de los sonidos* y, más tarde, de los olores* y de los sabores circulará por el espacio.

En el 2002, la red de Teledesic operará con 840 satélites en baja órbita y será el estándar o modelo mundial. En el 2005, Motorola tendrá 66 satélites Iridium, en franca competencia con la red precedente. Habrá en ese momento 1.800 satélites en baja órbita alrededor de la Tierra, comunicándose entre ellos para transmitir informaciones. Un mosaico de células formará una red* mundial de observación que permitirá vigilar el movimiento de tropas* y la fabricación de armas, establecer una transmisión mundial de datos y de servicios multimedia interactivos, de detectar en la tierra detalles de menos de diez centímetros, de determinar la posición de un vehículo,* de encontrar un objeto* robado o una persona perdida, de informar al hospital sobre un accidente, de seguir el recorrido de un niño que va al colegio, etc.

Dichos satélites no trabajarán sólo para los Estados,* sino para toda la prensa,* para los urbanistas, los industriales, los campesinos,* los marinos y, por supuesto, los poderosos y los ricos. Los utilizarán las entidades privadas, legales o no.

Esas redes de satélites, primero de propiedad privada americana sin que por ello estén al servicio del poder político americano, constituirán al principio un sistema monopolista generalizado de transmisión de informaciones y de vigilancia. Tanto europeos como asiáticos tendrán que pasar por ellos para ver el mundo y vigilar sus propias fronteras, hasta que hayan lanzado sus propios satélites cosa que, pronto o tarde, llegará.

La congestión* del cielo será el principal obstáculo para su proliferación. Un convenio internacional tendrá que repartir las escasas órbitas —cosa que ya sucede hoy en día— con unos criterios que influirán en el equilibrio geopolítico.* La batalla por el control de los derechos de lanzar satélites será crucial, ya que influirá en la forma que adoptará el poder en el próximo siglo.

SECRETO

Cada vez más necesario para que los consumidores, los industriales y los banqueros depositen su confianza en las redes.* Cada vez más fácil de proteger mediante los métodos de criptaje.*

En la economía* de la información,* el secreto se convertirá en la condición de la escasez o la singularidad, es decir, del valor y del precio. Bajo este pretexto, las empresas intentarán defender un secreto que favorecerá también el crimen. De ahí que tanto el crimen como el mercado* participarán de los mismos intereses. Los Estados deberán oponerse a él y lograr el derecho de acceder a ese secreto; para lo cual tendrán que exigir que se registre todo código* de criptaje* en una cuenta especial, en un organismo internacional, y cuyo acceso estará reservado a la policía tras la sentencia de un juez. Si los Estados pierden esta batalla, se habrá esfumado toda esperanza de que la democracia* pueda recuperar un día las riendas del mercado.*

Cada empresa,* cada secta* tendrá su telón de acero virtual. El mundo se convertirá en una yuxtaposición de hipermundos* cerrados.

SECTAS

Se multiplicarán por fragmentación de las religiones* reconocidas, por la mezcla de diversas creencias y liturgias, por el acceso o vuelta a culturas hasta hoy marginales, sobre todo africanas. Se convertirán en empresas* bastante rentables y utilizarán todas las tecnologías de la comunicación* para unir a sus miembros, orar en común, fomentar solidaridades, proselitismos, manipulación de conciencias, etc. Será cada vez más difícil distinguirlas de las religiones reconocidas.

SEDENTARISMO

Base de las civilizaciones* pasadas; medida de la dificultad de adaptación a las del futuro. Nostalgia de los nómadas.*

Por ejemplo, Francia, tradicionalmente más sedentaria que los Estados Unidos,* está menos preparada que ellos para el mundo futuro. La nostalgia del sedentarismo rural en Francia podría llevar a los nómadas* urbanos a un éxodo de las ciudades y a una vuelta al campo que se volverá tanto más cómodo cuanto que las técnicas del trabajo a distancia estarán suficientemente desarrolladas.

SEGUROS

No habrá suficientes recursos financieros para prevenir todas las amenazas. Por lo tanto, será menester distinguir los riesgos* contra los que asegurarse de manera prioritaria. En primer lugar, porque no habrá ningún medio de impedir ciertos daños inevitables, irreversibles o imprevisibles. Después porque, al concentrarse cada vez más la economía, el coste de ciertas catástrofes será cada vez más elevado. Por último, porque no habrá suficientes recursos para indemnizar a todas las víctimas: evaluando el total de las vidas humanas al valor medio que conceden los seguros a la de los habitantes del Norte,* el capital industrial y humano del planeta representa al menos 200 trillones de dólares, es decir, veinte veces el importe de los recursos de que se dispone para cubrir todos los riesgos. Dicho de otro modo, como máximo el 5 % del valor del planeta está asegurado. Con el progreso de la tecnología y de la competencia, y debido a la creciente escasez de ciertos recursos, el valor de ese capital planetario aumentará mucho más rápidamente que la masa de los recursos disponibles para cubrirlo. De este modo, los Estados,* las empresas* y los particulares se hallarán, propiamente hablando, cada vez más *a descubierto*...

Se pueden imaginar dos modos de afrontar esta situación:

• en las civilizaciones* que tienen como prioridad la eficacia y los derechos individuales (en primera fila, la sociedad americana), la responsabilidad privada continuará siendo la base de las relaciones sociales. Aquellos individuos que puedan asegurarse contra cada riesgo a un precio que marcará el mercado*, los soportarán en primera instancia. Por ejemplo, cada enfermo cubrirá, si lo desea y si dispone de los medios suficientes, las primas del seguro para el cuidado de su salud;* cada uno asegurará su propia jubilación;* cada trabajador pagará un seguro contra el paro y un seguro de formación (que le garantizará una formación en caso de paro); cada fumador se cubrirá contra los peligros del tabaco;* cada peatón financiará el riesgo de atravesar la calzada; cada consumidor hará lo mismo con los riesgos inherentes a los productos que consuma; cada pasajero de un avión elegirá entre correr el riesgo de accidente sin cubrir a su familia en caso de defunción, o pagar más caro su pasaje; cada cual decidirá asegurarse o no contra el riesgo de ser víctima de un accidente nuclear, de una contaminación* del aire,* de traer al mundo un bebé con una malformación congénita, etc. En definitiva, cada uno decidirá, en la medida de sus medios financieros y de su aversión al riesgo, asegurarse o no contra las consecuencias de cualquier decisión que emane de él o de otro y contra todo hecho o azar. El seguro no será pues más que un bien individual, un elemento del patrimonio privado reservado a quienes tengan capacidad de ahorro y decidan libremente utilizarlo con este fin. En ciertos casos raros, el Estado* podrá obligar a los ciudadanos a asegurarse, por ejemplo, contra el paro* o la enfermedad;*

• por el contrario, las civilizaciones cuya prioridad sea la solidaridad antes que la eficacia, la supervivencia colectiva antes que la individual (como las sociedades asiáticas y europeas), continuarán interesadas en protegerse colectivamente contra todos los riesgos, incluso los menos probables. Será obligatorio repartir entre todos los ciudadanos* el coste de un seguro contra todas las enfermedades posibles, aunque sea a costa de un alza generalizada de las cuotas obligatorias. Para reducir los costes se establecerán normas preventivas colectivas. Se prevendrán los accidentes de trabajo;* se prohibirá el tabaco* y el alcohol; se limitará el movimiento de petroleros cerca de las costas; no se pondrá un avión en servicio sin asegurarse de que está libre de cualquier fragilidad, incluso la menos probable; no se abrirá una autopista, incluso al sol, sin situar quitanieves a cierta distancia; no se permitirá que una empresa produzca residuos, por muy indirectamente que sea, sin asegurarse de que podrá hacer frente al coste total de su eliminación. Naturalmente, habrá vías intermedias; ciertos seguros serán colectivos y obligatorios y otros individuales y voluntarios. Una civilización individualista dejará que aumenten las desigualdades* en nombre de la libertad; una civilización solidaria gravará los impuestos en nombre de la solidaridad. En ambos casos, el crecimiento del coste de los riesgos llevará a la obligación de asegurarse para evitar la quiebra individual o colectiva y, por lo tanto, a consagrar recursos privados o públicos cada vez más considerables en seguros.

Durante los primeros decenios del siglo XXI, la ley del mercado* prevalecerá sobre la del seguro colectivo. De donde se derivarán consecuencias muy pesadas tanto para los asegurados como para los aseguradores: el contrato individual prevalecerá sobre el colectivo, el seguro sobre la protección social, el contrato sobre la ley.* Lo mismo que los trabajadores nómadas,* no ligados a ninguna empresa, los asalariados deberán cubrir cada vez más ellos mismos sus propios riesgos. El contencioso tendrá enormes proporciones: quienquiera que corra un riesgo en el contexto de una actividad mercantil se volverá contra quien pueda ser tenido por responsable de que tal hecho ocurriera. Por ejemplo, una empresa automovilística,* que deberá asegurarse contra el riesgo que representa el coste de gestión de los futuros deshechos en que se convertirán sus productos, desviará la responsabilidad de estos perjuicios a la persona o a la empresa responsable de producir tal o cual componente no biodegradable, si es que se la puede identificar. Jefe de empresa, ejecutivo, ingeniero, contramaestre, alcalde, alto funcionario, abogado, periodista, publicista, médico, editor..., en una palabra, a cualquier persona que tenga que tomar decisiones o dar algo a conocer, se la considerará responsable de los actos que se lleven a cabo en el contexto del trabajo colectivo que ella haya dirigido. Puesto que será responsable, aunque no sea culpable, deberá asegurarse contra las posibles consecuencias de sus actos sobre sus subordinados o sobre sus clientes (y, a la inversa, contra las consecuencias para sí misma de los actos de sus superiores o de sus proveedores). Y no solamente contra las consecuencias de decisiones económicas o tecnológicas: toda acción, incluso subjetiva, vinculada aunque sea de forma muy remota al acto de producir, se imputará a la empresa y a sus colaboradores que, por lo tanto, deberán asegurarse. Por ejemplo, cada cual en la empresa deberá asegurarse no sólo contra el riesgo de ser víctima de acoso sexual, sino también contra el riesgo de que se le considere responsable del mismo.

Lo esencial de los *cash flow* de las grandes empresas, como de los ingresos de los individuos, se ganará o se perderá en función de su posibilidad de cubrirse lo mejor posible y al menor coste contra esos riesgos múltiples y complejos. La sofisticación de estos mercados hará del seguro el primer factor de beneficio. Los fondos de pensiones, en mejor posición que los bancos* para conocer y evaluar el valor humano, financiero, social y tecnológico de las empresas, para seguir la carrera de los individuos con la más rigurosa discreción y analizar la calidad de las inversiones, se convertirán en los elementos esenciales de la estrategia industrial y de los lugares de poder excepcionales. Como gestores de recursos muy superiores a los que controlarán los bancos, se convertirán en los banqueros de negocios del mañana.

Pero los mecanismos del mercado* no serán indefinidamente suficientes para asegurar lo esencial de los riesgos. El planeta correrá muy pronto demasiados riesgos colectivos —riesgos de asfixia, de quiebra, etc.— como para que el individualismo* sea capaz de gestionar el futuro. El coste del riesgo será en cualquier caso demasiado elevado para los individuos. En un universo económica y políticamente cada vez más interdependiente, conectado y globalizado, el mínimo accidente que suceda en cualquier lugar tendrá consecuencias muy ramificadas. La mundialización* de la economía acarreará la de los riesgos y, por lo tanto, la de las primas. Así pues, será menester inventarse nuevas solidaridades,* crear nuevas instituciones públicas de seguros, repartir los recursos escasos, inventar nuevas fuentes de financiación y establecer nuevas tasas mundiales para cubrir tales necesidades. Quizá de esta colectivización de riesgos a escala continental y después mundial nazca una toma de conciencia de la unidad del género humano.

SEÍSMOS

Las leyes de la probabilidad hacen temer seísmos de gran magnitud en las cercanías de grandes ciudades como El Cairo, Roma, San Francisco, México,* Los Ángeles,* Teherán, Tokio.* Nadie, excepto los más ricos, se prepara para los mismos mediante la consolidación o la adaptación de las viviendas y de las infraestructuras.

El coste de sus consecuencias será tan enorme que, de cualquier modo, los seguros* no podrán cubrirlo más que en una pequeña proporción. Ciertas revueltas* contra la falta de previsión de los dirigentes podrían llevar a la revolución.*

SELECCIÓN

El consumidor, ahogado por avalanchas de información que llegan con el mismo valor, fuera de todo contexto, de cualquier referencia, se halla de nuevo como un niño a quien no se ha explicado aún la diferencia entre el bien y el mal, ni la jerarquía de valores. Se sentirá incapaz de tomar una decisión, de matizar, condenado a la violencia del todo o nada.

Clasificar, seleccionar, dar un sentido a las informaciones serán tareas cada vez más esenciales. Este trabajo se confiará a empresas* especializadas —universidades,* periódicos, editoriales— que clasificarán y seleccionarán para el receptor según criterios que él mismo haya elegido previamente (precisando, por ejemplo, lo que desea ver en la pantalla de su ordetevé).*

El seleccionador —profesor, editor, periodista— desempeñará un cargo especialmente noble. El navegante, gracias a él, no correrá el peligro de perderse en las redes.* Pero ya no tendrá ni la más remota posibilidad de hallar en ellas lo que no busca.

Sequía

Ahogará al Magreb y a España, y hará que se pueda cultivar en una parte de Escandinavia, de Siberia* y del Canadá.* Como consecuencia del cambio de clima,* agravará la falta de agua* en el Oriente* Medio y en África central. Después hará que el mundo sea irrespirable y amenazará con asfixiar a toda la humanidad.

Se la combatirá reduciendo la contaminación* del aire,* para atenuar el «efecto invernadero». Habrá que adaptarse a ella reduciendo la exigencia de agua de las plantas gracias a la biogenética.* Ésta será una de las consecuencias más generalizadas derivada de la era industrial y que afectará a los dos próximos siglos. Será causa de pánico,* del retorno a una fe ciega y de anuncios del fin del mundo.

Aún es reversible, pero lo será por poco tiempo más.

Servicios

Antiguo sector de vanguardia poco a poco complementado y/o reemplazado por máquinas producidas por la industria: por ejemplo, los servicios de educación* y de sanidad,* de distracción* y del espectáculo,* de asistencia y de reparación* de automóviles, etc. Surgirán nuevos oficios* de servicio en el ámbito comunitario:* tutores de alumnos, asistentes de personas solas, guardianes de la naturaleza, seleccionadores de información, paternidad* y maternidad,* consejeros en materia de nacionalidad,* etc.

SEXUALIDAD

Poco a poco quedará completamente separada de la procreación cuando la píldora masculina esté disponible.

Su evolución dependerá en gran medida, como es natural, de la de los avances en materia de enfermedades transmisibles por vía sexual y de la evolución de la moral* familiar.

En un plazo más o menos lejano será posible enviar el propio clonimago* al hiperespacio* para que tenga aventuras sexuales con otros clonimagos humanos a quienes después quizá se desearía conocer.

La clonación* ofrecerá la posibilidad de tener hijos sin pareja sexual. El clon sería entonces hermano de su propio padre o de su propia madre.

SHAKESPEARIANISMO

Teoría de la historia que atribuye un papel determinante a las pasiones, a las luchas, a las bajezas y a los impulsos más fuertes. Siempre será necesario para comprender las principales bifurcaciones geopolíticas.*

SIBERIA

Probable objeto de disputa de la primera guerra entre dos potencias nucleares,* China* y Rusia.* De hecho, sólo a partir de 1850 es completamente rusa y los chinos podrían hallar aliados en Asia para que les ayudasen a reconquistarla. En realidad, ya procuran infiltrarse en ella y controlar poco a poco su economía.

Siberia será tanto más codiciada cuanto que la suavización del clima, a causa del «efecto invernadero», la haga más habitable y cultivable.

SIDA

Antes de que se la pueda controlar, esta epidemia* podría matar a centenares de millones de personas. A causa del sida han muerto ya doce millones, y un millón y medio de personas mueren cada año. En el 2005 serán portadores del virus cuarenta millones. Las cuatro quintas partes se hallan en el Sur;* el 75 % de los casos tendrán su origen en relaciones heterosexuales. La epidemia será especialmente devastadora en China,* en África* y en la India.* Donde esté controlada, podrá convertirse en enfermedad* crónica; donde no lo esté, será la enfermedad de los pobres.

La actitud ante la sexualidad quedará modificada durante mucho tiempo por las exigencias de protección.

Se harán progresos considerables en el conocimiento de las concatenaciones moleculares que van de la penetración del virus a la destrucción del sistema inmunitario y en el de las asociaciones antirretrovirales, aunque durante mucho tiempo aún no se esté seguro de las consecuencias a largo plazo de esos «cócteles» de medicamentos.

El control definitivo de la enfermedad dependerá del descubrimiento de una vacuna cuya elaboración se presenta muy difícil a causa de las frecuentes mutaciones del virus, de la diversidad de las cepas, de la debilidad de los modelos animales y de la imposibilidad de experimentación.

Se dedicará mucho más dinero a la curación de los enfermos solventes que a la prevención de la enfermedad,* sobre todo donde los enfermos son insolventes. Ya actualmente, se gastan 4.000 millones de dólares en el tratamiento de enfermos solventes y sólo 1.500 en la prevención.* De los 4.000 millones consagrados a la investigación, la mayor parte se dedica a la mejora del tratamiento de los enfermos ricos y sólo 50 millones a la búsqueda de una vacuna.

Para cuidar a todos los seropositivos del mundo se necesitarían 400.000 millones de dólares anuales. El coste individual del tratamiento del sida en el Sur* representaría dos mil veces más los gastos medios de sanidad que se dedican actualmente a cada individuo, es decir, tanto como el coste de la educación* de diez niños durante toda su escolaridad primaria. Evidentemente, hoy en día eso no está al alcance de la mano bajo el punto de vista económico.

En el Sur, donde no puede cuidarse, el sida se convertirá en una enfermedad de pobres, a menos que se establezca el derecho* de todo hombre a recibir cualquier tratamiento disponible financiado mediante los recursos de un fondo mundial de solidaridad.

Además de esta necesidad, que con toda probabilidad nunca será satisfecha y que condenará a morir en un corto plazo a todos los seropositivos del Sur, se planteará el problema de la prevención. Si un cambio radical de las prioridades no hace que se consagren los recursos financieros a la investigación de una vacuna, el número de víctimas tomará un cariz alarmante. El sida, que hoy en día ocupa el quinto lugar como causa de muerte por enfermedad contagiosa, podría llevar a verdaderas hecatombes y diezmar países enteros en África y en Asia.

SILENCIO

Una de las dimensiones de la soledad,* de la contemplación,* de la meditación y de la vuelta a sí mismo. Panacea del individuo en su diálogo con Dios, con el universo o consigo mismo. Objeto de una de las contaminaciones más invasoras, pero también de las mejor defendidas. Mañana, un lujo* caro y mal visto, fuente de ostracismo.

SIMULACRO

Toda civilización organiza rituales de simulacro como un medio exorcista, canalizador de la violencia o de fantasma liberador. Tradicionalmente, se inspiraban en el mimo y en la danza.* Se aludía en ellos a los mitos fundacionales y se daba vida a fantasmas colectivos. Hoy en día, superados el cine y la televisión, lo virtual abrirá al simulacro campos ilimitados donde cada cual podrá llevar a cabo, al socaire de videojuegos* o de roles, y después de clonimagos,* todo lo que prohíbe la moral, incluso matar. Pero ahora el simulacro no estará reservado a los oficiantes sino al alcance de cualquiera, y en él estará siempre latente la misma amenaza: que se trate de un ensayo general para un acto real.

SIMULTANEIDAD

Reemplazará a la alternancia. Ya no habrá nada exclusivo ni incompatible. Como consecuencia de la vuelta triunfal de la sinceridad,* la ambigüedad será un valor positivo. Se tendrán varios oficios,* varias ciudadanías,* varias familias,* varios hogares, varias identidades,* se pertenecerá a entidades o se ejercerán actividades a veces contradictorias: nomadismo* y cocooning,* virtualidad* y realidad, diversidad y artefacto,* etc.

SINCERIDAD

Virtud cardinal del nómada.* Es la puerta de la multipertenencia,* de la simultaneidad* de lealtades y de amores.

SINDICATO

Desaparecerá, juntamente con el régimen de asalariado y con los partidos políticos, hacia mediados de siglo. Volverá a aparecer en forma de agrupaciones de socios.*

SINGAPUR

Estado-región que halla en su posición geográfica y en su atracción de las elites la fuente de una fe en el futuro. Modelo para muchas otras ciudades* del Norte* y del Sur* que buscan una autonomía provechosa.

Se convertirá en el principal puerto del mundo. De él partirán y a él llegarán la gran mayoría de las mercancías procedentes o con destino al Asia* del este.

SOCIALDEMOCRACIA

Uno de los nombres algo anticuados que se da a la fraternidad,* utopía* del poscapitalismo. La solidaridad* seguirá siendo su principio. Sus principales batallas tendrán por objetivo el control de los medios de vida (agua,* aire*), la institución de nuevas formas de reparto y la liberalización del tiempo.* Defenderá la constitución de gobiernos continentales y después de un gobierno mundial.

SOCIO

Uno de los nuevos estatus del trabajador, término medio entre asalariado y consultor. Empresario independiente que trabaja para una empresa (o para varias) en un trabajo que ésta ha preferido no encomendar a uno de sus asalariados.

Soledad

Hoy en día es un aspecto de la miseria;* pasado mañana será un lujo* de los hipernómadas.

Hoy es una condena a muerte, reflejo de la destrucción de las estructuras familiares. Mañana será aún peor: un mundo de soledades yuxtapuestas, de placeres egoístas, de destinos estancos. Nadie asistirá a los funerales de otro en la mitad de casos de defunción del mundo entero. Pero, pasado mañana, los ricos pagarán muy caro el derecho de permanecer solos y de asistir a espectáculos* sin necesidad de unirse a las muchedumbres.

Así será hasta que la fraternidad* llegue a ser una condición para la supervivencia.

Solidaridad

Condición de supervivencia de una sociedad o de un pueblo. Instrumento concreto de la fraternidad.* Cada vez menos compatible con las leyes del mercado* que entronizan por doquier el individualismo.* Cada vez menos garantizada por la democracia,* puesto que ya no puede proteger a las mayorías pobres de las minorías ricas. Será especialmente necesaria para luchar contra la miseria* a escala mundial, para proteger las jubilaciones* a escala nacional y para evitar el chabolismo y los guetos en cada aglomeración. Incluso la socialdemocracia* no será ya siempre consecuente con su credo. Tendrá que intentar manifestarse mediante formas inéditas gracias a la aparición de nuevas tribus,* de ONG,* de nuevas comunidades* en torno a los barrios,* de diásporas,* de conjuntos específicos y no ya nacionales: eso vendrá a ser como la llegada del comunitarismo.*

Sueños

El hipermundo* vertiginoso es un enigma mayúsculo que podría encubrir un día la amenaza más terrible para la salud mental de la humanidad.

Si comprender es controlar, cuando se hayan comprendido los mecanismos, la localización cerebral y las funciones de los sueños, se intentará modelarlos. Quizá entonces sea posible eliminar los sueños, desviarlos, hacerlos a medida. Toda la estructura de la conciencia quedará trastocada. Ya no habrá nada que impida al mercado* manipular los sueños, ofrecer nuevos viajes,* un nomadismo con visos de sonambulismo, una errancia insomne, comprimidos para sueños en forma de drogas* para dormir. No habrá nada que garantice que esta libertad no desembocará en demencia, lo mismo que en Shakespeare para quien la lucidez no es más que la antesala de la locura.

Sufrimiento

Una propiedad del hombre de la que intentará liberarse a cualquier precio dado lo fácil que resultará hacerla desaparecer incluso antes de saber de qué dolencia es síntoma, eliminando de este modo una importante señal de alarma del organismo.

Sur

Recuperará el puesto que ocupaba hace dos siglos.

La parte de Asia* y de África* en la población mundial, que ha pasado del 63 % en 1950 al 71 % en 1990, llegaría hacia el 2050 hasta el 80 %, es decir, la misma proporción que tenía en 1750. De igual modo, la parte relativa de esos dos continentes en la riqueza mundial sobrepasaría de la mitad a partir del 2025, es decir, más o menos lo que representaba hasta el 1700.

A partir del 2025, la población del Sur dejará de crecer. Hasta el 2050, el envejecimiento incrementará la parte de la población activa en perjuicio de la de los jóvenes. Después —lo que favorecerá la aparición de la democracia—,* el Sur comenzará a tener los mismos problemas que tiene hoy en día el Norte.*

SURF

Modo de navegación* sobre las olas del mar,* en las calles periféricas, en los meandros de las redes.* Exige unas cualidades especiales: intuición, fuerza, flexibilidad, adaptación, anticipación, sentido del giro, gusto por el riesgo.* Un buen nómada* tendrá que saber hacer surf por doquier, hasta en las avalanchas.

T

TABACO

Producto nómada,* pseudoterapia del estrés,* forma de viaje* virtual. Hoy por hoy provoca el doble de muertes cada año que el sida,* sobre todo por cáncer de pulmón y trastornos respiratorios.

Actualmente, los principales mercados de las firmas productoras se encuentran en el Sur* donde la reglamentación es aún bastante permisiva. Cuando se haya tomado conciencia del *boom* de mortalidad que causará en China* y en la India,* se establecerá una reglamentación mundial realmente restrictiva. Y no tanto para prohibir el uso del tabaco, sino para obligar a los fabricantes a hacer sus productos cada vez menos nocivos. Entonces utilizarán sus marcas* para vender también otros productos: prendas de vestir y diversas formas de ocio.*

TACTO

El sentido más directamente erótico, el mejor protegido de cualquier virtualidad, el más difícil de transformar en información numérica transportable. Sin embargo, si eso llegara a ser posible algún día, se podría tocar un personaje de un espectáculo,* dar una realidad palpable a un holograma y ser tocado por él, efectuar intervenciones quirúrgicas a distancia, desplazar objetos a distancia, etc. La frontera* entre lo real y lo virtual desaparecería para bien y para mal.

En ese caso el hombre, corre el riesgo de no ser para el hombre más que la imagen mental de sí mismo.

Teatro

Es el último bastión del espectáculo* vivo y adquirirá de nuevo una popularidad renovada cuando lo virtual* permita mezclar actores reales y virtuales, haciendo aparecer en escena, a un coste reducido, masas humanas considerables y creando en medio de los espectadores efectos reservados hasta ahora al cine. Habrá una mezcla de ballet, concierto, mimo y declamación en fiestas* análogas a las que había en los orígenes del espectáculo, ceremonia religiosa y ritual trascendente.

Teclado

Desaparecerá poco a poco para quedar reemplazado por los mandos vocal, táctil y ocular. Este progreso facilitará el acceso a las tecnologías de la comunicación a quienes no dominen la lectura.

Telecomunicaciones

Esta rama de la actividad, dos veces más importante que la de la industria aeronáutica y muy pronto tan importante como la del petróleo,* se halla sometida a una competencia terrible. Los operadores reagruparán redes* de telefonía mundiales. Se concentrarán geográficamente, pero también con los propietarios de otras redes (televisión,* Internet).* Si quieren sobrevivir tendrán que orientar su actividad hacia servicios muy personalizados, hechos a medida, que ofrezcan contenidos de bancos de datos, soportes lógicos, programas y, por lo tanto, al hacer esto, tendrán que asociarse y después integrarse a los industriales de la cultura.

TELÉFONO

El número de teléfonos móviles se duplicará cada año: de 80 millones en 1997, pasará a 600 millones en el año 2000 y a 1.000 millones en el 2002 como muy tarde. En torno a los 2.000 millones se estabilizará. Después el mercado será, lo mismo que para el automóvil,* un mercado de renovación o de sustitución.

Se establecerá la red americana de satélites Iridium. En el 2002 le hará la competencia otra red también americana, Teledesic. En el 2001 aparecerá otra red, la UTMS, cien veces más extensa que la GSM, que permitirá transmitir múltiples datos a los móviles, cuando se haya establecido el estándar mundial. La calidad y el coste de la recepción serán idénticas en cualquier parte del mundo y sea cual fuere la distancia. La reducción del coste favorecerá la autonomía de la clase media y después será un factor de emancipación de los más pobres. Cada cual tendrá un número único independientemente del lugar donde habite o de donde se encuentre.

La transmisión de la voz quedará muy pronto reforzada a bajo coste por la de la imagen* y los datos. En el 2005 se podrán hacer circular por todo el mundo imágenes en banda ancha. Aparecerán teléfonos móviles con pantalla en miniatura en la que se podrán ver filmes, recibir la televisión e Internet* y mantener videoconferencias a precio reducido. El teléfono, el ordenador* y la televisión quedarán fusionados en el ordetevé.*

Posteriormente se integrará el aparato en el vestido* o en la oreja de modo que quede completamente invisible, a modo de prótesis biónica,* prolongación del cuerpo,* hipertrofia de los sentidos...

TELEPATÍA

En teoría, imposible. En realidad, muy pronto se podrá simular fácilmente mediante la conexión directa al ojo de un emisor que transmitirá mensajes a un ordenador* conectado al ojo del receptor. La actitud ante la máquina y la relación entre individuos conectados de este modo quedarán completamente modificados. El resultado será una intimidad y una conchabanza que les hará comportarse como miembros de un club, casi como de una secta.*

TELETRASLADO

Imposible en teoría, pero posible virtualmente: habrá la posibilidad de emitir un doble de sí mismo como clonimago,* como holograma que reproduce de manera exacta los movimientos de su original. Es decir, será como una especie de ubicuidad.

TELEVISIÓN

El objeto más familiar del mundo. En el 2010 habrá más de 2.000 millones de televisores funcionando permanentemente; pero eso no será un medio de cohesión o de uniformidad, sino más bien de diferenciación.

Las redes estándar ofrecerán a los nómadas* virtuales simulacros de viajes,* de espectáculos,* de distracciones,* de formas de olvidar la precariedad* del mundo, pero no proporcionarán medios para instruir, informar o educar. No los verán más que las familias tradicionales y los pobres. Serán esencialmente suministradores de programas de redes* por cable o por satélite* y punto de destino de los estudios a quienes pertenecen esas redes.

Por cable o por satélite, los consumidores tendrán acceso a bancos de datos documentales, culturales y temáticos en número casi infinito. Habrá descodificadores que permitirán el acceso a Internet.* La televisión se convertirá en una modalidad informática entre otras muchas; cada cual podrá incluso crear su propia cadena a modo de un emplazamiento en Internet. Juntamente con el ordenador* quedará fundida en el ordetevé.* El control de la industria se decidirá entre los estudios (fabricantes de filmes), durante mucho tiempo aún esencialmente americanos, los operadores (propietarios de redes de cable y de satélites) y los programadores (cadenas de televisión, creadores de programas, editores). Los estudios se unirán a los operadores contra los programadores. Éstos, administradores sobre todo de redes estándar, se verán cada vez más debilitados.

Más tarde, los fabricantes de soportes lógicos y las empresas de telecomunicaciones se harán con el control de todo ello y comenzará la selección.*

TERRITORIO

Noción antagónica a los valores del nomadismo. El territorio del hombre será en adelante el tiempo y no ya el espacio: habrá que cultivarlo, enriquecerlo, llenarlo, defenderlo, pero renunciando para eso a identificarse con una tierra.

TERRORISMO

Forma muy antigua de violencia política empleada por grupos ultraminoritarios resueltos a conquistar el poder por la fuerza en un territorio determinado. Aún habrá que soportar asesinatos de dirigentes, destrucciones de lugares de poder o lugares públicos, secuestros de medios de transporte,* etc. Aparecerán también formas nuevas de acción: utilización de armas radiactivas, químicas, bacteriológicas y biológicas, de láseres,* envenenamiento de aguas,* secuestro de redes* informáticas, alteración de climas,* modificación genética de plantas o de virus benignos. Aparecerán grupos esencialmente criminales que se esconderán tras la lucha política de las minorías para protejer sus actividades. Intentarán tomar el poder mediante el terror en las empresas,* en los partidos,* en las ONG.*

TIEMPO

En cualquier lugar o punto del espacio donde habite el hombre,* porque él es quien señala los únicos límites verdaderos de la vida. Resultará imposible de vivir porque quedará saturado y se volverá irrespirable.

Ya no se tratará de recorrerlo en una sola dirección, sino de liberarlo, de revalorizarlo, de extenderlo, incluso de crearlo. Las civilizaciones* futuras serán las civilizaciones del tiempo; el nómada* será su arquitecto.

TIERRA

Anfitriona de la vida y amenazada por su invitada.

Es como una biblioteca constantemente enriquecida con nuevos autores, que hay que dejar intacta después de haberla utilizado.

TOLERANCIA

Condición para la supervivencia tanto de la especie humana como de la más insignificante de sus tribus.*

Necesaria para el mantenimiento tanto de la democracia* como del mercado:* aquélla supone que la minoría* acepta la decisión de la mayoría y, por lo tanto, que al menos la tolera; el otro exige el movimiento y, por lo tanto, la tolerancia tanto de las ideas como de los productos de los demás.

Será lo más natural cuando se admita la simultaneidad* de proyectos, de familias,* de pertenencias. Dejará de ser un derecho* para convertirse en un deber* previo a la aparición de una civilización* de ensamblaje, del civiLego.*

Trabajo

Un producto cada vez más difícil de compartir entre un número mucho mayor de gente que tendrán que trabajar mucho menos tiempo ocupados en actividades más virtuales, más nómadas,* más precarias.
• Habrá cada vez más gente que querrá trabajar. Mientras que sólo un tercio de los americanos tenían un empleo* en 1900, hoy en día lo poseen la mitad; en los próximos decenios, esta misma proporción de gente se hallará a la búsqueda de un trabajo, pero en toda la humanidad.
• La duración del trabajo a lo largo de la vida continuará descendiendo: en el Norte,* no se pasa en el trabajo más que la décima parte de la vida en vela, frente al 70 % de hace un siglo, a pesar de que la longevidad ha aumentado considerablemente. No se trabaja más que 1.500 horas al año, en vez de 5.000 hace ciento cincuenta años y todavía 3.200 en 1900. Esta duración anual se reducirá en el Norte hasta 1.000 horas, para no ocupar más que una quinceava parte del tiempo de vida en vela. Los trabajos continuarán siendo pesados para 2.000 millones de hombres,* de mujeres* y de niños del Sur,* obligados a aceptar situaciones casi de esclavitud para poder sobrevivir.
• Más de la mitad de los trabajadores ya no serán asalariados, y la mitad de los asalariados ya no estarán empleados a jornada completa ni vinculados a una empresa mediante un contrato de duración indeterminada. La mitad de los empleos lo serán bajo la forma de teletrabajo. Se podrá ser a la vez socio* de varias empresas y autoempleador.
• Los diseñadores, abogados, consejeros, publicistas, socios de empresa trabajarán cada vez más en su propio domicilio, mediante las redes*

de telecomunicaciones. Desarrollarán diversas actividades* —nuevo nombre del trabajo— que administrarán como una cartera* de acciones. Se hablará de su «cartera de actividades».

• La frontera* entre trabajo, consumo, formación* y ocio quedará difuminada, ya que al tener cada una de estas actividades aspectos que pertenecen a las otras, quedarán fusionadas con ellas en una especie de autoproducción.

• Se podrá, utilizando maquetas virtuales en tres dimensiones, y después incluso clonimagos* a modo de conejos de Indias, comprobar el hábitat de un coche, la comodidad de una mesa o de un sillón, visitar un piso antes de construirlo. No habrá producto alguno cuyo proyecto no se estudie de este modo y cuyo uso no se compruebe incluso antes de montar el primer prototipo, lo que supondrá enormes ahorros en el proceso de desarrollo de nuevos productos. El trabajo de oficina ya no se hará sobre pantallas,* sino en espacios de tres dimensiones, que bastará con tocar para manejarlos, convirtiendo de este modo la administración de un fichero en una visita a un museo.

Donde el trabajo sea demasiado duro para el hombre —como el de las minas o el de campos de prospección petrolífera—, y donde sea imposible —como en los lugares radiactivos o en el espacio—, se llegará a utilizar robots virtuales con la facultad del tacto.* Quizá algún día se llegue a utilizar quimeras.*

TRADUCTORA

Máquina de traducir adaptada permanentemente a la evolución de las lenguas,* que se introducirá en el hipermundo* para que a cada cual, al escribir en su propia lengua, se le pueda leer en directo en todas las demás. Después, la traducción oral simultánea se hará también de forma automática. En ese caso se podrá emitir cualquier programa audiovisual en una lengua y escucharlo en cualquier otra. La puesta a punto de la traductora requerirá una gran puntualización en lo que se traduzca y una gran capacidad de análisis del contexto aún fuera del alcance de la mano durante cierto tiempo, a no ser que se simplifiquen las lenguas o se paralice su evolución.

TRANSMISIÓN

El primer deber* y la última responsabilidad.* Será especialmente necesaria en un siglo caracterizado por el paroxismo de la precariedad* y el apogeo de la amnesia. Aún será de la incumbencia de la familia mientras ésta guarde un mínimo de cohesión. A falta de ella, lo será de las tribus* y de las comunidades.* Sólo después lo será del Estado.*

TRANSPORTES

No será éste el dominio donde se den los mayores progresos. En lo que atañe al espacio, un propulsor iónico pondrá a Marte a un mes de la Tierra —en vez de a los dos actuales— utilizando microondas, ondas de radio o campos eléctricos.

Los aviones ya no se utilizarán más que para los viajes de más de dos horas de duración. Las principales ciudades de un mismo continente estarán unidas por trasportes terrestres (trenes de alta velcidad, trenes magnéticos, trenes en túnel al vacío) indiferentes a las condiciones atmosféricas, y transportarán más pasajeros que el avión, con mucho menos atasco o congestión* y menos riesgos.*

Los transportes urbanos tendrán que reducir los factores de asfixia. En las grandes ciudades* se instalarán vehículos eléctricos individuales de conducción automática en servicio libre y que los abonados podrán utilizar al amparo de un código confidencial, en trayectos automáticos reservados.

La duración de los transportes de personas y de mercancías no se reducirá notablemente. Sólo se reducirá la del transporte de informaciones.

TRASPLANTE

Poco frecuente al principio por falta de órganos disponibles y de compatibilidad inmunológica. Después, los cuerpos* serán de propiedad colectiva y ofrecerán cantidades infinitas de órganos.

Sólo en Estados Unidos, la demanda de trasplantes es cuatro veces superior a la oferta. Por añadidura, la mayoría de trasplantados necesitarán que se les reemplacen sus órganos una o dos veces a lo largo de la vida. Antes de mediados del siglo se carecerá de un millón de órganos para trasplantar. Aparecerá un mercado, primero ilegal y después legal, que invitará a desprenderse de órganos, si no son vitales, o a legarlos a cambio de una fuerte suma («ticket de muerte»).

Después cambiará de arriba abajo la actitud respecto del cuerpo. En ciertas culturas no será más que un envoltorio material provisional y cada vez más gente estará dispuesta a hacer donación de sus órganos. En otras, se reconocerá la propiedad colectiva de los cuerpos y nadie podrá oponerse al trasplante de sus órganos tras la muerte. El banco de órganos destinados al trasplante será, de esta forma, casi ilimitado. El rechazo inmunológico seguirá siendo el principal obstáculo para la generalización de los trasplantes; también será un óbice para el desarrollo de los xenotrasplantes.* Habrá que contentarse con las prótesis,* combinando electrónica, materiales* compatibles y biónica,* hasta que la clonación* permita —sin duda antes de finales de siglo— crear reservas de órganos específicos ya sin riesgo alguno de rechazo.

TRIBU

Asamblea de nómadas* convertidos en urbanos y reunidos en grupos según ciertas afinidades. Se podrá pertenecer a varias tribus a la vez: familias,* barrios,* naciones,* asociaciones,* religiones,* partidos,* parejas, etc. Cada tribu tendrá sus propias reglas de admisión, sus rituales de tránsito, sus formas de cortesía, sus principios de hospitalidad. El futuro será de aquellas que logren unir a sus miembros en torno a un proyecto* que les sobreviva.

TRIUNFAR

Para la hiperclase:* reencontrarse, ser único, ayudar a los demás a hacer lo mismo. Para todos los demás: simplemente sobrevivir. De esta diferencia podrá salir —y triunfar— una revolución.*

TURISMO

Primer sector de la economía mundial a partir del 2010, con una cifra de negocios de 4 trillones de dólares en el 2020. Actualmente hay 600 millones de turistas cada año, 1.500 millones en el 2010 y, en principio, al menos el doble en el 2040.

El Mediterráneo y Oceanía serán los principales destinos, al menos siempre que en ellos reine la paz. Estas regiones hallarán en él una fuente de riqueza y de desarrollo considerables.

Paralelamente al turismo de masas que creará ciudades,* desarrollará la aviación,* incrementará los viajes por mar* y el tamaño de los barcos, el turismo de elite hallará nuevas formas de expresión (esquí en el Himalaya, submarinismo en la barrera de coral en Australia, caza en Nueva Guinea, estancias en los hoteles espaciales para experimentar la ingravidez). El lujo* consistirá en el aislamiento, en lo difícilmente mensurable, en lo irrepetible.

El viaje* virtual, gran entretenimiento de masas del mañana, permitirá navegar a los lugares más insólitos sin abandonar la cama; se podrá ir cada noche a una ciudad* diferente en tres dimensiones, con el sonido, la imagen y después el olor, y finalmente quizá algún día el gusto y el tacto. Eso facilitará la popularización de los trayectos del turismo de elite sin caer en la congestión* o el embotellamiento.

TURQUÍA

De su futuro depende esencialmente el éxito o el fracaso de las relaciones entre Occidente* y el islam,* la guerra* y la paz en la región y en el mundo entero. Este país, que puede sobrepasar los 100 millones de habitantes antes del 2030 y los 150 millones a finales del próximo siglo, tendrá ante sí tres futuros posibles:
• convertirse, si es capaz, en un miembro de la Unión Europea, dando a ésta la dimensión musulmana que le falta para recuperar su vocación universal. Ésa es la elección que los turcos quisieran hacer actualmente;
• convertirse en el corazón de un imperio de Asia central que administraría en parte por cuenta de las compañías petroleras americanas. Eso es lo que pasaría a fin de cuentas, si un buen día los turcos se diesen cuenta de que se les impide definitivamente el camino hacia Europa;
• dividirse en tres partes, una en Europa, otra en Asia central y la tercera kurda.

La primera solución sería la mejor para Europa,* la segunda, para Estados Unidos;* la tercera podría desencadenar, de no estar bien llevada, un caos de larga duración en una región en la que se hallan más de la mitad de las fuentes de energía* fósil del globo.

U

UNIVERSIDAD

Organización capaz de un gran desarrollo si un día logra la suficiente autonomía. No sólo continuará impartiendo enseñanzas superiores y controlará la enseñanza secundaria que le seguirá suministrando una clientela seleccionada, sino que también, y sobre todo, producirá y venderá servicios de toda clase: educación permanente, innovación, creación de empresas* de alta tecnología, edición de periódicos, gestión de patentes.*

Algunas grandes universidades lo lograrán con tanto más éxito cuanto mejor hayan sabido imponer y dar prestigio a ciertas marcas* mundiales. Entonces producirán anualmente un valor superior al de ciertos países. Ya actualmente, con las empresas creadas en su órbita, el MIT (Massachusetts Institute of Technology) produce más que Dinamarca, vigésimocuarta potencia mundial.

UTOPÍA

Bosquejo de lo mejor y de lo peor.

Lo mejor sería ver cómo se llega al mestizaje de las particularidades tribales, cómo la fraternidad* elimina la pobreza,* cómo los valores comunitarios* prevalecen frente al individualismo,* la democracia* sin fronteras frente al nacionalismo,* la multipertenencia* frente a la xenofobia,* la sinceridad* frente a la exclusividad, la vida múltiple frente a la monogamia. Eso permitiría vivir el tiempo en vez de almacenarlo, crear en lugar de gastar, dar prioridad a la diferencia y no a la dominación, al sentido y no al precio, a la tolerancia* y no a la segregación, a escuchar antes de mirar, a la rebelión* contra el absurdo de la vida y no a la conjura irrisoria de la muerte* mediante ciertos objetos.*

Lo peor sería querer imponer una utopía,* sea cual fuere, como modelo social realista y querer hacer que funcione concretamente, por las buenas o por las malas, sin tener en cuenta los resultados de las primeras aplicaciones. Por ejemplo, una fraternidad* impuesta sería la peor de las pesadillas.

V

VACUNAS

Clara prioridad de los esfuerzos de investigación en la medida en que permiten evitar a bajo coste enfermedades* cuyo tratamiento es enormemente caro. Por desgracia, los gastos de sanidad* están y seguirán estando orientados hacia los mercados solventes. Ahora bien, los enfermos actuales del Norte* son más solventes que los futuros enfermos del Sur*...

De ahí que la creación y la difusión de vacunas formaría parte del interés bien entendido del Norte, puesto que las principales enfermedades nuevas serían una consecuencia del nomadismo* de los virus.

Cuando se hayan encontrado fuentes de financiación para esas nuevas vacunas —por ejemplo, un Fondo Mundial de la Salud financiado por un impuesto sobre el precio de los medicamentos* que se utilicen en el Norte—, se las podrá integrar, mediante la nutracética,* en el genoma de ciertas frutas o verduras, o bien en las bebidas.

VALORES

Altruismo, ambigüedad,* autenticidad, autonomía, belleza, ánimo, diversidad, simpatía, hedonismo, cortesía, mestizaje, placer,* soledad,* ternura, tolerancia.* ¿Sentido de los valores?

VATICANO

Referencia espiritual, centro de influencia y de poder, campo de batallas y de intrigas, conservatorio de archivos secretos. Después, una de las víctimas propiciatorias de las revueltas contra los más ricos. Las enormes dificultades financieras podrían llevar consigo intentos de confiscación o embargo del poder pontificio por parte de los norteamericanos.

Éste tendrá que hallar respuestas adecuadas a las conmociones que se han sucedido en el campo de la sexualidad,* de la vida familiar, de las relaciones conyugales. La práctica desaparición del matrimonio llevará al menos a solucionar la cuestión del celibato de los sacerdotes...

VEJEZ

El mundo irá envejeciendo, con lo que su comportamiento irá haciéndose más apacible proporcionalmente, primero en el Norte* y después en el Sur.*

Hoy en día se es viejo a los 65 años en el Norte y a los 50 en el Sur. Dentro de treinta años se seguirá siendo viejo a los 50 en el Sur, mientras que en el Norte no se será hasta los 80.

Mientras que en Estados Unidos sólo el 4 % de la población tenía más de 65 años en 1900, hoy un 13 % está por encima de esa edad y en el 2025 serán el 30 %. Eso quiere decir que siete millones de americanos tendrán por esas fechas más de 85 años. En Japón,* las personas de más de 65 años representarán el 25 % de la población en el año 2030, mientras que en África* sólo serán el 5 %, pero el 22 % en China.*

En cualquier parte del Norte, los de más de 50 años serán mayoría, cosa que aprovecharán los sectores económicos: seguros,* gestión y administración de fortunas, productos cosméticos y dietéticos, turismo.* Otros, en cambio, perderán mercado: licores y bebidas alcohólicas, tabaco.* Una sociedad donde dominan los viejos combate preferentemente la inflación* que el paro; prefiere gravar a los activos con altos impuestos antes que poner en tela de juicio los retiros* y las prestaciones por enfermedad;* dedica una parte cada vez menor de sus ingresos* a la política de familia* y se opone al reparto, a la inmigración,* a las infraestructuras a largo plazo, a los gastos de educación* o de acondicionamiento del territorio. Los jóvenes que no pueden votar aún (un diputado visita más centros de pensionistas que jardines de infancia) tampoco pueden oponerse.

Este envejecimiento debilitará los sistemas de solidaridad colectiva. En Estados Unidos, en vez de consagrar, como hoy en día, el 60 % de los ingresos del impuesto federal a pagar las prestaciones sociales y a reintegrar la deuda* contraída para pagarlas, en el 2003 habría que consagrar el 75 % a ese fin, y el 100 % en el 2013 sólo para mantener las prestaciones en el nivel actual, cosa que es a todas luces imposible. En Europa,* las cifras son poco más o menos las mismas. En Suecia, por ejemplo, mientras que la generación que pasó al retiro en la década de los sesenta recibió seis veces más que lo que cotizó, quienes se retiren después del 2010 no recibirán más que el 80 % de lo cotizado. La situación es y será aún más dramática en Alemania.*

En Japón,* la financiación de las jubilaciones será completamente imposible.

Así pues, habrá un gran enfrentamiento entre dos modos de vida en el futuro: una mayoría entrada en años no podrá imponer por mucho tiempo a una minoría joven, para su bienestar, cargas inmediatas que, a la larga, matarían la economía productiva. En todos los países ricos habrá una revuelta* de las minorías jóvenes para reducir los privilegios de los ancianos.

Para hacer más llevadera la carga de los jóvenes se retrasará, con el consentimiento angustioso y reacio de los ancianos, la edad de la jubilación;* se prohibirán las jubilaciones anticipadas; se gravarán con impuestos las prestaciones a la vejez; en ciertos países se irá hacia un sistema de pura capitalización, sin solidaridad entre generaciones.

Cuando la diferencia entre generaciones sea tan territorial como en Bélgica, la juventud de una región* se negará a pagar las jubilaciones de los mayores de otra región, amenazando con la separación si no se regionaliza el presupuesto de las jubilaciones. En Italia donde, por el contrario, la región más vieja es a la vez la más rica, el norte que envejece querrá conservar sus recursos para financiar sus propias jubilaciones en vez de transferirlos al sur para subvencionar el empleo de los jóvenes; en este caso serán los viejos quienes amenzarán con la separación.

Donde esa diferencia generacional no sea geográfica, los jóvenes abandonarán el país antes de verse obligados a financiar unos gastos sociales que ellos considerarán excesivos.

Sólo habrá un cambio radical cuando la edad deje de ser sinónimo de inutilidad social, cuando se aprenda a contabilizar como una riqueza, como un beneficio para los jóvenes, la contribución de las personas mayores a la educuación* de los niños, a la transmisión de los concimientos y de la sabiduría.*

VESTIDO/VESTIMENTA

Seguirá siendo un medio de protección, de seducción y de disfraz. Cada vez más compuesto y complicado, hecho de diversos materiales* y retazos, puzzle que uno mismo se busca a medida, «vestimenta Lego».* Los materiales llevarán en sus componentes vitaminas, medicamentos, excitantes. Se integrarán en él receptores para medir la temperatura exterior y activar una red* de calefacción integrada en el tejido para mantener constante la temperatura interior. Se le dotará de ordenadores* integrados, de teléfonos* miniaturizados para poder estar conectado de forma discreta, invisible, sin tener que recurrir a ningún otro objeto nómada* que no sea el vestido.

El vestido ya no será signo del estatus social de quien lo lleva, si no es por la calidad de los materiales de que está hecho, pero nunca por su forma. Después de que en el siglo XX Chanel librara a la mujer a la moda y después de que Saint Laurent le hiciera llevar ropa de hombre, ya sólo faltará librar al hombre a la moda de los vestidos y accesorios de mujer. Pero la vestimenta masculina continuará sufriendo menos modificaciones que la femenina. Desaparecerán la corbata y las solapas de la chaqueta. Las modas procedentes de Asia* (sobre todo de la India* y de Bangladesh) y de África* acabarán imponiéndose en Europa* por su comodidad.

VIDA

Los progresos de la medicina aumentarán la esperanza de vida de uno a tres meses cada año. En los países más desarrollados la duración de la vida media alcanzará los 110 años para los hombres y 120 para las mujeres.

Se buscará la fuente genética* del envejecimiento* para retardar su proceso y lograr un funcionamiento más prolongado de los órganos.*

Uno de los caminos será el estudio de los telómeros, filamentos del ADN que protejen los dos extremos de los cromosomas y que se gastan en cada división celular hasta acabar haciéndose demasiado cortos, con lo que la división celular se detiene después de unas setenta divisiones por término medio. La detención de este reloj de arena biológico permitirá conservar la calidad de la especie reproducida, puesto que cualquier división celular de más aumentaría la probabilidad de errores. Así pues, la muerte* es una condición de la vida, ya que sin ella la especie degeneraría.

Una encima, la telomerasa, producida partiendo sólo de células germinales (como el esperma), frena el desgaste del telómero. Si se la aplicara a cada célula se podría prolongar su duración, pero habría que asumir el riesgo de una degeneración en la reproducción. Sin embargo se la podría utilizar sólo para ralentizar, por ejemplo, la degeneración de las células oculares, las de la piel o de las arterias.

También se intentará comprender el envejecimiento partiendo del estudio genético de ciertos vegetales que son capaces de vivir miles de años.

Vigilancia

Postura mental y actividad cerebral especialmente importantes para el mundo:* distinguir, analizar, juntar, clasificar, comparar signos para pronosticar los cambios mucho antes de que a los responsables de preverlos se les pase por la imaginación.

Vino

Bebida terapéutica cuyos orígenes se controlarán cada vez más: se conocerá la historia de cada caldo mejor que el pedigrí de cualquier otro ser vivo. Aparecerán nuevos vinos de gran calidad en países hasta ahora subestimados por la viticultura y por los consumidores: China,* Brasil,* Nigeria.*

Violencia

Así como el siglo XX llegó al apogeo de la violencia política con el sacrificio mediante las armas de más de cien millones de individuos, el siglo XXI podría llegar al apogeo de la violencia económica con el sacrificio por el hambre y la epidemia* de muchos cientos de miles de millones de personas.

Pero, una vez más, la imaginación del político podría hacerle ganar la carrera en esta macabra competición. Bastaría con que el sedentario* se opusiera al nacimiento del nomadismo;* o que el nómada* quisiera ocupar el puesto del sedentario; o que las civilizaciones* se decidieran a embarcarse en conflictos geopolíticos.* Bastaría también con que se decidiera la utilización de una sola de las armas nucleares,* químicas o bacteriológicas ya disponibles.

La violencia económica remite a la concepción marxista de la historia; la violencia política, a su concepción shakespeariana.* Juntas, la economía y la política podrían contribuir a arreglar un mundo donde el hambre, la epidemia* y la guerra quedaran lejos y donde la no violencia* encontrara al fin su puesto no como fin en sí, sino como método necesario para la solución de los antagonismos.

VIRTUALIDAD

Será el ámbito de cualquier aventura y de nuevas locuras. En él se trabajará, se consumirá, se distraerá, se hará el amor al menos tanto como en la realidad. Las psicosis estarán al acecho de quienes no puedan soportar esta disolución de las fronteras* entre lo imaginario y lo vivido, el sueño* y lo virtual, el fantasma y el espectáculo,* la razón y el delirio.

Se abrirán perspectivas vertiginosas que pondrán en tela de juicio conceptos filosóficos y reglas morales de cualquier civilización.* Ya no se podrá distinguir del mismo modo al loco del cuerdo, lo moral de lo amoral, lo legal de lo alegal,* el código ético* de la ley.* La legislación de lo virtual no podrá ser la misma que la de lo real, puesto que una de sus razones de ser consiste precisamente en permitir que allí se lleve a cabo lo que está prohibido en la vida real: la velocidad, la guerra,* la violencia,* cualquier transgresión... Ni siquiera la sexualidad* del campo virtual será objeto de tantos tabúes como la de la vida real. Lo mismo que hoy en día se autorizan los asesinatos virtuales, mañana se autorizarán las violaciones virtuales.

Después, el clonimago* acercará aún más lo virtual a lo real, tanto en el espectáculo como en la vida. Cada cual tendrá su doble virtual primero en dos y después en tres dimensiones, primero en lo virtual y después en la realidad, y podrá vivir aventuras por delegación, tanto del futuro como del pasado. Cada uno tendrá con los clonimagos de otros relaciones que ni intentaría —ni podría— tener con el ser real.

En fin, mucho después, la fusión total entre lo virtual y lo real en la clonación (para los seres vivos) y en la nanotecnología* (para lo inerte) diluirá la idea que se tenía de la especie desde hace milenios.

VISTA

El segundo de los cinco sentidos, después del oído,* que se ha logrado reducir a números. La imagen* hoy en día es transportable sin límites y de forma muy económica.

Al mismo tiempo, en el Sur,* 45 millones de personas continúan estando ciegas sobre todo por culpa de enfermedades curables vinculadas a la pobreza (cataratas, glaucoma, tracoma...).

Muy pronto, mediante gafas dotadas de un proyector láser* dirigido a la retina, cada uno podrá captar el contenido de una pantalla* virtual situada a cierta distancia. Después, unas lentes de contacto unidas a las redes* permitirán ver incluso sin necesidad de abrir los ojos. De este modo se podrá estar conectado permanentemente sin pantalla ni teclado. Incluso se podrá guiñar el ojo para operar a distancia sobre un ordenador.* La telepatía* entrará en el ámbito de lo realizable.

Sin embargo, a finales de siglo cien millones de personas continuarán siendo ciegas a causa de la miseria. Entre ellas puede renacer la literatura oral y conocer una nueva edad de oro. Todos los canales del espectáculo* se disputarán entonces los mejores autores para que puedan oírlos los dotados de visión.

VIVIENDA

La mitad al menos de los terrícolas de mediados del siglo futuro, es decir, miles de millones de personas, vivirán en inmuebles que aún no se han concebido ni construido.

La vivienda se convertirá en un lugar de trabajo,* de juego,* de cocooning* y de nomadismo* virtual. Deberá ser ante todo un refugio contra el ruido, la promiscuidad, la congestión,* las intemperies y los riesgos.* Y deberá significar al mismo tiempo silencio, algo a medida, convivencia, enraizamiento, protección.

Sin embargo, para la mayoría será lo contrario, lo que debería llevar consigo una huida masiva de las grandes ciudades por parte de las clases medias y un importante auge del trabajo a domicilio.

W

WASHINGTON

Capital de la primera potencia mundial durante la primera mitad del siglo, más conocida en la segunda mitad por albergar las instituciones* de regulación de los mercados* financieros y de las redes* virtuales.

WINTEL

La fusión de Microsoft y de Intel, si realmente se lleva a cabo, ejercerá con ese nombre —contracción de Windows e Intel— una especie de monopolio mundial sobre los microprocesadores y los soportes lógicos. Wintel tendrá diversas funciones en los servicios de seguros,* de finanzas, de gestión y administraciónes públicas, de protección social. Ningún Estado* podrá modernizarse sin su colaboración.

Como primera empresa* del mundo con una función geopolítica* invasora, emitirá incluso una moneda* que llevará su nombre, partiendo de su comercio electrónico, y se opondrá por todos los medios al establecimiento de instituciones que implantarían la competencia, sobre todo en los sectores de los medios de comunicación, de los fondos de pensiones y de los bancos.* Por este motivo, será el primer blanco de sus competidores y de las organizaciones internacionales, sin duda a raíz de un conflicto que la enfrentará a los intereses del gobierno americano.

X

Xenotrasplantes

No cabe la menor duda de que los trasplantes al hombre de órganos de animales no podrán generalizarse, ni que se dé una gran escasez de los órganos humanos necesarios. En primer lugar porque los rechazos continuarán siendo difíciles de combatir; pero, sobre todo, porque los riesgos* de transmisión de las enfermedades animales al hombre serían muy elevados.

La solución habrá que buscarla en la biónica,* hasta que los embriones clonados ofrezcan reservas de órganos.

Y

Y

Expresión condensada de la libertad* futura: derecho* a la multili-
beración, a la simultaneidad.* Derecho a no elegir.

YEN

La principal moneda de Asia* hasta que el ren min bi la suplante al
comienzo del siglo siguiente. Arma estratégica de Japón* frente a Estados
Unidos.* Si el yen bajara demasiado, el déficit americano aumentaría; si
subiera demasiado, el coste de los productos japoneses importados en
Estados Unidos sería prohibitivo. Se irá hacia un armisticio que conducirá a fijar paridades estables primero entre el yen y el dólar* y después
entre el yen y el euro.* Entonces se iniciará a escala mundial la misma
dinámica que condujo en Europa al nacimiento de una moneda* única.

YOGA

Gimnasia del espíritu y del cuerpo,* baile* inmóvil, experiencia de viaje* virtual. Será una de las actividades preferidas entre la hiperclase* con
el fin de evitar la tensión y la depresión y de facilitar una descongestión
mental que favorezca la intuición y, por lo tanto, la creación.

Z

ZEN

Exigencia del nómada,* ejercicio del espíritu al servicio de la meditación.* Se comprenderá su papel en el desarrollo de las facultades mentales. En él se hará el primero de los viajes* inmóviles, prenda de equilibrio y camino de sabiduría.*

ÍNDICE